儿童社会生活适应能力发展

评估与教学

唐妍 范里 编著

中国国际广播出版社

图书在版编目（CIP）数据

儿童社会生活适应能力发展：评估与教学/唐妍，范里编著.-- 北京：中国国际广播出版社，2021.8
ISBN 978-7-5078-4978-3

Ⅰ.①儿… Ⅱ.①唐… ②范… Ⅲ.①儿童教育—特殊教育—社会生活—适应能力 Ⅳ.① G76

中国版本图书馆 CIP 数据核字（2021）第 176792 号

儿童社会生活适应能力发展：评估与教学

编　　著	唐　妍　范　里
责任编辑	张娟平
校　　对	吴光利
装帧设计	有　森

出版发行	中国国际广播出版社有限公司 ［010-89508207（传真）］
社　　址	北京市丰台区榴乡路 88 号石榴中心 2 号楼 1701
	邮编：100079
印　　刷	廊坊市海涛印刷有限公司

开　　本	710×1000　1/16
字　　数	314 千字
印　　张	22.75
版　　次	2021 年 8 月　北京第 1 版
印　　次	2021 年 8 月　第 1 次印刷
定　　价	58.00 元

版权所有　盗版必究

前　言

　　社会生活适应是人类在适应环境过程中所表现出来的个性特征。也就是说，它代表了个体根据环境做出反馈、应变、调节的能力。从发展的角度看个体社会生活适应的发展历程，既包含了"人类"生存本能所需要的基本能力，也包含了"其"通过认知对环境理解后再调节行为所表现出的能力。为了帮助广大教师、家长积极正确地引导和发展儿童的社会生活适应能力，我们在"遵循社会生活适应能力发展的教育规律"基础上，通过借鉴国内外有关资料，搜集、整理大量的教育活动案例，精心设计编写了这本《儿童社会生活适应能力发展：评估与教学》。

　　作为系列丛书之一，本书是继《儿童认知发展：评估与教学》《儿童语言发展：评估与教学》之后，编写的一本有关社会生活技能发展标准参照教学评估与训练的工具用书。本书适用于所有儿童（包括成年人）的技能评估与活动训练，特别考虑到包括残疾儿童在内有特殊教育需要的儿童。全书内容将社会生活适应领域技能划分为适应性行为、冲动控制、人际关系、责任行为、个人安全、自信、诚实、社会性语言、社会性饮食、喂食与进食、喝、洗浴、穿衣、脱衣、鼻腔卫生、口腔卫生、自我认同共18个次领域。内容编写以社会生活适应技能发展的顺序为线索，涵盖了从新生儿到成年人的社会生活适应发展情况，以具体的活动设计为形式，系统地描述学生的社会生活适应技能水平，具有评估、教学与交流的指南功能。

　　作为一种评估工具，本书可以帮助教师进行评估与早期鉴别，全面了解每个学生的技能水平、成长与进步。本书采取的是非正式评估取向，主要体现在生态的、功能性表现方面的评估，特别适用于有特殊需要的儿童。利用本书的内容进行评估有助于教师、家长制定相应的教育计划和训练措施，把课程与教学直接联系起来，便于在教育训练中实际运用。

　　作为一种教学工具，本书具有项目干预与教学资源的引导与借鉴功能，可以帮助教师为每一位学生制定出个别化适宜的技能学习目标，并在课程与教学中有目地培养和拓展。本书中的活动设计都是基于儿童的兴趣，充分发挥游戏活动的教育功能，营造出激励性的情境，鼓励学生去体验、探索和互动，进而收到教育的实效。

　　作为一种交流工具，本书为所有参与学生教育计划的合作者提供了整个教育阶段学生发展进步的记录档案，便于信息分享、参考和交流，特别是为家长配合学校的教育训练提供明晰而具体的指导。基于团队的合作效应，本书使用说明中所提供的评估记录、教案模式等，都是从实操的角度，对团队合作教育意义的强调。

　　编写本书是一项新的尝试，为了便于读者使用本书，本书在前言之后提供了较为详细的使用说明，供读者参阅。由于编写者的学识、水平有限，书中存在不少缺点乃至错误，敬请读者批评指正并提出宝贵意见。

编　者
2021年7月

目　录

使用说明 1
第一章　适应性行为 1
第二章　冲动控制 18
第三章　人际关系 38
第四章　责任行为 66
第五章　人身安全 83
第六章　自　信 107
第七章　诚　实 121
第八章　社交语言 130
第九章　就餐礼仪 148
第十章　喂食与进食 166
第十一章　喝 194
第十二章　上厕所 211
第十三章　洗　浴 221
第十四章　穿　衣 245
第十五章　脱　衣 271
第十六章　鼻腔卫生 294
第十七章　口腔卫生 302
第十八章　自我认同 314
后　记 339

使用说明

一、设计

  本书试图为广大一线教师、家长或其他教育工作者、社会工作者提供一部简便、有效的集评估与教学于一体的实操工具指南。本书聚焦于儿童社会生活适应能力的发展，所提供的社会生活适应领域中的技能，按简单到复杂的发展顺序，大致涵盖了从婴幼儿到成年人的发展情况（成年人的技能通常在儿童发展到14周岁的时候可以获得）。由于没有设定具体的年龄范围，可以在不考虑年龄或预期的情况下对每个学生的社会生活适应能力及训练需要进行评估及鉴别。本书提供的活动内容也不是标准化的，所以其评估也不是正式的测试，不需要为每个学生打分，主要用于对学生社会生活适应程度进行识别、教学和测评。

  （一）结构内容

  本书社会生活适应包括了615种技能，分为适应性行为、冲动控制、人际关系、责任行为、个人安全、自信、诚实、社会性语言、社会性饮食、喂食与进食、喝、洗浴、穿衣、脱衣、鼻腔卫生、口腔卫生、自我认同18个次领域（见下表）。每项技能都编有号码，如：3.08指的是第三章"人际关系"中的第八项内容"寻求别人的关注"技能。

次领域项	内容
01适应性行为	人调试外界环境和社会需求的能力
02冲动控制	抑制因欲望引发的不正当行为
03人际关系	人们在生产或生活活动过程中所建立的一种社会关系
04责任行为	一个人在社会生活中享有的/应负的责任
05个人安全	指在社会生活中辨识危险、遵守安全秩序

续表

次领域项	内容
06自信	个体能够成功应付特定情境的能力
07诚实	能按照社会生活中的客观事实进行
08社会性语言	在社会交往过程中使用的规范性语言
09社会性饮食	在社会生活中的用餐礼仪
10喂食与进食	通过动作，完成的进食
11喝	通过动作，完成的喝水
12上厕所	控制大小便，完成便后清洁
13洗浴	完成身体各部位的清洁
14穿衣	穿上不同穿着方式的衣物
15脱衣	脱下不同穿着方式的衣物
16鼻腔卫生	清理鼻涕
17口腔卫生	完成刷牙、保护牙齿
18自我认同	认识自己及自己在社会关系中的角色

（二）编排体例

每项技能的评估与训练，都以游戏为主的活动展开，其内容格式基本一致，包括技能项目的编号、标题与文本内容。文本具体内容由活动主题、能力要求、兴趣水平、材料准备和具体的教学活动五个部分组成（见下表）。

3.08 寻求别人的关注

能力要求：走动、视力、听力、语言、动手能力

兴趣水平：小学、中级学生、青少年

材料：纸、帽子、名人的视频

让学生想一想电视上的人物。

询问学生是否注意到一些电视名人的走路、谈话和站立方式。

在纸上写出一些电视名人的名字，并把这张纸放进帽子里。

让学生挑选一个名字并模仿这个电视名人。

如果学生不会模仿名人的工作和谈话方式，为他示范或播放视频。

为每个学生的表演鼓掌。

编号和标题代表具体的领域和技能。本书每一项技能都有一个基本所属领域的身份编号，如"3.08"代表社会生活适应中第3项次领域"人际关系"中的第8项技能："寻求别人的关注"。技能编号为评估、训练以及其他相关的技能信息提供了相互对

照。这些技能都是按照每个领域中的发展顺序来表述的。学校在对一名学生进行评估后，目标技能的文本内容可以改写为个别化教育计划（IEP）中的一个目标。

能力要求是指技能的适宜性条件要求。如"视觉、听觉、动手"意指学生进行该项技能的评估训练，需要具备视觉、听觉及动手的能力条件。教师需要确定每项技能的水平标准以便衡量学生技能掌握的情况。

兴趣水平反映的是该项技能活动相对应的年龄水平，教师应该根据具体的情况做出适当的调整。

材料是指活动中所需要的基本的材料或用具等。

教学活动是指具体的活动安排。本书所有活动都采取分步式的教学方法，并按其过程顺利排列。

二、评估

作为一项评估工具，本书可以帮助教师对学生进行评估与早期鉴别，全面了解学生社会生活适应的水平与进步。本书的评估采取非正式评估取向，主要表现为生态性、功能性的评估，特别适用于那些有障碍的特殊儿童，有助于教师、家长及社会工作者制定相应的教育康复计划和家庭指导计划，把课程与教学康复直接联系起来，便于在实际的教育教学中运用。

（一）评估准备

在评估的准备阶段，主要是了解学生相关技能行为的表现及其背景信息，特别是那些反映学生在家庭和社会生活中的相关经历以此确定所要评估的目标技能。在社会生活适应能力下的发展领域目标可以通过"识别行为"来筛选或锁定。除了家长的反馈以外，还将结合孩子本身的年龄和所处的生活环境选出儿童在平时活动中表现出来的"非典型"状况。例如：一名儿童"有幼儿园生活经历，且偶尔出现和其他幼儿互动的经历"，那么他的"人际互动"就成为已识别的行为，需要我们关注并作为可能或潜在的目标技能实施进一步评估，以对他的"人际关系"进行干预。评估准备包括以下三个方面。

1. 初步收集相关背景性的信息资料

通过与家长、相关教师的访谈,了解学生现在和过去的情况以及可能对技能评估产生的影响。必要的话可以查看相关生育、医疗、教育方面的记录档案,以便全面、深入地了解学生。

2. 分析观察的技能和行为

通过查阅相关记录,与学生的家长、同学、任课教师等访谈来了解学生技能发展的水平,然后标出高于或低于学生个体平均发展水平的几项技能,进而确定"识别的行为"。

3. 观察、记录已识别的行为或技能

社会生活适应中自助部分需要更多地从家庭环境中获得,社会性部分需要结合家庭、社区生活、校园生活等才能自然地显现出来。因此,在对学生进行评估的时候尽可能选择贴近学生生活场景、生活作息的情况下进行。

(二)实施评估

1. 确定目标技能

根据前期评估准备中观察、访谈等收集到的信息,分析并确定"识别行为"或索要评估的技能所属的发展领域,然后预估学生在这个领域的发展水平,找出与之近似水平相匹配的技能,这样就可以在该发展领域中选择该项技能来开始评估。

2. 制作评估记录表

在具体应用时,本书中的教学活动需要与社会生活适应"评估记录表"配套使用。评估记录表用来识别学生的需要、确定目标(技能)和记录学生的进步,可以根据需要仿照下面的案例预先制作。

学生姓名	年龄	性别	班级
1. 人际交往 识别行为: 自闭症 社交差 不与他人互动			

续表

编号	内容	家长自评	1次评估	2次评估
3.01	当另一个人进入房间时，微笑并抬头看			
3.02	伸手去够熟悉的人			
3.03	被抱住时变得安静			
3.04	在集体活动中把头抬起来			
3.05	对别人回以微笑			
3.06	有兴致地观看别人的运动			
3.07	通过发出噪声来要求别人的关注			
3.08	寻求别人的关注			
3.09	自由玩耍期间在其他人附近移动			
3.10	接受别人的帮助			
3.11	当着别人的面独自玩耍			
3.12	按要求分享，但有怨言			
3.13	打别人、在老师面前为自己的行为找借口			
3.14	交换玩物			
3.15	观看别人玩耍、或许还参与几分钟			
3.16	和成年人玩耍			
3.17	打别人、在第三个人面前自动制造借口			
3.18	和另外的一个人或两个人一起玩耍			

续表

3.19	回应别人的问候并口头问候别人			
3.20	在玩耍过程中和另一个孩子合作			
3.21	对熟悉的人表达感情			
3.22	接受并表现出对于家、学校和街道的适当感情			
3.23	打别人，之后向被打的人口头说明原因			
3.24	打别人，一边打一边口头说出原因			
3.25	口头说出对另一个人的感受，然后打他			
3.26	轮流做事			
3.27	在三人小组或多人小组中玩耍			
3.28	在小组活动中与他人合作			
3.29	和其他孩子议价			

评估记录表由技能代码、技能描述文本、家长自评、评估日期和评估结果组成。在上面的评估记录样本中，左列是技能代码号和技能的文本内容，其余三列的空格分别是用来填写家长自评结果和评估结果的。其中，"3.21"代表了社会生活适应领域中"人际关系"这一领域的第21项技能，其文本内容为"对熟悉的人表达感情"。家长自评部分要求在评估前由家长为学生评估打分，了解家长对学生技能的理解。评估时期分为接受教育教学前的评估时间和在接受过教育教学后复评的时间，"－"和"＋"记录的是评估结果，"－"表示学生未出现该项技能，"＋"则表示学生表现出该项技能，在下图示例表明，家长认为该技能在2019年1月时尚未表现出来，在2019年2月的评估中也未表现出来，而在2020年1月的评估中则已表现达成。评估记录表在每一项技能后都提供了空白处，以便记录评估日期或评估结果。每一领域的前面都列出了识别行为。

3.21	对熟悉的人表达感情	2019/1/20	2019/2/25	2020/1/16
		–	–	+

3. 设定评估水平标准

《评估记录表》制作完成后，评估者要为这项技能的评估确立一个水平标准，可以使用相关的符号代码表示。评估者也可以根据自己的需要修改符号代码，但在所有的技能评估中，一定要对所有学生前后一致地使用这些符号代码。本书提供如下评估标准符号代码，供读者使用时参考：

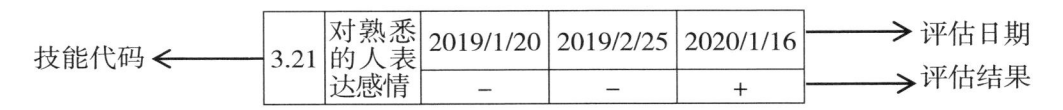

技能代码 ← | 3.21 | 对熟悉的人表达感情 | 2019/1/20 | 2019/2/25 | 2020/1/16 | → 评估日期
　　　　　　| | | – | – | + | → 评估结果

+：学生掌握了这项技能或行为；

–：学生没有掌握这项技能或行为；

+/–：学生这项技能似乎有所表现(或刚刚萌发)；

A：学生的这项技能或行为失准或失常；

N/A：由于学生的残疾或其他原因，这项不适用或无法评估。

4. 评估目标技能

评估记录表制作完成，就可执行评估。先选中目标领域中某项起始技能开始评估，同时分析已观察和收集到的资料，然后创设评估活动所需情境，必要时对活动及程序进行调整，以满足被评估者的独特需要。接着，评估者根据具体活动的展开进行评估，观察被评估者的表现情况并根据确定的技能标准，酌情记录被评估者的反应，最后完成评估。

（三）评估内容调整

本书所提供的活动案例并没有考虑到所有的影响因素。如果一名学生不具备评估所要求的一些先备技能(如残疾等因素导致的问题)，很可能难以对评估的要求做出相应的反应。那么，**对于残疾等有特殊需要的儿童，在评估目标技能之前，应根据学生的特殊需要对评估的活动内容进行适当地调整或更改。**下表是针对常见的障碍类型提出的一些调整建议，供读者参考。

续表

障碍类型	调整建议
认知障碍	多给一些回应的时间。 简明、徐缓地重复指导语。 逐渐减少提示、模仿，最终在没有任何帮助的情况下做出回应。 对学生的表现给予及时的表扬。
沟通障碍	如果学生没有任何语言或言语的支持，必须在评估之前为其建立起有效的沟通交流机制，可采取符号、沟通板、图片显示及其他沟通技术、设备等辅助、替代性措施。 只有形成了可沟通交流的机制时，才能实施评估。
视觉障碍	评估的调整，取决于学生的视觉障碍程度。 评估者可以向视觉障碍教师或者验光师等相关专业人员进行咨询，以获得专业的帮助。
听觉障碍	寻求听力学家、语言治疗师和听觉障碍教师的帮助支持。 确定哪些评估技能适用于被评估的有听力障碍的学生。 分析被评估学生的沟通交流的情况，了解清楚是需要综合性的沟通，还是只是言语或手势方面的沟通，然后采取相应的接受与表达模式进行评估。
行为障碍	评估过程中通常包括常见的行为反应，评估者可以按照现有的方法来评估，但要做如下修改： 如果涉及学生的任务性行为问题，要把评估分解成几部分完成。每次互动只需几分钟。 要使用简明的陈述或者采取角色扮演，指导语要确保学生在评估时，正确理解评估者希望他做什么。 学生每完成一部分评估后要及时予以充分的奖励。 学生尝试完成任务、做出努力、认真听讲和实现目标时都要给予积极的正强化，表扬要具体化，经常变换奖励的形式。
运动障碍	在需要学生做视觉运动的地方使用图案、模板或图标等来替代。对于任何知觉动作内容，给予口头指导。 借助辅具设备，如握笔器、改装剪刀柄等。 确保学生坐在桌子旁边的时候，脚能够平放在地板上，桌子的高度应该适中。

（四）评估注意事项

评估标准的选择取决于很多变量，包括学生经验、学生类型、学生数量、教学情境的设置、程序和时间等。因此实施评估时应注意以下事项：

1. 选择一种评估记录工具时，最重要的是要考虑它能够提供所需的信息量，要易于使用和管理。在一种特定的情境中对学生进行评估的时间长度应该因人而异。尽量把一次评估限定在15分钟内。本书中的评估一般是为5-8分钟的时长设计的。

2. 并非所有的技能都适用于每一名学生。在考虑一项技能的时候，要分析检查各方面的相关信息，根据学生的需要做出适当的调整。譬如，评估者可以判断是否有必要对口头提示或语言做出修改。关键是要使用学生容易理解的语言并接受学生用自己的词语做出的口头反应，只要他的回答是在对评估做出回应即可。

3. 本书中的评估内容及活动主要是面向学生个体开发的，特别适用于个别训练、家庭指导。当然，很多评估也适用于小组。但是对于有些技能，小组测验很难确定单个学生的真实表现，在小组中由于被试有可能附和其他人，也有可能克制自己不做回应，所以，同龄人的参与有时不利于衡量被试的最高能力。

4. 为了帮助一名学生发挥最佳水平，在每次评估时都要注意对其进行鼓励和肯定。

5. 如果评估者在观察某一特定领域的一系列技能表现时，学生连续做出了三个不正确的反应，应停止评估并从学生做出不正确反应之前的一个技能开始教学训练。必要时，重新评估，以确定学生是否学会并保持了这项技能。

6. 在转向另一个领域的评估之前，并不一定要完成已评估领域的所有目标技能。

三、教学

本书所设计的教学活动，既可以评估儿童社会生活适应能力发展的现状，又可以为接下来的社会生活适应技能发展训练提供参考指南。因此，作为一种教学工具，本书具有项目干预与教学资源的引导与借鉴功能，帮助教师为每一位学生制订出个别化的技能学习目标，并在课程与教学中有目的地培养和提高。

（一）制订教学计划

1. 确定教学目标

通过评估，了解学生还没有掌握的技能，选择其中一项或多项技能作为目标。这些目标可以使用技能编号在本书中查找相应的活动信息。然后，根据学生的个体需要、设备材料的资源、教师的技能、教学的环境、家长的参与以及日程的安排等，考虑这些活动是否需进行调整并制订相应的教学计划，包括准备教具学具、创设教学情境等。

2. 开展教学活动

根据书中建议的活动，教师在不改变活动目标的情况下，可以根据学生的特殊需要进行相应的活动调整，同时记录下所做的调整或修改，以便为某一项类似的技能活动或者对开展这项活动训练的其他人员提供参考。本书建议的教学活动注重通过足够的重复和强化来帮助学生在一系列活动过程中获得某项技能。特别是整个活动中应尽可能多地鼓励每个学生去探索和体验。

3. 进行教学评价

在教学活动实施后，要对活动的有效性、管理的难易度、学生的兴趣水平等反思和评价，检查教学活动是否具有激励性、是否提供了一个观察学生进步的工具、是否具有技能迁移的特征等，同时做出相应的结论。

（二）编写训练教案

本书中所设计的技能评估与训练的内容，都是基于教师在日常实践中开发的教学活动，且都标明了能力要求、兴趣水平及所需材料的清单。因此，所有活动都是可以针对每个学生的独特需要进行调整修改，它有助于帮助教师设计个别化的具体技能训练活动方案。

1. 教案的结构模块

专注于技能教学的互动，一般也需要一个结构化的模式。它可以是跨几个课时的个别化教学。这对于教学的个别化是非常有效的，因为它使教师能够有条理地呈现教学训练的内容。在使用本书指南编写教案时，建议应包含以下四个环节：教学引入、教学实施、教学测评和信息记录，而每一环节又应包含若干子项要求（见下表）。

教学引入	时间安排：确定教学的频率和持续时间
	目标陈述：让学生了解学习任务及要求
	动机激励：使学生认识到学习的目的和意义
	起点评估：评估学生的先备技能和训练的起点
教学实施	课堂讲授：采用讲授、阅读或演示等典型的课堂讲授教学方法，组织学生通过讨论、操练、读写或其他形式来学习知识技能
	示范模仿：首次技能训练，教师要做分解展示动作，学生跟着模仿
	连锁操练：二次技能训练，学生连贯模仿教师成套动作
	巩固强化：三次技能训练，通过教师的纠正和强化来提高学生的准确率和速度

教学评测	测验/观察：如果学生未达标，则需进一步训练，帮助补习；如果能够掌握，则进行进阶训练
	评价记载：在个别化教育计划和评估记录册中记载学生的成绩
数据记录	日常教案：记载教师日常的教学情况和所用材料
	学生信息备注：记载学生训练中相关的事件信息，如趣事、逸事等
	学生进步数据：记载评估的项目结果记录

（1）教学引入

教学引入主要包括时间安排、目标陈述、动机激励和起点评估方面的内容。时间安排主要指学生学习所需持续的时间及频率。持续时间是指学生实现目标所需的教学时间长度。时间中的频率因素指的是学习行为发生的时间，如每日、每隔一天或每周。

目标陈述和动机激励是相辅相成的，主要是让学生了解自己学习任务的要求，进而激发起学习的愿望。对于一些目标来说，时间持续可能是几个星期或几个月。起始训练的时候，必须通过目标陈述来让学生了解自己的学习目标，鼓励其努力去实现它。教师可以通过直接告知或采用其他的交流方式来帮助学生发现学习目标，然后帮助学生认识学习的意义或获得努力学习的动机。

起点评估是考查学生是否具备学习新技能的基础，即在开始教学之前，要明确学生是否具备必要的先备知识和技能，找到学习技能的起点。如果学生准备得不够充分，应该通过一些活动来提升他的能力。

（2）教学实施

教学实施主要包括讲授、示范模仿、连锁操练、巩固强化四个方面的内容。讲授主要是指课堂上所运用的典型的教学方法，包括讲课、提问、课文阅读和演示。学生在领会教师讲授的基础上，对传授的知识和技能以某种方式进行组织和表达做出回应。回应的方式可以表现在讨论、操练、写作和一系列其他的活动中。

示范模仿是指教师做出示范动作，学生随后进行模仿。这是技能习得的重要方式。

连锁操练是指在一些更复杂的技能的学习中，需要学生对教师的成套动作进行连贯的操作练习。

巩固强化是指在技能学习或行为塑造过程中，通过教师的观察、纠正和强化，使学生技能的准确率和速度都有所提高，使目标行为得到进一步强化塑造。

（3）教学评测

教学评测包括测验、观察两个方面的内容。在教学结束的时候，以测验和观察的方式来测评学生是否已经掌握了所要训练的目标行为或技能。如果测评表明学生还没有掌握，那么就需要提供进一步的指导或补习；如果学生已经掌握，他就可以进行下一个运动技能的进阶训练，并且把学生掌握的技能记录在个别化教育计划（IEP）和《评估记录》中。

（4）数据记录

数据记录主要包括日常教案、学生信息备注、学生进步数据三个方面内容。好的教学需要保持良好的教学日志习惯，它可以为教师的教学提供诸多有益的经验信息。日常教案是必不可少的可以显示教学材料、教学过程和教学情况的文本；学生信息备注则是为了记载与学生发展相关的或有趣的轶事，可以帮助教师了解学生的个性特点与特殊需要；学生进步数据是教学测验和观察的结果，也应是教学的常规记录。

2. 教案框架案例

为了便于读者的理解和学习，本书下面提供了用于这一教学模式的教案（简案）框架样例，供读者参考。通过教案框架案例所呈现的训练模式与本书所设计的技能活动进行比较，可以看出本书所提供的活动案例都可以直接作为开展相应技能教学活动的依据。当然，有时候应根据学生个体差异及其特殊需要进行必要的调整修改，或重新进行模仿设计。学习活动可以同时用于同班的其他学生，但在行为、条件和程度上要有区别，以满足不同个别化教育的目标。对于某些特殊技能或行为的教学可能要花费几个星期，甚至一年的时间，直到学生掌握为止。因此，在这一期间，教师也许只用同一个教案进行该项技能的训练活动。

教学（训练）教案样例

学生姓名：XX（1年级）

【情况说明】：学生XX，智力发育迟缓，生活自理能力差，有拉裤子的意识，但是动作不规范，无法从底部提到腰部。针对学生生活自理差的问题，训练计划按照动作发展顺序，通过大量结构化训练和大量的练习强化。

目标：把裤子从地板处一直拉到腰部。
基准：学生能够独立提拉裤子，并且保持裤子被提至腰部。

1. 教学起点：

学生能够有拉裤子的意识，但是只能提到膝盖处，再往上时需要成人手把手辅助才能完成。如果可行，通过练习，可以完成独自把裤子从底部拉至腰部。

2. 教学实施：

活动主题：请你跟我一样做

（1）教师示范，学生在辅助下模仿：

教师向学生示范把裤子提至膝盖处；

学生尝试，教师双手辅助；

学生在辅助下进行训练。

游戏：一起加加油

教师吹口哨，辅助学生，吹一次口哨，带动学生的手往上提一点。

重复多次练习学生逐步上提的能力

（2）强化练习，逐渐撤销支持：

教师单手辅助学生训练；

教师撤销肢体辅助，给予口哨提示进行训练；

增加独立提裤子的次数。

3. 教学评估：继续这种方式的训练，替换强化物，直到学生能够独立完成把裤子提至腰部。

4. 教学记录

日期	活动记录	评估/成绩
2019.2.25	能够独立提裤子至腰部。	－
2019.03.15	能够独立弯腰抓住裤子，需要双手辅助（手把手）后提至膝盖。	＋
2019.03.25	能够独立弯腰抓住裤子，单手辅助后，可以提至膝盖。	＋
2019.04.5	能够独立弯腰抓住裤子，口哨提示后，可以逐步提至膝盖（需要费较大力）。	＋
2019.04.15	能够独立弯腰抓住裤子，可以逐步提至膝盖。	＋
2019.04.25	能够独立弯腰抓住裤子，可以独立提至膝盖，需要手把手辅助后提至臀部。	＋
2019.5.10	能够独立弯腰抓住裤子，可以独立提至膝盖，单手辅助后提至臀部。	＋
2019.05.25	能够独立弯腰抓住裤子，可以独立提至膝盖，口哨提示后，可以逐步提至臀部（需要费较大力）。	－

（三）特殊需要的教学调整

本书所列出的所有技能和行为并非适用于所有学生。由于学生的年龄和发展水平不同，很多内容并不一定适合一些学生的特殊需要，特别是有些技能可能因学生的残疾导致的障碍而无法操作，或者有些技能可能对于某些特定的学生来说不重要而不必评估（如，把裤子从地板处一直拉到腰部，对于无法站立的学生就没有必要了）。因此，在借鉴本书开展教学活动时，对教学内容、方法等必须做出相应的调整以满足个别学生的特殊需要。下表是针对一些特殊需要儿童，特别是针对一些学生的障碍情况，提供的一些教学调整建议，供读者参考。注意，这些建议同样适用于面向正常发展的学龄前儿童的教学。

听觉障碍	1. 说话时面向学生。 2. 用手势来增强说话效果（如：指着、摇头等）。 3. 说话清晰而缓慢，但要避免夸张的口部动作。 4. 限制外部的噪声。 5. 在教学时进行视觉提示。 6. 使用简单的句子和图片。 7. 注意重复并给予学生一定时间的视觉感知活动。 8. 活动开展所用的方法要前后一致。
智力障碍	1. 注重实操动手方法的运用。 2. 反复教学。 3. 采取任务分析法逐步学习。 4. 给予正强化和不断地鼓励。 5. 允许学生多花一些时间来完成任务。 6. 清晰地解释活动每个步骤。 7. 鼓励学生独立解决问题。
运动障碍	1. 改变环境以增加学生的可参与度。 2. 把材料放在学生容易够得着的高度。 3. 调整改装教学器具及相关的设施等以满足学生的需要 4. 对必要的辅助器具的调整所花费的时间进行补偿。 5. 如果学生不能到达活动中心，把活动带到学生面前进行。 6. 从简单的技能过渡到复杂的技能。 7. 限制一些书面材料。 8. 消除学生在达到要求方面的压力，表扬其为达到水平所做的努力。 9. 随着科技的发展，多应用适合学生的智能辅具，提高学生的生活质量和幸福感。

续表

行为障碍	1. 消除无关的材料或其他干扰的因素。 2. 通过强化把失败机会降至最少。 3. 根据学生注意力集中的时长控制学习时间，从而把挫折降到最小。 4. 行为管理应保持前后一致。 5. 在活动中伴随适当的提示。 6. 尽量限制不必要的噪声，让学生在安静的地方学习。 7. 了解对学生学习产生干扰的行为。 8. 找出最好的教学形式并对这些活动提供支持。
言语障碍	1. 特别留意学生的自我形象。 2. 尽可能地采用一对一的情境教学。 3. 减少学生外在的压力。 4. 强化学生的接受性语言，促进表达性语言。 5. 提供口头互动之外的视觉和其他方面的经验。 6. 学生说话的时候注意倾听。 7. 不用纠正学生的讲话模式。
视觉障碍	1. 使用听觉和触觉方面的电子设备。 2. 使用字体放大书面材料。 3. 充分利用听觉和触觉通道参与学习。 4. 尽可能地使用听觉信号。 5. 鼓励学生熟悉自己周围的环境。 6. 大声读给学生听，回答学生的问题并根据需要进行重复。 7. 使用类似的或相关的信息来帮助学生建立概念。 8. 善于使用手指描摹、触觉分类和凸起的符号等。

第一章　适应性行为

行为标识

能够对自己感兴趣

能够对他人（陌生人）感兴趣

能够勇于尝试新事物

能够与他人互动

能够按要求活动

能够解决问题

能够遵守秩序

■ 1.01　看着自己的手

活动主题： 铃儿响叮当

能力要求： 视力、动手能力

兴趣水平： 学前

材料： 绑带、会发声叫的玩具、拨浪鼓、摇铃

1. 让学生仰卧。
2. 把拨浪鼓、会发声叫的小玩具或摇铃放在每个学生的手中，帮助他把手指合拢、攥紧玩具。
3. 用绑带把学生的手指固定在适当的位置上。
4. 摇一摇拨浪鼓吸引学生的注意力，然后松开手，看学生是否在看着他自己的手。如果学生没有做出反应，帮助学生看向他自己的手。

■ 1.02　把两只手分别移到脸前

活动主题： 小手变魔术

能力要求： 视力、动手能力

兴趣水平： 学前、小学

材料： 眼罩、贴纸、颜料、儿童指甲油、手套、胶带

1. 准备几个可以放在学生手上的物品，如：指甲油或贴花纸。
2. 给学生戴上眼罩。
3. 把一个物品放在学生的右手上，另一个物品放在学生的左手上。
4. 摘掉眼罩。
5. 让学生分别看一看两只手。
6. 让学生识别手上的物品。
7. 如果学生喜欢，可以把这两个物品奖励给学生。

■ 1.03　把两只手一起移到脸前，看着它们

活动主题： 躲猫猫

能力要求： 走动、视力、动手能力

兴趣水平：学前

1. 让学生围坐成一圈。
2. 教师把双手移到自己的脸前，看一眼它们，慢慢地把手放下去，同时说："躲猫猫，×××（学生的名字）。"
3. 让学生用双手模仿教师的动作，和教师玩"躲猫猫"。
4. 如果学生有困难，在整个活动中手把手地教给他。
5. 一边做出回应，一边大笑。
6. 和每个学生一起重复这个动作。
7. 当学生掌握这个游戏的时候，让许学生轮流充当领队。

■ 1.04　一边看着双手一边用双手玩耍

活动主题：小手大探险

能力要求：动手能力

兴趣水平：学前、小学

材料：围裙、液体、面粉、沙粒、水、肥皂泡

1. 让学生穿上旧衣服或大围裙。
2. 把各种液体或可塑性物体介绍给学生。
3. 鼓励学生用双手玩这些东西。
4. 游戏结束时，让学生把肥皂泡涂抹在手上。
5. 让学生擦掉手上的肥皂泡，把手洗干净。

■ 1.05　把手放进嘴里

活动主题：大嘴巴

能力要求：走动、听力、动手能力

兴趣水平：学前、小学

材料：家用爆米花机、玉米、油、糖粉

1. 准备好食材并在教室里制作爆米花。
2. 和学生讨论他们将要听到的声音、闻到的气味和尝到的味道。
3. 告诉学生这是魔力爆米花。

4. 提醒学生，它可以跳出他们的双手，因此他们必须抓住爆米花，直到把爆米花送进嘴里。
5. 示范抓住爆米花、把手放进嘴里，然后吃爆米花并嚼一嚼。
6. 先让几个学生自告奋勇地做示范动作，然后让所有的学生都参与进来。

■ 1.06　走向新物件

活动主题： 探险
能力要求： 走动、视力、动手能力
兴趣水平： 学前、小学
材料： 新物件（玩具）

1. 把学生带到一个房间里，里面摆放着教师想要让他接触的新物品。
2. 把这个物品放在教师和学生之间。
3. 提示说："来看一看这个（物品的名字）。"
4. 如果学生没有反应，重复刚才的话。
5. 如果学生照做了，让他玩一玩这个物品。

■ 1.07　触摸新物体

活动主题： 动物博物馆
能力要求： 视力、听力、动手能力
兴趣水平： 学前、小学、中学生
材料： 毛绒动物玩具、动物玩具

1. 用毛绒动物玩具或其他动物玩具建一个"动物博物馆"。
2. 告诉学生们可以把这些动物看个够。
3. 根据动物的长相猜测它住在哪里、吃什么，等等。
4. 一次把一只动物拿出来。
5. 示范如何拿住这些动物。
6. 提醒学生温柔地谈话和宠爱这些动物。
7. 让每个愿意触摸动物的学生摸一摸它们。

1.08　短时间操作新物体

活动主题：动物博物馆

能力要求：视力、听力、动手能力

兴趣水平：学前、小学、中学生

材料：毛绒动物玩具、动物玩具

1. 用毛绒动物玩具或其他动物玩具建一个"动物博物馆"。
2. 告诉学生们可以把这些动物看个够。
3. 根据动物的长相猜测它住在哪里、吃什么，等等。
4. 一次把一只动物拿到外面。
5. 示范如何操作这些动物。
6. 提醒学生温柔地谈话和宠爱这些动物。
7. 让每个愿意触摸动物的学生摸一摸它们。

1.09　用常规方式使用物体，但是用它来代替另一个物体

活动主题：动物博物馆

能力要求：走动、视力、听力、动手能力

兴趣水平：学前、小学、中学生、青少年

材料：蛋糕粉、烹饪设备

1. 打印制作蛋糕的简单配方。
2. 展示并说出每一件烹饪设备的名字。
3. 示范汤匙可以用来吃饭、测量和搅拌；叉子、筷子可以用来吃饭、拍打和搅拌食材；刀子可以用来切割和刮碗。
4. 让学生发散思维，说说这些餐具的多种用途。
5. 让每个学生混合、打散和搅拌蛋糕粉。
6. 举办一个派对，以便让学生们品尝蛋糕。

1.10　使用一种以上的感官对新物体进行实验

活动主题：感知新事物

能力要求：走动、视力、听力、语言

兴趣水平：走动、学前

材料：爆米花机、爆米花、硬纸板、油

1. 用大型硬纸板或床单把地板遮盖住。
2. 在爆米花机里放入爆米花和油。
3. 让学生在安全距离处围着爆米花机坐成一大圈。
4. 为爆米花机插上电源，拿掉盖子。
5. 允许学生观看爆米花被从爆米花机上抛到硬纸板。
6. 鼓励学生注意闻味道。
7. 让所有学生吟唱"色拉油，玉米粒；黄玉米粒；搅啊搅，搅啊搅"。
8. 让学生们轮流示范像玉米那样搅拌，爆炸开的样子。
9. 奖励学生吃爆米花。
10. 教师还可以使用彩色爆米花。把某种颜色分配给学生，当那种颜色的爆米花爆开的时候，让学生也跟着"爆开"。

■1.11 用不同的方式使用新物体

活动主题：迷你博物馆

能力要求：走动、视力、听力、语言、动手能力

兴趣水平：小学、中学生、青少年

材料：老式设备、新设备

1. 告诉学生们将要参观一个迷你博物馆。
2. 分发博物馆的门票。
3. 在桌子上展示电话（座机）、牙刷、搅拌器和水壶。
4. 在另一张桌子上展示手机、电动牙刷、电动搅拌器、电热水壶。
5. 询问每个学生他将如何使用老式设备。
6. 让其他学生示范现代设备的用法。

■1.12 在玩耍中谈话

活动主题：野餐谈话

能力要求：视力、听力、语言、动手能力

兴趣水平：学前、小学、中学生

材料：人偶

1. 为学生提供家庭成员的人偶和宠物的布偶。
2. 示范角色扮演。
3. 创设情境，让一家人去野餐。
4. 让每个学生操纵他们的人偶，并以布偶的身份谈话。
5. 如果学生想不起该说什么，为他的布偶提供话题。
6. 鼓励学生们尽情玩耍。

■1.13　把新物体用于预定的目标

活动主题：尝试新物件

能力要求：走动、视力、听力、动手能力

兴趣水平：小学、中学生

材料：厨房设备

1. 提醒学生安全事项。在使用这些设备的时候要极其小心。
2. 展示设备，如：搅拌机、微波炉和电饭锅等。
3. 示范这些设备的用法。
4. 让每个学生说出这些设备的名字。
5. 让每个学生演示某一设备的用法（只在正确、仔细的监管下进行）。
6. 制作纸质厨师帽，让每个学生在演示设备用法时都戴上它。

■1.14　和另一个人互动

活动主题：漫画故事

能力要求：视力

兴趣水平：中学生

材料：连环漫画、作业纸

1. 剪出包含2人对话或互动的连环漫画。
2. 去掉漫画中打印的对话内容。

3. 复制这份连环漫画。
4. 为每个学生制作作业纸。
5. 让学生解读连环漫画中所发生的事情。
6. 分组讨论或分别讨论对话中有可能涉及的话题。
7. 以面部表情和动作为提示开展讨论。
8. 指导学生填写他们所补充的对话内容。
9. 展示学生的作业。

■1.15 角色扮演

活动主题：角色扮演

能力要求：走动、视力、听力、语言

兴趣水平：学前、小学

材料：万圣节面具

1. 准备万圣节面具。
2. 把面具放进大型纸袋中。
3. 选一个学生把手伸进纸袋中去拿面具。
4. 鼓励学生把面具戴在脸上，然后根据面具上的角色进行表演和谈话。
5. 如果学生不能完成任务，可以为他示范。
6. 如果学生们愿意，让他们结合成小组。
7. 继续下去，直到所有的学生都有机会。
8. 为戴着面具的学生录像或拍照并展示给他们。

■1.16 谈论可能举办的新活动

活动主题：举办新活动

能力要求：听力、语言

兴趣水平：中学生

材料：派对用品

1. 在上课时间宣布举办派对的消息，给学生们一个惊喜。
2. 告诉学生们需要让他们帮忙筹划这个派对。

3. 让学生们帮忙出主意、定主题、做装饰、准备食物和游戏。
4. 把计划写在黑板上。
5. 举办一个派对。
6. 在派对之后询问学生们：如果教师想要让他们帮忙举办另一场令人惊喜的派对，他们将会对派对做出怎样的改变。

■ 1.17　总是自己玩同一个游戏

活动主题：奖励游戏

能力要求：视力、听力、动手能力

兴趣水平：学前、小学、中学生

材料：游戏、贴纸

1. 提供一个学生非常感兴趣的游戏。
2. 告诉学生：他是如此特别，所以教师将要把他的名字写在游戏上。他每天都可以在某个特定的时间抽出10分钟的时间玩这个游戏。
3. 奖励学生每天定时玩这个游戏。

■ 1.18　自己玩不同的游戏

活动主题：游戏图表

能力要求：走动、视力、听力、动手能力

兴趣水平：小学、中学生

材料：标签纸、水彩笔、尺子、星星

1. 为每个学生准备一个图表，上面显示出几种熟悉的在教室内部所玩的游戏（如图所示）。

姓名 _____
项目 _____

○ ○ ○ ○
○ ○ ○ ○
第____游戏

□ □ □
奖励

2. 把图表展示给学生，指出上面的游戏。
3. 让所有游戏都可以在附近的桌子上或架子上来玩。
4. 让学生选择可以在图表上完成的游戏。
5. 让学生在完成游戏后告诉教师。
6. 对完成任务的学生，在其图表上贴一颗星星作奖励。
7. 鼓励学生在图表上选择并完成另一个游戏。

■1.19　和另一个人一起玩游戏

活动主题：纸条配对游戏

能力要求：走动、视力、听力、动手能力、语言能力

兴趣水平：小学、中学生

材料：彩纸、盒子

1. 剪一些彩色纸条，至少包括2个蓝色纸条、2个绿色纸条。
2. 把纸条放进一个盒子。
3. 让学生从盒子里抽取一张纸条。
4. 告诉学生找到另一个和他有着同色纸条的学生。
5. 把他们两个作为一个团队，一起玩游戏。
6. 向学生展示各种桌面游戏供他们选择。
7. 把学生所选的游戏用具交给他们。
8. 在这些团队玩游戏的时候进行观察，提供必要的合作指导。

■1.20　谈论已经完成的活动并把它同新活动联系起来

活动主题：活动内容展示

能力要求：走动、视力、听力、动手能力、语言能力

兴趣水平：小学、中学生

材料：画纸、蜡笔、展示架

1. 为学生们提供图画纸和蜡笔。
2. 让学生们画出最近自己喜欢做的一件事情。
3. 收集每个学生的图画。

4. 把这些图画展示给全体学生。
5. 讨论图画的内容。
6. 使用开放式问题鼓励学生们把正在做的事情同新的学习任务联系起来。
7. 把图画归还给学生们。
8. 让学生根据第一张图画，再画一幅完成新的学习任务的画。
9. 展示这两张相关的图画。

■1.21 根据要求执行新活动

活动能力： 执行新任务
能力要求： 听力、动手能力、语言能力
兴趣水平： 小学、中学生
材料： 画纸、蜡笔等

1. 向学生们提出新任务。
2. 告诉学生们：那些愿意尝试新任务的人将会得到1分或者1个星星。
3. 那些完成部分新任务的人将会得到2分或者2个星星。
4. 那些完成全部新任务的人将会得到3分或者3个星星。
5. 学生开始活动。
6. 指出已经获得1分和2分的学生们可以通过继续努力而赢得3分。

■1.22 在确信出现问题时选择解决方法

活动主题： 寻找解决方法
能力要求： 视力、语言
兴趣水平： 小学、中学生

1. 告诉学生：在每天的一个特定时间，他的课桌上将会出现一个特殊的问题。
2. 他的椅子或书有可能不见了，或者他的铅笔有可能断了。
3. 他要做的事就是在采取行动之前把问题描述给你听，并且提出解决办法。
4. 讨论出现问题的原因和解决办法。
5. 如果学生有困难，帮助他想出新的解决方案。
6. 每天都表扬学生不生气，鼓励学生思考问题和提出解决办法。

■ 1.23　面对其他选择时改变例行活动

活动主题： 改变例行活动

能力要求： 听力、动手能力

兴趣水平： 学前、小学、中学生

材料： 水彩、纸、铅笔、计时器、音乐、拼图、椅子、书

1. 在房间的角落里安排不同的趣味活动。
2. 让1至2个学生开始每一项活动。
3. 把时间设定为5到8分钟。
4. 告诉学生们：当计时器响的时候，他们就要转向不同的活动。
5. 开始的时候详细告诉学生们怎样转换。
6. 当学生们立即停下来、静静地转向新活动时给予口头奖励，并提示学生马上开始活动。
7. 当学生们熟悉了转换流程的时候，让他们在计时器响的时候自己选择转换活动。
8. 要求每次都改变活动内容。
9. 逐渐引入新的任务活动，如：数学或创意写作。

■ 1.24　在了解原因后尝试新活动

活动主题： 活动选择

能力要求： 听力、动手能力

兴趣水平： 学前、小学、中学生

材料： 水彩、纸、铅笔、计时器、音乐、拼图、椅子、书

1. 在房间的角落里安排不同的趣味活动。
2. 让1至2个学生开始每一项活动。
3. 把时间设定为5到8分钟。
4. 告诉学生们：当计时器响的时候，他们就要转向不同的活动。
5. 开始的时候详细告诉学生们怎样转换。
6. 口头奖励学生们立即停下来、静静地转向新活动，并马上开始活动。
7. 当学生们熟悉了转换流程的时候，让他们在计时器响的时候自己选择活动。

8. 每周都改变活动内容。
9. 逐渐引入任务活动，如：数学或创意写作。

■ 1.25 自告奋勇开展新活动

活动主题：你画我猜
能力要求：视力、动手能力
兴趣水平：小学、中学生
材料：小型布告栏、别针、图画纸、彩色水彩笔

1. 把图画纸固定在布告栏上。
2. 让自告奋勇的学生选一个好朋友跟他一起合作。
3. 把水彩笔交给第一个学生。
4. 让第二个学生画他自己，同时告诉第一个学生把第二个学生画下来。
5. 告诉第二个学生画他自己的身体部位和衣服等。
6. 把画完的图画挂在房间内，然后让这两个学生交换任务。
7. 展示所有的图画并对他们两个提出表扬。
8. 还可以让一个学生画隐藏的物体，让其他学生根据他的画猜测这个物体是什么。

■ 1.26 当教师的外表改变时，遵循例行的教学活动

活动主题：伪装游戏
能力要求：视力
兴趣水平：学前、小学
材料：帽子、假发、衣服、化妆品、用作伪装的东西、穿衣镜

1. 收集很多伪装用的东西和穿衣镜。
2. 开始的时候只用不同的帽子来装扮自己。
3. 马上把帽子摘掉，以便让学生看到这是同一个人。
4. 重复同一种伪装，直到学生习以为常。
5. 把帽子递给学生们，让他们照一照镜子，并且看一看镜子中其他戴帽子和不戴帽子的学生。

6. 随着学生对这些帽子的熟悉，逐步增加假发、服装、化妆品、眼镜和其他伪装。
7. 表扬那些识破教师装扮的学生。
8. 让那些胆小的学生摸一摸教师和教师的伪装。
9. 还可以允许一个学生打扮成另一个学生，或者让学生仅仅改变面部表情。
10. 使用镜子。

■1.27 在陌生人面前开展活动或者在陌生人的带领下开展活动

活动主题：和陌生人游戏

能力要求：视力、动作、语言能力

兴趣水平：学前、小学

材料：布告栏、笔、纸

1. 教师邀请一个学生所不认识的人到班上。
2. 让学生们在来访者面前成功完成一项任务。
3. 让来访者参与到学生们的活动中。
4. 告诉学生们，来访者将为他们展示一项新活动。
5. 教师离开一会儿。
6. 当来访者展示新活动后，返回教室。
7. 讨论这项活动和这个新来的人。
8. 继续引入新来的人并让新来的人参与班级活动。

■1.28 在连续2到3天后，遵守课堂纪律或学校纪律

活动主题：纪律小山

能力要求：视力

兴趣水平：小学、中学生

材料：图画纸、星形贴纸、奖品

1. 在60cm×60cm的图画纸上画一座山。
2. 画一条从山脚下通往山顶的小路。
3. 确定学生最想得到的、愿意为之努力的奖励。
4. 在学生的桌角处做一个标记。

5. 告诉学生，每当教师看到他遵守课堂纪律的时候，就会把一个星星粘贴在他的山路起点上。
6. 告诉学生当他的星星到达山顶时，他将会赢得奖品。
7. 当第一座山的山路上充满了星星的时候，再为他画一座新山。

■1.29　在学校的一周内从始至终遵守纪律

活动主题：纪律小山

能力要求：视力

兴趣水平：小学、中级学生

材料：图画纸、星形贴纸、奖品

1. 在60cm×60cm的图画纸上画一座山。
1. 画一条从山脚下通往山顶的小路。
2. 确定学生最想得到的、愿意为之努力的奖励。
3. 在学生的桌角处做一个标记。
4. 告诉学生，每当教师看到他遵守课堂纪律的时候，你就会把一个星星粘贴在他的山路起点上。
5. 告诉学生当他的星星到达山顶时，他将会赢得奖品。
6. 当第一座山的山路上充满了星星的时候，再为他画一座新山。

■1.30　用不同的方式使用材料，用新材料进行创意活动

活动主题：装饰窗户

能力要求：走动、视力、动手能力

兴趣水平：小学、中学生、青少年、成年人

材料：颜料、破布、罩衫、擦窗器

1. 选择房间的窗户需要清洗的时机。
2. 为每个学生布置窗户的一部分。
3. 把学生用的颜料和学生所选的其他材料交给学生。
4. 告诉学生他们可以在不破坏、不伤害任何人的前提下选择任何方式来装饰窗户。
5. 为学生留出15到20分钟的时间。
6. 在每个学生的工作中至少指出一个非常出色的地方。
7. 如果学生有困难，为他们出主意、提建议。
8. 在装饰完毕之后，要求每个学生把窗户清洗干净。
9. 根据需要提供帮助。

■ 1.31 调整行为以适应不同环境中的纪律和例行规定

活动主题：纪律演习

能力要求：动手能力、语言能力

兴趣水平：小学、中学生

材料：图画纸、星形贴纸、奖品

1. 在图表上列出班级和学校的纪律。
2. 读一读这些纪律，讨论它们的含义和作用。
3. 选一些学生根据对纪律的理解进行角色扮演。
4. 选一些学生对遵守纪律的行为进行正确的角色扮演。
5. 选一些学生面对违反纪律的同学进行角色扮演。
6. 改变例行规定，并且增加与之相关的角色扮演的情境。

■ 1.32 安排自己的活动时间以学会时间调整

活动主题：安排时间

能力要求：动手能力、语言能力

兴趣水平：中学生、青少年

材料：作业纸、长纸

1. 制作每周作业单，让学生填写。
2. 上面包括姓名、日期、学科或活动场所。
3. 留出空白以便填写任务和所需时间，还要留出任务完成后进行核对的空间。
4. 为教师的签名和学生的签名留出空间。
5. 最初的时候为学生提供几种选择。
6. 要求学生逐步增加任务内容，直到他们能够独立地在作业单上分配自己的时间。

第二章　冲动控制

行为标识

能够在活动中保持安静
能够轮流做游戏
能够控制情绪
能够知道正确的行为
能够避免破坏行为
能够按计划行事
能够表达感受

第二章　冲动控制

■ 2.01　集体听故事或音乐时，安静地坐上 30 秒钟

　　活动主题：保持安静

　　能力要求： 听力

　　兴趣水平： 学前、小学、中学生

　　材料： 椅子、强化物

1. 让学生坐在椅子上。
2. 示范：把手放下、保持安静。
3. 命令学生把手放下、保持安静。
4. 学生能够安静地坐到5秒钟的时候，给予奖励和强化。
5. 逐渐把时间增加到30秒钟。
6. 把学生放到小组中。
7. 重复刚才的命令，并奖励学生2到5次，直到学生在考验中10次有8次能够安静地坐上30秒钟。

■ 2.02　集体听故事或音乐时，安静地坐上 1 分钟

　　活动主题：保持安静

　　能力要求： 视力、听力、语言

　　兴趣水平： 学前、小学、中学生、青少年

　　材料： 音乐、作业纸、图画纸

1. 在图画纸上设计"安静小伙伴"徽章。
2. 准备舒缓的音乐。
3. 把学生分成两队。
4. 让A队和B队搭档。
5. 告诉学生：A队练习低头静坐，而B队负责检查。
6. 解释说：检查者要注意查看不安分的手和发声的嘴，只有"安静小伙伴"才可以得分。
7. 下令："A队，手放下。"
8. 开始播放音乐，把计时器设定为1分钟。
9. 对A队中保持每个安静的成员奖励1分。

—19—

10. 转换角色并重复练习。
11. 用"安静小伙伴"徽章对获胜小队的表现进行正奖励。

■ 2.03 在25%的时间或更少的时间内轮流做游戏

活动主题：轮流做游戏
能力要求：视力、动手能力
兴趣水平：学前、小学
材料：标签纸、剪刀、贴纸、加固物、水彩笔

1. 用标签纸制作游戏板。
2. 不要设置"后退"或"错过机会"之类的方格，以便减少学生的挫折感。
3. 当学生们围着游戏板坐下的时候，提示：每个学生都依照顺序获得一次机会。
4. 选择最认真听讲的学生作为第一个玩游戏的人。
5. 每当学生在轮到别人的时候安静地等待，或者不抱怨要经过多少个步骤才能轮到自己的时候，对他们给予适当的奖励。

■ 2.04 根据指令行走或暂停

活动主题：红灯停
能力要求：走动、视力、听力
兴趣水平：学前、小学、中学生
材料：布、杆子、订书机、粉笔

1. 在操场上画出相距50米的起点线和终点线。
2. 把1m×1m的布固定在杆子或棍子上，制作一面红色的旗子和一面绿色的旗子。
3. 告诉学生们将要在外面玩游戏，这个游戏要求他们认真听并立即做出反应。
4. 告诉学生当教师说"绿灯"并举起绿旗的时候，他们就要朝着终点线尽可能快走。
5. 红旗和"红灯"意味着停下。
6. 告诉学生如果他们提前开始迈步或者没有按时停下，他们就必须向后迈出两大步。

7. 把全班学生带到外面。
8. 对上述规则练习1至2遍，以便让每个学生都能领会。
9. 奖励遵守指令的学生。
10. 教师还可以在游戏中把走动改为单脚跳、蹦跳和跳跃。

■ 2.05　集体听故事或音乐时，安静地坐 1 分钟以上的时间

活动主题： 保持安静

能力要求： 视力、听力、动手能力

兴趣水平： 学前、小学、中学生

材料： 彩色胶带、故事书、谷类食物奖励

1. 让学生们坐成半圆形。
2. 把方形彩色胶带贴到每个学生的膝盖上。
3. 让学生们用手把胶带藏起来。
4. 示范正确的位置。
5. 如果学生不明白，再次示范正确的位置并帮助他放好双手。
6. 在读故事的时候查看学生的双手。

■ 2.06　根据提示改变活动，不出现情感爆发的现象

活动主题： 控制情绪

能力要求： 视力、听力

兴趣水平： 学前、小学、中学生

材料： 玩具

1. 把灯关掉，同时说："把玩具放起来。"
2. 重复命令。
3. 让学生们帮助你把所有的玩具都放起来。
4. 和学生一起把玩具放起来。
5. 要求学生把玩具放回室内贴有标签或图片的特定地方。
6. 不允许有任何例外，并立即纠正错误。

7. 准备下一个活动，以便让学生在放好玩具后更有目的性。
8. 每次都针对相同的活动或房间里的相同位置，以便让学生从一个活动顺利过渡到另一个活动。
9. 奖励那些具有团队精神的学生。
10. 逐渐减少改变活动内容所需的时间，同时提高对获得奖励的学生的期望。
11. 确保所有材料在房间里都有指定位置，并且学生们对它们都很熟悉。

■2.07 根据可供选择的任务改变例行活动，不出现情感爆发的现象

活动主题：控制情绪

能力要求：动手能力

兴趣水平：学前、小学、中学生、青少年

材料：任务所需材料、强化物

1. 确定学生成功完成任务时最想赢得的奖品。
2. 让学生在完成例行活动或任务时双手交叉坐好。
3. 通过表扬来强化这个过渡期。
4. 当学生能够静坐1分钟后，再次介绍可供选择的任务。
5. 如果这样做有效，根据需要重复前两个步骤以便延长静坐时间。
6. 强化对可供选择的任务的正确反应。
7. 通过减少过渡时间，逐步消除两个任务之间的过渡期。
8. 如果出现情感爆发，不要中断可供选择的任务或者允许学生回到之前的任务。

■2.08 集体听故事或音乐时，静坐5分钟以上

活动主题：保持安静

能力要求：听力

兴趣水平：学前、小学、中学生

材料：强化物

1. 告诉学生们走向圆圈的最安静的学生将会成为"教师帮手"并坐在"冠军椅"上。
2. 把学生一个接一个地叫到圆圈内。

3. 口头表扬每个安静地走过来的学生。
4. 允许最安静的一个学生坐在特殊的椅子上充当"教师帮手"。
5. 告诉学生们：教师将要设定时间，计时器的铃声会时常响起来。
6. 告诉他们：所有静坐的学生都有机会成为下一个"教师帮手"并坐上"冠军椅"。
7. 设定计时器的时间，开始读故事或唱歌。
8. 当计时器响起来的时候，马上使用具有高度激励性的食物来强化学生的静坐行为。
9. 不仅在计时器响起来的时候奖励学生，在读故事的时候也通过表扬、微笑、点头或轻拍学生对学生的正确行为给予特别的强化。

■2.09 如果有人提醒，在活跃期过后安静下来

活动主题：保持安静

能力要求：听力

兴趣水平：学前、小学、中学生

材料：每人一把椅子

1. 让所有学生在休息后马上回到座位上。
2. 用耳语般的舒缓语调说话。
3. 表扬那些坐下来的学生。
4. 让学生们深吸气、充分扩展胸部，然后呼气、身体前倾，直至腰部。
5. 让学生们用下巴贴近胸部，双臂悬垂于双膝之间。
6. 强化学生的动作，创设情景，让学生想象："现在我们的房间是一个充满了布娃娃的玩具商店。"
7. 在房间里到处走动，抬起学生的胳膊或头部，查看每个学生的柔软度或放松度。
8. 重复练习几次。
9. 讨论当他们激动、生气或因久坐而疲倦时，这种放松方式将会起到怎样的作用。

■ 2.10　轮流参与游戏

活动主题：一个接一个

能力要求：走动

兴趣水平：学前、小学

材料：转椅、每人一把椅子、奖品

1. 在房间中央把椅子摆放成半圆形。
2. 把转椅放在半圆的开口处。
3. 让学生们面向转椅坐在椅子上。
4. 让助手坐在半圆的中央，让他鼓励学生坐下来、轮流参与游戏，并对他们给予奖励。
5. 一次把一个学生带到转椅前，帮助他坐在上面。
6. 在一分半钟的时间里帮助他先转到左边，再转到右边。
7. 选择一直坐在座位上的学生成为下一个坐转椅的学生。
8. 奖励所有的学生。每隔一个学生坐转椅坐上去并轮流练习。

■ 2.11　一动不动地躺在垫子上

活动主题：放松全身

能力要求：听力

兴趣水平：学前、小学、中学生、青少年、成年人

材料：瑜伽垫

1. 让学生们仰躺在地板上，双手放在身侧，双腿平放在地板上。
2. 让学生们闭上眼睛。
3. 告诉学生们他们将要感到全身各个部位都在放松。
4. 说出将会感到放松的每个身体部位的名称。
5. 开始说："你们将要放松你们的脚趾，让脚趾有非常放松的感觉。"
6. 继续引导学生放松双脚、踝骨、膝盖、大腿、臀部、腰部、腹部、胸部、肩膀、胳膊、双手、手指、脖子和头部。
7. 语速较慢，并不断强调每个身体部位多么具有放松感。
8. 告诉学生们在教师把话说完后睁开眼睛。

9. 几秒钟后，让学生们扭动脚趾和手指并慢慢地起来。
10. 立即开始安静的强化活动。
11. 奖励在强化活动中静坐的学生。

■2.12　一边举手引起注意，一边大声叫唤或表演

活动主题：学会举手

能力要求：视力、听力、语言、动手能力

兴趣水平：学前、小学

材料：课桌

1. 选择3个学生。
2. 为每个学生分别分配下列的一项任务：一只手举起，另一只手猛打桌子；举起双手同时大喊老师、老师；举起一只手并安静地坐着。
3. 让这3个学生说一说他们的举手动作是否正确，为什么。
4. 让所有的学生轮流做这3个动作。
5. 组织小组讨论，奖励举手姿势正确的学生们。

■2.13　在知道原因后接受例行活动的改变而不出现情绪崩溃

活动主题：控制情绪

能力要求：走动、听力

兴趣水平：小学、中学生

材料：写有数字1到30的卡片

1. 准备1到15张卡片或者让每个学生人手一张卡片。
2. 把这些卡片放进盒子。
3. 让每个学生通过从盒子里抽取卡片确定一个数字。
4. 告诉学生当教师叫到他们的数字时，他们就离开教室去休息。
5. 提示：这种方式可以使每个人都有机会成为第一。
6. 警告：那些试图不按顺序离开的学生将会是最后一个走开的人。
7. 每天都改变所叫的数字。如：所有持有偶数卡片的学生可以离开；所有持有奇数卡片的学生可以离开；卡片数字中包含5或2的学生可以离开；卡片

数字为4到17的学生可以离开。
8. 奖励那些走出去之后在门外等待的学生。
9. 要求那些没有等待的学生回到课桌前,并且让他们最后离开。

■2.14　举手引起注意

活动主题:六一代币
能力要求:视力、动手能力
兴趣水平:学前、小学

材料:篮子、代币

1. 至少在六一节之前的两周内开始这一策略,以便让学生有机会改进举手动作。
2. 为每个学生在布告栏上用别针别住一个六一红包。
3. 告诉学生们每当他们记得举手引起大家注意的时候,他们的六一红包里就会出现一个代币。
4. 在六一节的前一天或者在班级庆祝活动的前一天把六一红包送回家,以便让学生们认识到六一节的意义。

■2.15　集体听故事或音乐时,静坐10分钟以上

活动主题:保持安静
能力要求:视力、听力
兴趣水平:小学、中学生、青少年

材料:图画纸、细绳、打孔机

1. 在一张图画纸的顶端画一些保龄球瓶。
2. 画一些水平线作为到达保龄球瓶的台阶。
3. 从黑色图画纸上剪出一些保龄球。
4. 把每个学生的名字分别写在一个保龄球上并且在顶端打孔。
5. 把保龄球放在图画纸的底部。
6. 打一个孔,以便让细绳穿过图画纸和每个保龄球。
7. 在图画纸背面的细绳上打一个结,这样图画纸就不会从细绳上掉下去。
8. 用细绳穿过保龄球瓶和打好的孔。

9. 在细绳的另一端同样打一个结，这样一来，另一端就不会散落。
10. 选一项活动，如：读故事。
11. 告诉学生们当他们静坐的时候，教师将会把他们的保龄球向上移动一个台阶。
12. 每当学生听从指令的时候就把保龄球向上移动一个台阶。
13. 随着学生静坐能力的提高，增大保龄球之旅的难度。如：每当学生静静地听完整个故事的时候，把保龄球向上移动一个台阶。

■2.16　轮流参加游戏

活动主题： 参加游戏积分

能力要求： 视力、语言、动手能力

兴趣水平： 小学、中学生、青少年

材料： 标签纸、笔、骰子、索引卡、贴纸

1. 准备至少一个骰子和几张星星贴纸。
2. 在彩色标签纸上制作游戏板，用30或30多个方格围成圆形图案。
3. 标出起点线和终点线，在圆形图案组成的路径上每隔5到7个方格放置一颗星星贴纸（如图所示）。

4. 制作20个2cm×3cm的游戏卡和标签，每个标签上都写有文字，如："你耐心排队等待，向前前进1格"或"你说了谢谢，向前前进2格"或"你没按顺序说话，后退1格。"
5. 把星星贴纸放在每张卡片的另一面，把卡片叠放成一堆放在游戏板上，让带有星星的一面朝上。
6. 让学生按顺序掷骰子，按照骰子上所显示的数字移动相应的方格数。

7. 告诉学生如果他们的游戏卡落在了星星上，他们必须拿起拿起这张卡片并按照卡片上的要求去做。
8. 口头表扬排队等候的学生。
9. 指出第一个跨过终点线的学生就是获胜者。

■ 2.17　坐在座位上或站队时，有 50%–75% 的时间都可以保持不动

活动主题：木头人

能力要求：视力、听力

兴趣水平：学前、小学、中学生

材料：代币、球、优点徽章

1. 告诉学生他的任务是把双手始终放在身体的两侧。
2. 当学生在操场上步行往返的时候，让学生拿着一个球或一根绳。
3. 告诉学生只要他把双手始终放在两侧，他就可以充当设备监督员。
4. 当学生成功地在列队前进时把双手保持在两侧时，对学生给予奖励。
5. 告诉学生：他可以选择和朋友一起休息，或者把所赢得的休息时间积攒到一整节课的时间长度，以便在课上充当"双手置于身侧"的特别队列领导。

■ 2.18　集体听故事或音乐时，整个期间都安静地坐着

活动主题：抗干扰学习

能力要求：视力、听力、动手能力

兴趣水平：学前、小学

材料：杯子、薯片、图画纸

1. 准备一个鲸鱼填充玩具或者在图画纸上画一条鲸。

2. 把鲸放在地板上，前边放一个盘子，供学生们放置薯片。

3. 告诉学生们教师将要读故事。
4. 用薯片奖励那些安静地坐着听故事、并且一直用眼睛注视着教师的学生。
5. 让每个学生走到鲸跟前，把他们所赢得的薯片喂给鲸。

■2.19　在活跃期过后安静下来并等待指示

活动主题：关灯变安静
能力要求：视力
兴趣水平：学前、小学、中学生
材料：代币、食物奖励

1. 收集代币、谷类零食或花生作为奖品。
2. 把灯关掉并且开始小声介绍活动。
3. 告诉学生们教师将要在一天中几次关掉电灯。
4. 解释说：电灯一旦关上，他们将要立即回到座位上、低下头、闭上嘴、准备听讲。
5. 告诉学生回到座位上，并且把灯打开。
6. 10到15分钟后把灯关掉。
7. 如果学生们没有做出反应，提示"把头低下"。
8. 如果他们把头低下去，立即用代币或食物奖励他们。
9. 把灯打开并重复练习，直到关灯和静静等待之间形成一贯的联系。
10. 教师还可以在熄灯后小声说一些有趣的指令，并且表扬那些正确听从指令的学生。

■2.20　脱离令人生气的环境

活动主题：情景判别
能力要求：视力、听力、动手能力
兴趣水平：小学、中学生
材料：标签纸、黑色水彩笔、剪刀

1. 用30cm×50cm的标签纸为每个学生制作一套反应卡。
2. 在每套卡片中都包含一张写有"对"的卡片和一张写有"错"的卡片。

—29—

3. 告诉学生如果他们同意，就举起写有"对"的卡片；如果他们不同意，就举起写有"错"的卡片。
4. 准备包含下列内容的5个句子。
5. 读第一个句子："小明和小强争吵了起来。小强打了小明的脸。"
6. 读第二个句子："小红、强强和小新正在搭积木。小红推了一块积木，这块积木掉在小新身上，小红走开了。"
7. 读第三个句子："几个男孩子在公园里玩耍。小明朝着小新叫喊，小新打了他一耳光。"
8. 读第四个句子："小博在排队买午餐时推了两个女孩子。这两个女孩子没理她。"
9. 读第五个句子："小航在小潘的纸上画画。小西认为最好把小航所做的事情告诉老师。"
10. 讨论每个句子并进行集体投票。
11. 鼓励用不同的方式应对令人气愤的情况。

■2.21　生气时控制身体反应

活动主题： 情绪控制
能力要求： 视力、听力、动手能力
兴趣水平： 学前、小学、中学生
材料： 笔记本、笔、奖品、方格纸

1. 制作超级明星徽章作为奖品。
2. 在学生的个人笔记本上写出并画出需要控制的行为。
3. 把一张20cm×20cm的方格纸贴在学生的课桌上，方格纸上划分出半个小时或者更短的时间间隔。
4. 告诉学生如果他们在半小时内没有打架、叫喊或做出目标行为，教师就在方格纸上为他们画一个"×"。每半小时画一次。
5. 如果学生在一天中保持了完美记录，他就可以把超级明星徽章带回家。
6. 讨论学生生气时可以采取的其他行为。
7. 设定计时器并开始计时。

8. 计时器的铃声一响,立即对学生给予奖励。
9. 每当学生把超级明星徽章带回家的时候都鼓励家长对学生给予特别优待。

■ 2.22 接受批评而不出现情感爆发

活动主题： 接受批评
能力要求： 视力、听力、语言
兴趣水平： 学前、小学、中学生
材料： 坐垫

1. 让学生们围坐在地板上。
2. 提示：他们将要说出坐在身旁的人有哪三方面令他们喜欢，为什么。
3. 如果坐在身旁的人有令他们不悦的地方，他们也可以说出来。
4. 选一个学生来讨论和其他学生的互动及感受。
5. 继续下去，直到所有学生都有机会参与。
6. 教师自己也参与进来。
7. 详述互动过程中所提出的枝节问题。

■ 2.23 听到要求做出改变的宣布时,改变活动而不出现情感爆发

活动主题： 控制情绪
能力要求： 视力
兴趣水平： 学前、小学、中学生
材料： 卡片、水彩笔、打孔机

1. 准备穿孔卡片。
2. 让每个学生每隔20分钟的活动时间就可以获得3分。
3. 用打孔机为下列每一项活动打上一个号码：安静地进入活动区域、完成所布置的任务、可接受的行为。
4. 对每1分的评分要求都要前后一致。
5. 在一天课程结束的时候数一数所得的分数。
6. 告诉学生他们可以根据在一天中所赢得的分数来选择奖品。
7. 他们必须出示奖品兑换券才能获得奖品。

8. 为个别学生所需要矫正的其他行为补充可能获得的分数。
9. 为学生在开放式环境中的行为设定额外的分数，如：大厅、午餐和大会。

■2.24　表现出适合特定情境或场所的行为

能力要求：听力、语言

兴趣水平：学前、小学、中学生

材料：纸、铅笔

1. 准备一长串用来表达情绪的句子，如：你刚刚获得了优秀好少年，你感到生气、自豪或难过；你的朋友刚才要你闭嘴，你感到高兴、受伤或骄傲。
2. 组织集体讨论。
3. 读上述句子，让学生们说出如果他们遇到这种情况，他们将会有怎样的感受。

■2.25　在工作或玩耍环境中根据社会规则行事

活动主题：情景讨论

能力要求：走动、视力、听力、语言、动手能力

兴趣水平：小学、中级生、青少年

材料：纸、铅笔

1. 准备生活场景的列表或图片。
2. 讨论每一种场景。
3. 询问学生们认为在那种情境下怎样做才是正确的。
4. 选择两个学生在某一场景中进行角色扮演。
5. 告诉他们先按照字面上所写的那种方式表演，然后按照他们自己认为适当的方式表演。
6. 如果前两个学生想不出解决办法，选择另外的两个学生表演这个场景。
7. 继续下去，直到每个学生都有机会。

■2.26　避免公共场所的破坏性行为

活动主题：讨论错误行为

能力要求：视力、听力、语言

兴趣水平：学前、小学、中学生

材料：A3卡纸、标签纸、水彩笔

1. 在A3标签纸上准备一张大型图片卡，就像通缉告示那样。
2. 在第一张图片卡上，有一个孩子在玩具店里猛打他的妈妈。
3. 在第二张图片卡上，有一个孩子在图书馆朝着他的朋友叫喊。
4. 在第三张图片卡上，有一个孩子在饭店里扔食物。
5. 把每张图片卡都标记为"缺德"。
6. 把每张图片卡分别展示给学生。
7. 让学生们讨论为什么这些人会成为"缺德"者。
8. 讨论坏行为的后果。

■ 2.27 很好地控制脾气，用正确的方式口头说出对于家庭、学校和邻里的感受

活动主题：讨论伤心情绪

能力要求：语言

兴趣水平：学前、小学、中学生、青少年

材料：纸、照片、铅笔

1. 为每个学生准备一个带有彩色封面的笔记本。
2. 在封面上写下"关于我的一切"。
3. 打印学生的照片，并且把照片贴在笔记本的封面上。
4. 把笔记本发给学生。
5. 告诉学生在一天结束的时候想一想当天发生的哪些事使他们生气或难过。
6. 让学生回忆，并在他的第一页上写下使他生气或难过的事。
7. 让学生想一想他当时做出了怎样的反应。
8. 在学生笔记本的第一页上写下他的反应。
9. 讨论学生的反应，确定这是否是可以采取的最佳行为。
10. 奖励学生的正确行为并把它写在第一页上。
11. 如果学生的行为不正确，讨论他当时本来还可以怎样做，并在他的笔记本上写下正确的行为。

12. 每天都重复。

■ 2.28　接受友好的取笑

活动主题： 接受嘲笑
能力要求： 听力、语言
兴趣水平： 学前、小学、中学生
材料： 笔、纸

1. 让学生们想一想他们什么时候犯过滑稽的错误。
2. 教师现身说法，用自己的生活实例展开讨论。
3. 自嘲，并接受友好的取笑。
4. 指出当人们努力做事的时候，经常达不到目的。
5. 强调如果我们用很好的方式来嘲笑自己和别人的错误，这将会帮助我们接受自己的局限性并且会继续努力。

■ 2.29　在玩耍和工作时不破坏别人的工作

活动主题： 避免干扰他人
能力要求： 动手能力
兴趣水平： 学前、小学
材料： 小积木、计时器

1. 把学生分成两组。
2. 让两组学生分别搭小积木。
3. 把所有的积木放在桌子或地板中央。
4. 告诉学生们他们将要分享这些积木。
5. 告诉学生们：如果谁能够在不干扰或破坏别人工作的情况下搭积木，谁就可以获得奖励。
6. 表扬在活动期间保持安静的学生。
7. 逐渐延长完成任务所花费的时间。

第二章 冲动控制

■2.30　认识到自己缺乏自制能力，与别人配合以求改进

活动主题：情景讨论
能力要求：视力、听力、语言
兴趣水平：学前、小学
材料：标签纸、水彩笔、剪刀

1. 画一张男人的图片。当正着拿图片的时候，图片上的脸部表情是微笑的；当倒着拿的时候，图片上的人就会皱眉。（如下图）

2. 把这张图片粘在卡片上。
3. 把皱眉的表情图片展示给学生。
4. 创设情景："你和你最好的朋友正在房间里玩耍并制造出很多噪声，你爸爸打开门并向室内看着。他的脸上带着不快的表情。告诉我你必须怎样做才能改变他的表情。"
5. 分别询问学生们他们需要对爸爸说什么，从而改变他的表情，然后把图片反过来展示爸爸的笑脸。

■2.31　在执行任务之前，先制订计划

活动主题：制订计划
能力要求：听力、语言
兴趣水平：学前、小学、中学生、青少年、成年人
材料：黑板、粉笔

1. 设计几种情境，其中包括可能发生的冲突。
2. 一次向学生展示一种情境。
3. 告诉学生们：你们将会进行头脑风暴，看看大家能想出哪些解决方案和结果。

4. 提示：教师所指的头脑风暴包括所有可能的解决方案。稍后再去掉不可用的方案。
5. 把学生所有的回答列在黑板上。
6. 逐一检查所列出的解决方案，并讨论每一种方案可能带来的结果。
7. 去掉任何一种无法接受的解决方案。
8. 如果没有一种解决方案是可行的，再次进行头脑风暴。
9. 如果讨论陷入僵局，提醒大家妥协的重要性。
10. 强化良好的解决问题的行为：专注、合作、灵活。

■2.32 用适当的方式触摸别人

活动主题：调整姿势
能力要求：听力、语言、动作
兴趣水平：学前、小学、中学生、青少年、成年人
材料：卡纸、A4纸、曲别针

1. 用卡纸制作身体部位。
2. 用曲别针把身体各个部位连接起来，让连接起来的身体部位可以动。
3. 在A4纸上分别画3张图片：一个小男孩坐在课桌旁，五个学生在站队，一组学生在搭积木。
4. 把卡纸人偶依次放在每张图片的上面。
5. 把卡纸人偶移动到坐在课桌旁的小男孩图片跟前。
6. 让卡纸人偶的手做出打架的姿势。
7. 询问学生是否觉得图像在用适当的姿势触摸小男孩。
8. 让学生重新摆放卡纸人偶触摸小男孩的姿势，使之更恰当。
9. 用其余的图片重复练习。
10. 讨论在每一种情境中用哪一种触摸姿势更合适。

■2.33 面临问题时保持自制

活动主题：情景讨论
能力要求：视力、动手能力

兴趣水平： 小学、中学生、青少年

材料： 标签纸、蜡笔、黑色水彩笔、任务袋

1. 用15cm×20cm的标签纸准备10张任务卡。
2. 在每张卡的正面列出一种情境以及在这种情境下可能适当或不适当的反应。
3. 在每张卡的反面写出最佳反应。
4. 把标签纸做成的任务卡放进人物袋中。
5. 让学生读一读任务卡正面的文字，然后用蜡笔把答案圈起来。
6. 如果学生不会读，把句子和选项读给他。
7. 让学生把任务卡翻过来、查看正确答案。
8. 讨论任何不正确的反应以便教学生找出原因。在某些情况下，正确反应也许不只一种。

第三章 人际关系

行为标识

能够接受他人互动

能够主动寻求关注

能够与他人玩耍

能够与他人交换（分享）玩具

能够解决问题（处理争吵）

能够表达情感

能够开展竞争游戏

3.01 当另一个人进入房间时，微笑并抬头看

活动主题：微笑
能力要求：视力、听力
兴趣水平：学前
材料：布偶

1. 准备一组人偶。
2. 把一个布偶作为新来者介绍给这些人偶。
3. 指着布偶对学生提出要求：每当学生们见到它，就抬头看并微笑。
4. 让一个女孩布偶来示范，如："你好，我是小红。我想成为你们的朋友。所以，当你们见到我的时候，看向我并且微笑，这样会让我高兴和感到受欢迎。"
5. 定期把布偶展示给学生们，观察他们抬头看和微笑的行为。
6. 逐步取消对布偶的使用。让一个人走进教室，使用和布偶女玩家相同的对话内容。
7. 观察学生们是否抬头看并向着这个人微笑。
8. 必要时进行强化并借助布偶重新指导学生。

3.02 伸手和熟悉的人互动

活动主题：伸手
能力要求：听力、动手能力
兴趣水平：学前
材料：镜子、围巾、遮蔽胶带、泡泡糖

1. 让学生面向镜子坐下来。
2. 在发展人际关系时，学生应该认识的第一个熟悉的人就是他自己。
3. 可以使用简单的镜子游戏让学生形成自我意识。
4. 把透明的面纱蒙在学生的头上和脸上。
5. 用一首歌帮助学生摘掉面纱，如："小明在哪里？"

6. 用彩色胶带围成直径为5到8厘米的圆圈。
7. 把胶带放在学生的鼻子、嘴巴、脸颊和前额上。每次都让他照镜子，看一看胶带在哪里，并谈论那个身体部位，然后让学生把胶带拿掉。
8. 让学生面向教师，和教师一起重复刚才的活动。
9. 让学生把手伸向教师、拿掉放在教师脸上的面纱或胶带。然后教师再重复学生所做的动作。
10. 这些活动有助于人际关系的发展。学生可以很快和其他学生做这些活动。
11. 他们可以一起愉快地玩这些游戏。

■ 3.03 被抱住时变得安静

活动主题：变安静

能力要求：听力、动作

兴趣水平：学前

材料：舒缓的音乐

1. 预先考虑学生的需求。这样教师就可以有所准备地及时满足学生的需要。
2. 准备一个瓶子，或者准备妥当喂奶所需的靠背架。学生们在3个小时的小睡后将会感到饥饿。
3. 准备干净的尿布和所需的其他任何东西，以便迅速换掉学生的尿布。
4. 靠近学生的时候呼唤他的名字，让他知道教师来了。轻轻地、慢慢地把学生抱起来，而不是快速拉起来。让声音保持镇静。
5. 稳定地抱住学生，让他在教师的怀里感到安全。让学生贴着教师的身体。不要抱得太紧，也不要限制他的移动或者让他有一部分肢体悬着。
6. 把身体和学生贴在一起，以便让他安全地靠在教师身上。稍稍向后倾斜来平衡学生的重量和教师抱着他的角度。
7. 把学生抱起来并轻轻地摩擦或轻拍他的后背，同时用舒缓的语气和他谈话。
8. 一边轻拍学生后背，一边温柔地摇晃和唱歌。

■ 3.04 在集体活动中把头抬起来，观察前面

活动主题：把头抬起

能力要求：视力、听力、语言

兴趣水平：学前、小学

材料：蓝色或黄色标签纸

1. 用标签纸剪出一些手镜形状的魔法窗，窗户上留出可以放镜子的孔（如图所示）。

（图：切掉中心 ←蓝色标签）

2. 为每个学生制作一个颜色相同的魔窗。
3. 教师给自己制作一个不同颜色的魔窗。
4. 告诉学生们：当教师给他们讲故事的时候，他们将要举起魔窗，透过魔窗看着教师。
5. 一边讲故事，一边透过教师的窗户看着学生们。奖励那些看着教师的学生。
6. 教师还可以让学生充当小老师。

■ 3.05 对别人回以微笑

活动主题：回以微笑

能力要求：视力

兴趣水平：学前、小学

材料：布、强化物、纸袋

1. 让学生们在椅子上围坐成半圆形。
2. 面向学生坐在椅子上。
3. 用一块布遮住脸，同时说："看看我向谁微笑了。"
4. 把这块布迅速拿掉，身体前倾并向着一个学生微笑。
5. 如果这个学生对教师回以微笑，说："好，你知道怎样微笑。"
6. 如果第一个学生没有用微笑回应，接着对不同的学生微笑。
7. 继续下去，直到每个学生都有机会和教师互动。

8. 对第一次没有微笑的学生重复练习。如果他第二次微笑了，对他给予奖励。
9. 在一天中观察学生。无论任何时候发现他们对别的学生或对教师回以微笑，都对他们给予奖励。
10. 教师还可以把一个纸袋扣在头上并重复这个过程。
11. 让自告奋勇的学生轮流把纸袋扣在头上。

■ 3.06 有兴致地观看别人的运动

活动主题： 观看别人运动
能力要求： 视力、听力、动手能力
兴趣水平： 学前、小学

材料： 铃铛或其他小型乐器

1. 把学生分成几个小组，每个小组围成一个圆形。
2. 讨论当天是什么日子，也许那一天将会有一个特别的活动。
3. 最重要的是这是一个大家聚在一起、发展友谊、感受集体温暖的时间。
4. 强调按顺序活动和有兴致地观看别人做事的重要性。
5. 通过唱歌来建议大家按顺序活动，如："一次只能有一个人讲话，所以这是我将要做的：我将会像一只小猫咪一样安静地听，直到别人都把话讲完。"
6. 必要时引导学生把注意力转向正在讲话的人：站在他的身后，把手放在他的头部两侧，食指从他的眼睛高度指向应该被关注的人。
7. 为学生选择个性化的活动，让他们在圆圈内伴着欢快的旋律唱歌。
8. 选择一些可以扩展学生的兴趣范围的活动。
9. 选择让学生可以最大限度地互动的活动。
10. 教师还可以要求每个学生演奏乐器，然后把乐器传递给朋友。
11. 每天都留出时间让大家放松和分享，因为这对于建立人际关系是很重要的。

■ 3.07 通过发出噪声来要求别人的关注

活动主题： 需求关注
能力要求： 动手能力

兴趣水平：学前、小学、中级学生

材料：强化物

1. 观察学生发出噪声的频率、在什么情况下他最有可能发出这种噪声。
2. 避免把学生置于受到噪声干扰的环境中。
3. 在学生学习或参加活动的过程中，对那些没有发出噪声的学生给予关注和表扬，以此来进行正强化。
4. 指导学生用正确的方式来引起教师的注意,如：举手或安静地寻求教师的帮助。
5. 告诉学生当他发出噪声的时候教师不会走到他那里，因为他的噪声有很强的干扰性并且伤害了教师的耳朵。
6. 提示：当他使用正确的方式时，教师将会乐于走近他。
7. 关注学生的进步，对他给予口头表扬和特别关注。

■3.08 寻求别人的关注

活动主题：寻求关注

能力要求：走动、视力、听力、语言、动手能力

兴趣水平：小学、中学生、青少年

材料：纸、帽子、名人的视频

1. 让学生想一想电视上的人物。
2. 询问学生是否注意到一些电视名人的走路、谈话和站立方式。
3. 在纸上写出一些电视名人的名字，并把这张纸放进帽子里。
4. 让学生挑选一个名字并模仿这个电视名人。
5. 如果学生不会模仿名人的工作和谈话方式，为他示范或播放视频。
6. 为每个学生的表演鼓掌。

■3.09 自由玩耍期间，在其他人附近移动

活动主题：靠近他人

能力要求：走动、视力

兴趣水平：学前、小学

材料：强化物、秒表

1. 确定学生愿意为之努力的奖品。
2. 收集基线行为数据，如：在5分钟的自由玩耍期间，学生在距离他人10米、5米和3米的范围内移动的频率。
3. 使用秒表收集数据，统计一下学生在5分钟内有百分之几的时间没有超出与他人之间的特定距离。
4. 间歇地用表扬、食物或代币来强化学生在10米范围内活动的行为。
5. 当学生在5分钟内至少有80%的时间待在10米以内的范围时，逐步缩短设定的距离。
6. 继续收集数据，以便确定这个方案的功效。
7. 在这个方案结束之后仍然间歇地进行强化。这时候所收集的数据应该表明学生至少在80%的时间待在距离别人1到2米的地方。

■ 3.10　接受别人的帮助

活动主题：接受帮助
能力要求： 听力、语言、动手能力
兴趣水平： 学前
材料： 压舌板、围巾、胶带

1. 用3cm×5cm的卡片为学生们制作求助牌，并且把求助牌固定在压舌板上。
2. 在卡片上写上"帮助"。
3. 把求助牌交给学生们。
4. 告诉学生们在需要帮助的时候举起这个牌子。
5. 选定几个学生充当助人者。
6. 交给助人者一些提供帮助的技能。
7. 监察助人者和寻求帮助者。
8. 让所有的学生都有机会充当助人者。

■ 3.11　在有陪伴的环境中，独自玩耍

活动主题：独自玩耍
能力要求： 动手能力

兴趣水平：学前、小学

材料：小玩具

1. 给学生一个熟悉的能够自己操作的玩具。
2. 待在他的附近并间歇地进行正强化，表扬他"玩得好。"
3. 开始的时候每隔较短的时间就强化一下。随着学生独立玩耍能力的增强，逐渐延长对学生进行强化的时间间隔。
4. 先进行短时间培养，逐步延长学生独立玩耍的时间。

■3.12　按要求分享，没有怨言

活动主题：分享
能力要求：走动、视力、听力、语言
兴趣水平：小学、中学生、青少年
材料：玩具

1. 让学生把最喜欢的玩具、物品或游戏带到学校。
2. 让每个学生都有机会展示和讨论他所带来的玩具。
3. 让每个学生都分享所带来的玩具。
4. 表扬那些愿意分享的学生，主动和他们分享某些东西以便树立良好的榜样。

■3.13　打别人，在老师面前为自己的行为找借口

活动主题：讨论解决办法
能力要求：听力、语言
兴趣水平：学前、小学、中学生
材料：纸、笔

1. 和学生互动，让学生轮流说出所发生的事情。
2. 和学生一起讨论各种解决办法。
3. 让学生从解决办法中选择一种新的行为方式。
4. 观察并根据需要重新指导。

■3.14 交换玩具

活动主题：交换玩具

能力要求：视力、动手能力

兴趣水平：学前、小学

材料：几个相同的玩具、计时器

1. 发给每个学生一个相同的玩具。
2. 在计时器上设定一个短的时间段。
3. 计时器一响，就让学生们交换玩具。
4. 如果有的学生不配合，帮助他们交换。
5. 让那些积极配合的学生玩一些有趣的新玩具。

■3.15 观看别人玩耍，甚至参与几分钟

活动主题：观看活动

能力要求：走动、视力、动手能力

兴趣水平：学前、小学、中学生

材料：球、图画纸、胶带

1. 在图画纸上剪出许多小圆，然后用胶带把这些圆粘在地板上的大圆内（如图所示）。

2. 让学生玩游戏。参加游戏的学生数要比小圆的数量多1个。
3. 把球交给一个学生，让其余的学生站在小圆上。
4. 让拿着球的学生绕着站在圆上的学生转圈，然后把球放在其中一个学生后面并跑开。
5. 告诉身后有球的学生拿起球开始追，并努力追上刚才在他身后放球的学生。

6. 提醒放球的学生努力在被追上之前回到空着的圆圈处。
7. 要求被追上的学生坐在大圆中央的"局外区"。
8. 鼓励害羞的学生站起来观察。
9. 当有人进入中央的时候,提示候补的学生加入游戏。
10. 和感到不安的学生站在一起。

■3.16　和成年人玩耍

活动主题:和成年人玩
能力要求: 视力、听力、动手能力
兴趣水平: 学前、小学、中学生
材料: 标签纸、笔

1. 制作日历。
2. 让学生们想出一周之内的某个特殊日子,在这个日子里他们和教师聚在一起玩一个特别的游戏。
3. 把日历贴在某个地方,让学生可以随意在上面写上他们的名字。
4. 在早晨和学生们谈话,确定玩这个特别游戏的具体时间。

■3.17　学会自己独立与别人解决纠纷

活动主题:解决问题
能力要求: 听力、语言、动手能力
兴趣水平: 小学、中学生
材料: 计时器

1. 告诉学生们:他们自己解决自己的问题,不需要找教师做裁判。
2. 指定教室里的某个具体位置作为"清理区",用作解决个人问题。
3. 告诉学生们:每当他们和另一个学生之间出现问题的时候,他们就在"清理区"解决。
4. 让他们把计时器设置为3到5分钟。
5. 强调:如果学生们离开那个区域,就表示问题解决了。
6. 不要要求学生们把问题解释给教师听。

7. 拒绝充当裁判,但是建议他们去"清理区"。

■3.18 和另外的一个人或两个人一起玩耍

活动主题:与他人玩耍
能力要求:视力、听力、语言
兴趣水平:小学、中学生、青少年
材料:油布、颜料、5cm×7cm卡片、别针

1. 准备"扭扭乐"或者在一大张纸上画出各种形状和颜色的图案。
2. 制作两套卡片。一套说明身体部位,另一套说明颜色和形状的名字。
3. 选3个学生玩游戏,一个充当指挥者,另两个服从指令。
4. 让指挥者从两堆卡片上各选一张,对表演者发出指令,如:"把你的右手放在一个红色的正方形上。"
5. 让指挥者继续下去,直到有一个表演者由于位置关系而无法完成指令。
6. 让这个表演者成为指挥者。
7. 用表扬来强化良好的参与意识与合作能力。
8. 如果某个学生在合作中有困难,让他离开游戏情境2到3分钟。
9. 解释原因,然后让他再试一次。
10. 通过改变卡片上的信息来增大难度。

■3.19 回应别人的问候并口头问候别人

活动主题:打招呼
能力要求:视力、听力、动手能力
兴趣水平:学前、小学、中学生
材料:布偶

1. 准备一个布偶。
2. 用布偶进行角色扮演,问候走进教室的学生。
3. 始终如一地问候所有走进教室的学生,以便树立良好的榜样。
4. 看着学生并直接和他谈话,展示出令人愉快的礼貌用语。
5. 表扬那些正确问候别人的学生。

6. 告诉学生怎样做出正确的回应。如果他回应得不正确，让他重复练习。
7. 继续下去，直到所有的学生都有机会赢得自由活动时间。

■3.20　在玩耍过程中和另一个孩子合作

活动主题：与他人合作
能力要求：视力、动手能力
兴趣水平：学前、小学、中学生、青少年
材料：桌子、硬卡纸盒子、铅笔、杯子、细绳

1. 准备一个小的桌子。
2. 用细绳拴住小铅笔固定在桌子。
3. 准备一个硬卡纸盒子，在顶部钻3个对应的孔。
4. 把一个小杯子放在桌子的另一侧。
5. 让学生坐在桌子旁。
6. 告诉学生将要玩一个游戏：把铅笔放进孔里。
7. 让学生练习把他们的铅笔放进孔里。
8. 告诉学生：在他玩游戏的时候，一些巧克力糖豆将会落进杯子，然后不再多做解释。
9. 每当他把铅笔放进相应的孔里的时候，向杯子里放2颗巧克力糖豆，以此来强化他们的动作。
10. 如果学生没有配合就不给糖。
11. 继续强化5到10分钟。
12. 让学生解释为什么他有时候得到奖赏，而有时候没有。
13. 带领学生讨论合作的价值。

■3.21　对熟悉的人表达感情

活动主题：表达感情
能力要求：语言、动手能力
兴趣水平：学前、小学、中学生、青少年、成年人
材料：布偶

1. 让学生把布袋木偶放在他的手上。
2. 把另一个布偶放在教师的手上。
3. 告诉学生最好用朋友或家人的名字给布偶取名。
4. 告诉学生假装这两个布偶之间发生了美好的事情。
5. 告诉学生让一个布偶对另一个布偶表达感情。
6. 让学生拿掉布偶，口头说出他对于感情表达的感受。

■ 3.22　接受并表现出对于家、学校和街道的适当感情

活动主题：表现出感情

能力要求： 视力、语言

兴趣水平： 学前、小学、中学生、青少年、成年人

材料： 图画、彩纸、笔

1. 收集关于在家庭或学校表达感情的图画。
2. 确保学生们都参与。
3. 裱贴这些画，留出对话气泡框。
4. 把这些图画展示给学生们。
5. 讨论发生了什么事。
6. 询问学生们图画中的孩子们在说什么。
7. 鼓励学生们做出关于表达感情和接受感情的回应。
8. 把学生们的回答写在对话气泡框里。
9. 让学生们扮演图画中的人物。
10. 进行拓展：允许学生把"台词"写在图画以外的地方。

■ 3.23　打别人，之后向被打的人口头说明原因

活动主题：解决问题

能力要求： 听力、语言、行动能力

兴趣水平： 学前、小学、中学生、青少年、成年人

材料： 椅子、笔、纸

1. 让2到8个学生围坐成一圈。

2. 让其中两个自告奋勇的学生进行角色扮演。
3. 让他们扮演两个学生争吵，其中一个学生生气了并打了另一个学生。
4. 让扮演打人者的学生口头说明他为什么要动手打人。
5. 让这两个学生转换角色，但情境不变。
6. 让这两个学生讨论在扮演两种角色时分别有什么感受。
7. 继续让小组中的其他学生进行角色扮演。

■ 3.24　打别人，一边打一边口头说出原因

活动主题：解决问题

能力要求：听力、语言、行动能力

兴趣水平：学前、小学、中学生、青少年、成年人

材料：椅子、笔、纸

1. 设计一个互动的活动，让每个学生轮流说出发生了什么事。
2. 和学生一起讨论各种解决办法。
3. 让学生从这些办法中找出一种新的行为方式。
4. 必要时进行观察和重新指导。

■ 3.25　口头说出对另一个人的感受，然后打他

活动主题：情绪表达

能力要求：听力、语言、行动能力

兴趣水平：学前、小学、中学生、青少年、成年人

材料：椅子、笔、纸

1. 设计一个互动的活动，让每个学生轮流说出发生了什么事。
2. 和学生一起讨论各种解决办法。
3. 让学生从这些办法中找出一种新的行为方式。
4. 必要时进行观察和重新指导。

■ 3.26　轮流做事

活动主题：轮流做事

能力要求：视力、语言

兴趣水平：学前、小学、中学生

材料：标签纸、水彩笔、卡片

1. 制作摩天轮形状的游戏板。
2. 用不同颜色的信封或袋子当作摩天轮的座位。
3. 制作几套适合摩天轮座位的卡片，在卡片上描绘角色扮演的情境，以便让学生们轮流进行角色扮演。
4. 让学生们坐在摩天轮游戏板前面。
5. 允许他们轮流选择情境卡片。
6. 帮助他们对卡片上所描述的情境进行角色扮演。
7. 每当教师看到学生们在教室或操场上轮流做事的时候，对他们给予奖励。

■3.27　在三人小组或多人小组中玩耍

活动主题：与他人玩

能力要求：视力、听力、语言

兴趣水平：学前、小学、中学生

材料：标签纸、水彩笔、钮扣型纸夹、细绳

1. 制作图表：用标签纸剪出一个大的圆形，并且把这个圆形裱在一个大的标签上。
2. 沿着圆形的边缘写出每个学生的名字。
3. 在每个学生名字的前边打孔，然后用钮扣形纸夹穿过这个孔。
4. 剪出几根细绳，让细绳的长度等于圆的直径。
5. 把这个图表展示给学生们。
6. 告诉学生们：在休息过后，每个人都要说出他们在休息时间做了什么。
7. 让学生们去休息。
8. 把图表挂在墙上。
9. 当学生们回来的时候，让他们轮流分享休息体验。
10. 学生讲话时，把细绳固定在他的名字旁边的钮扣型纸夹上。
11. 如果这个学生在休息时有玩伴，就把细绳绕在这个玩伴名字附近的钮扣形纸夹上。

12. 继续把细绳绕在他的每个玩伴的名字旁的纸夹上。
13. 如果第一个学生开始抱怨所发生的事情，选择不同的学生，并且说："我想听一些好的事情。"
14. 继续下去，直到所有的学生都轮流发言。
15. 和学生们一起数一数每个学生的玩伴数量。
16. 告诉学生们为拥有最多玩伴的学生鼓掌。
17. 把这个活动继续一周。
18. 宣布在这一周的所有休息时间内玩伴最多的学生就是"一周之友"。

■ 3.28　在小组活动中与他人合作

活动主题：与他人合作
能力要求：视力、语言、动手能力
兴趣水平：小学、中学生、青少年
材料：索引卡、拼图、笔

1. 把"合作"的每个拼音分别打印在5张13cm×5cm的卡片上。
2. 把"合作"及拼音写在黑板上。
3. 解释说："合作"指的是共同解决问题和分享资源。
4. 选择5个学生，发给每个学生一张卡片。
5. 告诉学生们按照黑板上所写的"合作"的拼音字母顺序站好。
6. 不要帮助学生们安排字母顺序。
7. 讨论在教室里的其他合作方式。
8. 发给每个学生一块简单的拼图作为后续活动，告诉他们通过合作共同把拼图拼起来。
9. 表扬学生合作和有组织的行为。

■ 3.29　和其他孩子议价

活动主题：议价
能力要求：听力、语言能力、行动能力
兴趣水平：学前、小学、中学生、青少年、成年人

材料：有形玩具

1. 为学生们提供有形的物品，如：玩具、学习用品或食物。
2. 解释说他们将要找到拥有他们想要的物品的人。
3. 告诉学生们对自己所需的物品进行交易或议价。
4. 提供建议让学生们开始交易。
5. 用无形的东西代替有形的物品，如：玩游戏或分享玩具。
6. 重复这个过程。

■3.30　对另一个人说出感受而不打架

活动主题：情感表达
能力要求：听力、语言
兴趣水平：学前、小学、中学生、青少年
材料：标签纸、索引卡、骰子、记号笔

1. 在一些12cm×5cm的卡片上打印25种情境，主题是"如果……，你会有怎样的感受？"
2. 制作一些奖励牌或笑话卡穿插在感受卡之间。
3. 制作或准备一个开放式游戏板。
4. 收集卡片、板子、贴纸和骰子。
5. 让4个学生坐在游戏桌旁边。
6. 让学生掷骰子或移动指定数量的方格，然后选卡片、自己读卡片上的文字或者让你读。
7. 让学生口头表达在那种情境下的感受。
8. 学生可以不回答，但鼓励他回答参与活动。
9. 继续下去，直到所有的选手都过了终点线。

■3.31　在规则宽松的小组比赛中合作

活动主题：合作
能力要求：走动、视力、动手能力
兴趣水平：学前、小学

材料：2个手提箱或大袋子、2个大T恤，2条裤子、2双袜子

1. 把两个手提箱或大袋子装满大T恤、宽松长裤和大袜子或拖鞋。
2. 把学生分成两队。
3. 让每个小队排成一列，在两个队列前边几英尺的地方画出终点线。
4. 把手提箱或大袋子交给每个小队中的第一个学生。
5. 解释说：每个学生都将轮流拿起手提箱，跑向终点线，拿出衣服穿在身上，跑回自己的队列，把衣服脱下来放回手提箱。
6. 队列里的下一个学生必须在第一个学生回来后就马上准备出发。
7. 队员最早依次完成任务的小队获胜。

■3.32　和别人合作，把争吵保持在最低限度

活动主题：合作
能力要求：视力、语言
兴趣水平：学前、小学、中学生
材料：标签纸、透明胶片、黑色水彩笔

1. 准备15张20cm×28cm的白色标签纸。
2. 准备6张20cm×28cm的透明胶片。
3. 确定在标签纸上所画的各种简单物体。简单的着色簿上有很好的图片可供描绘。
4. 用粗的黑色马克笔以简单的线条在标签纸上画画或描摹图片。
5. 用记号笔在透明胶片上随意画一些图案，确保这些图案覆盖整张胶片。
6. 以任意顺序摆放透明胶片。
7. 把透明胶片放在标签纸上所画的图片上方。不要让学生们看到图片。
8. 每当教师要拿掉一张透明胶片的时候，告诉学生们先观察和辨认隐藏的图片。
9. 对第一个辨认出图片的学生给予分数奖励。
10. 寻找视觉技能最棒的学生，让他充当老师。
11. 根据学生的技能调整透明胶片和图片的数量。
12. 把这个活动用于激动人心的压力型互动，让学生从中学习应对成功和失败的感受。

■ 3.33 参加竞争性的或积极的游戏

活动主题：参加竞争游戏

能力要求：视力、听力、动手能力

兴趣水平：学前、小学、中学生

材料：15个物品

1. 收集15个相似的物品。
2. 选3到4个学生玩"寻物游戏"。
3. 在黑板上的每一栏中分别写下每个学生的名字。
4. 把所有的物品展示给学生们，并讨论它们看起来像什么，叫什么名字，等等。
5. 告诉学生们，教师将要把这些物品藏在教室内外，他们每次找到一个物品都会得到一分。
6. 在教师藏这些物品的时候，告诉学生们闭上眼睛、背对着教师或者到外面等候。
7. 告诉学生们，一听到"开始"的指令，他们就要去寻找这些物品并把所找到的物品拿到黑板旁边，而教师将要为他们计分。
8. 说："开始。"
9. 每当学生找到一个物品，就在他的名字旁边记上一分。
10. 即使学生没有找到物品，也要口头强化游戏规则。
11. 在所有的物品都被找到之后，指出得分最多的学生就是获胜者。

■ 3.34 无须提示而道歉

活动主题：道歉

能力要求：听力、语言能力、行动能力

兴趣水平：学前、小学、中学生、青少年、成年人

材料：图画纸、笔、纸

1. 用鲜艳的彩色图画纸制作"礼貌奖章"。
2. 编一些关于礼貌方面的简单的故事，如："国王和王后邀请你和你的朋友们去参加一个大型宫廷晚宴，你该说什么？"

3. 在每个故事的结尾都加上一句"你该说什么？"
4. 在学生们学习了韵律之后，允许他们和教师一起吟诵最后一句。
5. 选一些学生来回答问题。
6. 鼓励学生在课上道歉时使用"请、谢谢"等。
7. 用"礼貌奖章"来奖励教室内的任何礼貌行为。

■3.35　玩简单的竞争性的桌面游戏

活动主题：玩桌面游戏
能力要求：视力、动手能力
兴趣水平：学前、小学、中学生
材料：桌面游戏、薯条

1. 在一些桌子上设置不同的游戏。
2. 告诉学生们桌子上有哪些游戏。
3. 让学生们选择游戏并坐在桌子旁边。
4. 和学生们一起坐在桌子旁。
5. 告诉他们：教师将要把薯条发给那些按顺序玩游戏并且不争吵的学生。
6. 在学生玩游戏的时候分发薯条。每次奖励薯条的时候都告诉他们原因。
7. 当游戏结束时，让学生们数一数他们的薯条数量。
8. 告诉学生们：如果他们获得了10根或10根以上的薯条，他们就可以在第二天再次选择游戏来玩。

■3.36　主动向他人提供帮助

活动主题：提供帮助
能力要求：视力、语言、动手能力
兴趣水平：学前、小学、中学生
材料：纸、铅笔

1. 为每两个学生准备一张作业纸。
2. 把每张作业纸分成几等份。
3. 让两个学生共用一张作业纸。

4. 告诉第一个学生做第一部分，第二个学生做第二部分，第一个学生做第三部分，等等。
5. 告诉学生们他们可以互相帮助，并且在完成作业后举手。
6. 奖励那些互相合作、互相帮助的学生。
7. 学生完成作业后对他们的作业进行检查，对作业完整而正确的学生给予奖励。

■3.37　保护其他孩子和动物

活动主题： 学会保护

能力要求： 听力、语言能力、行动能力

兴趣水平： 学前、小学、中学生、青少年、成年人

材料： 椅子、笔、纸、图画

1. 创造一些开放型的句子，如："当我看到另一个人被取笑时，我将会……"或者"当我看有人凶狠地对待一只狗时，我将会……"。
2. 把这些句子读给学生们听。
3. 让他们以口头、图画或文字形式表达他们将要采取的行动。
4. 讨论各种反应。
5. 把强调"保护"这一主题的反应拓展为故事。

■3.38　和其他孩子分享玩具

活动主题： 与他人分享

能力要求： 视力

兴趣水平： 学前、小学、中学生

材料： 游戏、玩具、图画纸、水彩笔

1. 在教室里设置一个游戏区域。
2. 这个游戏区域可以仅仅是一个碗柜或架子。
3. 把这个区域标记为"分享俱乐部"。
4. 用图画纸制作"分享俱乐部"通行证。
5. 当学生表现出分享的行为时，发给他们通行证。
6. 为学生们提供赎回"分享俱乐部"通行证的特殊时间。

■ 3.39 安慰紧张的队友

活动主题： 安慰他人
能力要求： 听力、语言
兴趣水平： 学前、小学、中学生

材料： 笔、纸

1. 安排团队活动时间，让学生们对于发生在学校里的事情分享自己的感受。
2. 教师分享自己的一些感受，为学生做示范。
3. 询问是否有人对于本周发生在学校里的事情有强烈感受并乐于分享。
4. 允许学生保持沉默，不回答。
5. 表扬那些愿意谈论感受的学生。
6. 对于学生所分享的感受做出简要解释。
7. 为感到心烦的学生寻求团队支持：让其他学生分享类似的经历，或者询问"我们可以做些什么来让×××（学生名字）感觉好一些。"
8. 让学生们相信：人人都会遇到烦心事，感到心烦是正常的。谈论这些感受经常会对自己有所帮助。

■ 3.40 玩一些要求懂得规则的、有难度的游戏

活动主题： 玩规则游戏
能力要求： 听力、语言
兴趣水平： 学前、小学、中学生

材料： 13cm×5cm卡片

1. 创设一些情境。在这些情境中，学生必须采取其他行动，因为他已经被排除、驱逐或拒绝。
2. 把每一种情境分别写在一张13cm×5cm的卡片上。
3. 抽取卡片并且为学生们阅读上面的情境。如果学生们自己会读，也可以让他们自己读。
4. 询问他们在这种情境下可以做些什么来让自己好受些并且还可以获得乐趣。
5. 鼓励学生做出多种回应，对每一种回应都给予合适的表扬。
6. 总结大家对于挫折的感受。

7. 总结中包括这样的观点：挫折令人不舒服，它可以引发不同的感受。当你未能实现目标时，感到心烦也是可以理解的。每个人都会遇到这种事情。

■3.41 对他人彬彬有礼

活动主题：对他人有礼貌

能力要求：视力、听力、语言

兴趣水平：学前、小学、中学生

材料：照相机、标签纸

1. 告诉学生们他们将要在班上选出"本周名人"。
2. 从帽子里抽取人名。
3. 举行选举。
4. 为当选的学生拍照，把照片裱在一大张标签纸的中央。
5. 在这一周时间里收集其他学生对于这个学生的"积极"评价。
6. 把带有照片和评价的标签纸送给当选的学生来保管。

■3.42 参与班级讨论和活动

活动主题：参与讨论

能力要求：视力、语言

兴趣水平：学前、小学、中学生、青少年

材料：13cm×5cm卡片、安全别针

1. 为学生们解释正方形和长方形的概念。
2. 把全班学生的名字随意放在"正方形"或"长方形"里边。
3. 发给每个学生一个姓名标签，上面写着"我是正方形"或"我是长方形"。
4. 解释说：正方形们今天可以先休息、吃午饭和参加其他活动；长方形们明天可以享受优先权。
5. 告诉学生他们可以用形状名来称呼对方。
6. 在一天中都要提醒学生：因为不同的标签，有些学生有特权，有些学生没有特权。
7. 在这两天的体验结束后，讨论被冠以标签的感受和仅仅因为戴着不适当的

标签而失去特权的感受。
8. 鼓励学生们表达感受，包括敌意的感受。让学生有充足的讨论时间。
9. 如果有的学生不情愿，不要强迫他参加讨论。

■3.43 在未被请求的情况下，参与同龄人的团队活动

活动主题： 参与团队活动
能力要求： 视力
兴趣水平： 学前、小学、中学生
材料： 照片、公告栏、字母

1. 在公告栏上留出一小块地方。
2. 准备一张全班合影或者每个学生的个人照片。
3. 写出"我们是一个团队"的文字。
4. 把这些字母放在公告栏上作为标题，让照片位于标题的下方。
5. 邀请其他老师和员工在此期间到你们班来访并且为"团队"公告栏写下注释。内容可以是：某些学生在一起玩耍而不吵架，和同班同学分享，等等。
6. 只接受积极的观点，突出全班的集体力量。

■3.44 避免或劝阻同龄人的冒犯行为

活动主题： 劝阻他人行为
能力要求： 视力、语言、动手能力
兴趣水平： 学前、小学、中学生
材料： 纸、蜡笔、连环画

1. 把不同的描述性行为分别写在纸条上，如："公园里的一只小虫子"或"有人破坏财产"。
2. 准备这些动作的连环漫画并展示给学生。
3. 把纸和蜡笔发给学生。
4. 让学生们每次上来一个人选择纸条。
5. 把纸条读给学生。如果学生们自己会读，让他们自己读。
6. 展示示范性的连环漫画。

7. 告诉学生用连环漫画来描述不正确的行为和可能造成的后果。
8. 在每个人都画完之后，让学生们分享他们的连环漫画。
9. 讨论如果学生们看到有人正在做错事，他们将会做出怎样的反应。
10. 讨论除了连环漫画上的后果外，还会产生哪些其他后果。
11. 选择几个最好的连环漫画，把它们贴在公告栏上。

■3.45　口头表达对他人的愤怒之情

活动主题：情感表达

能力要求：视力

兴趣水平：学前、小学、中学生、青少年

材料：相机、小黑板、照片

1. 对学生的校园生活拍照，如：去吃午饭、休息、上体育课，等等。
2. 把这些照片放在小黑板上。
3. 向学生展示某一个学生在某项活动中的的消极行为和积极行为，以此表明教师没有对学生们加以比较。
4. 讨论他们在照片上的不同行为。
5. 充分讨论关于这些照片的问题或纷争。
6. 在一年中的不同时间拍照。
7. 随着学生的进步，只拍摄积极的行为。
8. 展示这些照片。

■3.46　提出一个折中的办法来解决与同龄人的冲突

活动主题：解决冲突

能力要求：语言、动手能力

兴趣水平：学前、小学、中学生、青少年、成年人

材料：笔、纸

1. 选择三个或更多学生对冲突和解决冲突的办法进行角色扮演。
2. 让其中两个学生扮演起冲突的学生，一个扮演被称作"老师"的冲突调停者。
3. 选择一个经常和别人起冲突的学生充当"老师"。

4. 把适合学生发展水平的冲突介绍给这两个将要处于冲突之中的两个学生。
5. 让他们对这场冲突进行角色扮演。
6. 让"老师"干预并解决冲突。
7. 试着让两个学生扮演争夺同一个玩具的学前班学生。
8. 试着让两个学生扮演小学生，一个小学生挤进队列，而另一个小学生抵制他的行为。
9. 试着让两个学生扮演中学生，其中一个向另一个发起挑战，要和他打架。
10. 当"老师"解决了冲突时，对他给予表扬。
11. 表扬其他学生的表演到位。

■3.47　把其他人的行为当作社交提示

活动主题： 学习模仿

能力要求： 走动、视力、动手能力

兴趣水平： 小学、中学生、青少年

材料： 计时器

1. 告诉两个学生面对面站着或坐着。
2. 指定一个学生充当领导者，另一个充当镜子。
3. 解释说："镜子"必须模仿"领导者"的所有的肢体动作和面部表情。
4. 和一个自告奋勇的学生一起示范这个过程。
5. 表扬学生良好的观察力和模仿力。
6. 转换角色并重复练习。
7. 活动结束后讨论哪个角色更难扮演、为什么。

■3.48　参与同龄人的团队活动

活动主题： 参与团队活动

能力要求： 视力

兴趣水平： 学前、小学、中学生

材料： 照片、汉字、小黑板

1. 在公告栏上留出一小块地方。

—63—

2. 准备一张全班合影或者每个学生的个人照片。
3. 写出"我们是一个团队"。
4. 把这些字放在小黑板上作为标题,让照片位于标题的下方。
5. 邀请其他老师和员工在此期间到你们班来访并且为"团队"公告栏写下注释。内容可以是:某些学生在一起玩耍而不吵架,和同班同学分享,等等。
6. 只接受积极的观点,突出全班的集体力量。

■3.49 在别人的请求下参与同龄人的团队活动

活动主题: 参加团队活动

能力要求: 视力、听力、动手能力

兴趣水平: 青少年

材料: 纸袋、剪刀、铅笔、从杂志上剪下来的图片、胶水

1. 讨论人们有怎样的个体差异,他们在别人眼中是怎样的,他们怎样看待自己。
2. 让每个学生从杂志上剪下一些图片,这些图片可以表现出别人眼中的自己。
3. 让学生把图片粘贴在纸袋的外面。
4. 在全班学生中传递已经完成的纸袋。
5. 每个学生都可以写下关于这个纸袋主人的一个短语,然后把这个短语放入袋子里。
6. 让纸袋的主人读一读这些短语。
7. 把纸袋挂在公告栏上。
8. 让学生们猜测这些纸袋代表的是谁。

■3.50 领导同龄人团队玩耍和从事任务活动

活动主题: 参加团队活动

能力要求: 视力、动手能力

兴趣水平: 学前、小学、中学生、青少年

材料: 各种活动

1. 安排一个班级活动。

2. 每周选一个学生用几分钟的课上时间充当主持者向其他学生传授或展示一些知识。
3. 主持者可以选择任何主题。
4. 如果学生们自己没什么主意，为他们列一个任务单供其选择。
5. 提前一天用10至15分钟的时间为主持者提供计时器、所需设备和座位安排。
6. 要求全班学生在整个过程中安静地听讲。
7. 每当主持者结束讲解后都给予掌声鼓励，并对那些安静听讲的学生给予特别的奖励。
8. 允许学生称赞讲解的内容并感谢主持者。

第四章　责任行为

行为标识

能够服从权威（人物／规则）
能够遵守规则
能够完成任务
能够安排日程

第四章 责任行为

■4.01 用身体动作捍卫自己的所有权

活动主题：捍卫所有权

能力要求： 走动、视力、动手能力

兴趣水平： 学前、小学、中学生

材料： 属于学生们的物品

1. 把属于学生们的物品放在一个大纸箱子里。
2. 把小星星或者其他奖品用贴纸贴在每个物品上。
3. 让学生们围坐成一个大圈。
4. 告诉学生们：教师将要把物品从箱子里拿出来，物品的主人应该上下挥动手，以此表明这个物品是属于自己的。
5. 教师还可以让学生们拍手或点头示意。
6. 帮助学生。
7. 把物品放在学生的手中，让他保管。
8. 告诉学生们：无人认领的物品将待在箱子里，直到一天、一小时或者对于学生们来说较为重要的其他时间段结束的时候。

■4.02 用语言捍卫自己的所有权

活动主题：捍卫所有权

能力要求： 视力、听力、语言

兴趣水平： 小学、中学生、青少年

材料： 外套、毛衣

1. 把属于学生们的外套和毛衣在地板上混成一堆。
2. 让学生们围着这堆衣服坐成一圈。
3. 把一件外套举起来，并且说："大家看，这肯定是小明的外套。"
4. 询问："这是小明的外套吗？"
5. 鼓励学生回答"是"或"不是"，或者说出外套的真正主人的名字。
6. 等着外套的真正主人宣布自己的所有权。
7. 如果没有反应，询问学生："这是谁的外套？"
8. 继续问问题，直到有学生宣布这件外套是自己的，并否认它是属于别人的。

—67—

9. 故意说错外套主人的名字来提高学生的兴趣。
10. 鼓励参与，确保所有学生的名字都被提到。
11. 告诉学生们穿上外套，排队去休息。
12. 教师还可以使用其他类型的所有物，或者让学生们挑选外套并说出外套的主人是谁。

■4.03 服从权威人物的指令

活动主题：服从指令
能力要求：走动
兴趣水平：学前、小学、中学生

材料：纸、笔、图片

1. 在一星期内每天都向学生介绍关于班级例行活动的本地方言或普通话。
2. 在一天中通过复习学过的短语和学习新短语来练习相关指令。
3. 让自告奋勇的学生对各种指令做出示范性的反应。
4. 组织一个游戏：让两队学生比赛，看哪个小队能够对指令做出正确反应，从而强化所学的知识。
5. 把这些指令用于具体的班级活动。
6. 注意到这样做比使用普通话的效果更佳。

■4.04 在监管下，自己做出关于活动的决定

活动主题：选择活动
能力要求：走动、视力、动手能力
兴趣水平：学前、小学、中学生

材料：呼啦圈、计时器、不同的玩具、奖品

1. 把各种彩色呼啦圈放在房间内的地板上。
2. 把不同的玩具或活动用品放在每个呼啦圈内。
3. 让学生拿起某个玩具或活动用品并说出呼啦圈是什么颜色。
4. 提示学生：如果学生在计时器铃声响起来的时候仍然待在呼啦圈里，他就可以赢得奖品。

5. 把计时器设置为2分钟。
6. 奖励那些在计时器铃声响起来之前一直待在呼啦圈里的学生。
7. 允许学生选择新的活动。
8. 随着学生的成功,延长时间限度。

■4.05　在权威人物面前服从确定的规则和条例

活动主题: 服从规则
能力要求: 视力
兴趣水平: 学前、小学、中学生
材料: 红色或绿色的图画纸、水彩笔、图钉

1. 用红色和绿色的图画纸剪出几个正方形。
2. 用红色正方形在你或其他权威人物专用的厨子、抽屉、门和其他物品上醒目地标记为"专用品"。
3. 用绿色正方形把学生们可以使用的物品醒目地标出来。
4. 把那些"经过允许"或者"在特定活动中"才可以让学生使用的物品用半个红色正方形和半个绿色正方形做出标记。
5. 分几次讨论这些颜色所表示的意义,直到所有的学生都懂得它们的用途。
6. 在游戏中要求学生找出他可以打开的抽屉,以此来强化所学的内容。
7. 请进一些来访者,允许学生们告诉来访者哪些抽屉是学生们可以打开的。
8. 表扬记性好按要求做的学生。

■4.06　接受或服从合理的权威;抗议不公平的规定

活动主题: 抗议不公平的规定
能力要求: 视力、听力、语言、动手能力
兴趣水平: 小学、中学生、青少年
材料: 强化物、代币、纸板、水彩笔、图钉

1. 确定学生希望通过成功完成任务来赢取的奖品。
2. 写下适用于教室、室内和室外的社交环境或娱乐环境的规则。
3. 指导学生分组讨论并订立书面规定,内容包括对他们的行为约束和破坏每

一条规定所产生的后果。

4. 鼓励学生在大型图表上写下每一条规定和破坏规定的后果，这些内容稍后也许会在教室展示。

5. 每周都举行小组会议，以便让学生们考虑应该调整哪些规定、抗议那些被认为不公平的规定、思考他们自己的行为或者别人的行为中有哪些方面应该改变。

6. 收集违反规定的数据，教师可以在小组会议上对每个学生都给予客观的反馈。

7. 确定无人违反规定的时间段，利用这些时间段对学生进行正强化。

■ 4.07 服从集体决定

活动主题：服从集体决定

能力要求：视力、听力、语言

兴趣水平：小学、中学生、青少年

材料：强化物、代币

1. 把这个目标作为上一个目标的延续。

2. 在小组会议中引入"证人"制度。所谓"证人"制度，就是当一个学生控告另一个学生违反了之前确立的规定时，是否有2个证人断言上述情况属实。

3. 引入民主化的概念，然后全体听取证人陈述的证据并且对后果进行投票表决。

4. 提出"赔偿"概念，让责任人以代币或分数的形式对受害人给予赔偿。

5. 让学生集体投票决定在某个特定的事例中是否应该做出赔偿。如果需要，对受害人的赔偿数额是多少。

6. 在图表中增加一条规定：任何拒绝遵守集体决议的学生都将被罚以估定的分数或代币。

7. 强制执行集体决议。

8. 如果有任何学生感到在集体环境中受到了不公正的待遇，允许这个学生单独找教师。

9. 提醒学生：教师不会对集体决议置之不理；如果教师认为某个学生受到了不公正的待遇，将会要求全体学生重新考虑他们的决议。

4.08 服从新授权的权威人物

活动主题：服从权威人物
能力要求：视力、听力、语言
兴趣水平：小学、中学生、青少年

材料：强化物、代币

1. 把这个目标作为上一个目标的延续。
2. 在前面的规定中加入一些集体纪律，要求学生们服从任何教师或代课教师。
3. 确定并公布违反上述规定的后果。
4. 解释这些规定的目的、具体步骤、规定、后果和收集数据的方法。
5. 指定某个学生、志愿者、助理教师或其他班的教师作为新的"权威人物"，而原来教师虽然留在教室里却并不参与活动。
6. 逐渐延长新的"权威人物"在教室里的时间。在此期间原来教师虽然出席却不参与活动。
7. 允许新的"权威人物"在原来教师出去的时候管理全班学生。
8. 逐渐延长新的"权威人物"在教室里，而原来教师却不在场的时间。
9. 鼓励全班学生响应听从新的"权威人物"指令。

4.09 如果权威人物没有出现，服从已有的规定

活动主题：服从规定
能力要求：视力、动手能力
兴趣水平：学前、小学、中学生、青少年

材料：图画纸

1. 确保班级规定被公布出来，并且所有的学生都知道并理解这些规定。
2. 用彩色图画纸制作"教室小英雄"徽章。
3. 提醒学生：有时候，教师必须在教室外。在此期间，教师希望所有的学生都成为对自己负责任并遵守纪律的"教室小英雄"。
4. 把全班学生分成二人组。
5. 告诉学生：每一对学生都是帮助对方遵守纪律的伙伴。
6. 告诉学生：教师将要根据伙伴的汇报和教师的观察对每个"教室小英雄"

给予奖励。
7. 离开教室，在外面等一分钟并对学生进行观察，然后返回。
8. 忽视来自伙伴的"小报告"，鼓励积极的评论。
9. 把徽章奖励给每一个"英雄"。

■4.10　教师要求安静时，给予配合

活动主题：配合保持安静
能力要求： 视力
兴趣水平： 学前、小学
材料： 水晶超柔绒、填充棉芯、晃动的眼珠

1. 用水晶超柔绒做成蜗牛的形状。
2. 告诉学生们：那些学习最努力、像蜗牛一样安静的学生可以在某段时间里把蜗牛留在课桌上。
3. 酌情设定和改变时间长度，以便实现目标。
4. 经常在学生中走动，从而确定是否需要改变蜗牛的位置。
5. 根据需要制作和使用多只蜗牛。
6. 教师还可以使用不同的动物形状和标语。

■4.11　把物体或材料放回指定的或适当的地方

活动主题：返还物品
能力要求： 动手能力
兴趣水平： 小学、中学生
材料： 图画纸

1. 用图画纸制作30至40张租赁优惠券。
2. 确定学生愿意为之努力的奖品。
3. 讨论"租借"的含义。指出租借的物品属于别人，必须在用时当心，用后归还。
4. 告诉学生们：每当他们把"租借的"东西放回适当的位置，他们就可以获得一张租赁优惠券。

5. 告诉学生们：这些优惠券可以用于兑换预先确定的奖品。

■4.12 像对待自己的财产一样对待别人的财产

活动主题：保护租赁玩具

能力要求：视力、动手能力

兴趣水平：小学、中学生、青少年

材料：桌子、椅子、架子、纸、铅笔

1. 用桌子、椅子和架子在室内的某个角落建立"租赁办公室"。
2. 让学生们把他们愿意和同班同学分享的玩具从家里带过来。
3. 让每个学生分享他的玩具并把玩具放在"租赁办公室"的架子上。
4. 记录学生的名字和玩具，以便把玩具正确归还给它的主人。
5. 告诉学生：他们可以在空闲时间或其他指定的时间到"租赁办公室"租借心仪的玩具。
6. 告诉学生们：教师将要在他们租借前检查玩具的整洁度、凹痕、抓痕或破损的地方。
7. 如果被归还的玩具没有任何新的抓痕或凹痕，他们就可以租借新玩具。
8. 随着学生责任行为的增强，把"租赁办公室"里的玩具从大型的不易损坏的玩具转变为更小的精妙的玩具。

■4.13 根据他人的意愿做事——体贴

活动主题：体贴

能力要求：视力、动手能力

兴趣水平：学前、小学、中学生

材料：袋子、作业纸、纸、奖品

1. 奖励带来积极效果的良好行为，从而促使学生多做正确的事情。
2. 使用任何可用的袋子制作"抽签袋子"。
3. 在作业纸上制作票券，上面写"抽签者，你赢了"，同时留出空白行。
4. 在票券上写出特殊奖励和活动，如：排在队首；选择下一个故事；和老师在一起10分钟；块状糖；10分钟的自由时间；一支铅笔

5. 选择在一天中遵守教室纪律和帮助他人的学生充当"抽签者"。

■4.14 自告奋勇完成任务

活动主题：自告奋勇
能力要求：视力
兴趣水平：小学

材料：纸板、记号笔、水彩笔、贴纸

1. 告诉学生们：教师有任务要他们完成。
2. 从相当容易的任务开始，如：分发试卷。
3. 不要告诉学生任务内容。
4. 征集自告奋勇者。
5. 表扬自告奋勇的学生，让其他学生为他鼓掌。
6. 奖励自告奋勇的学生。
7. 接下来选择较难的任务。

■4.15 完成指定的任务

活动主题：完成任务
能力要求：视力、动手能力
兴趣水平：小学、中学生、青少年

材料：海报张贴板、作业纸、铅笔、水彩笔、纸

1. 制作求职海报，把室内清洁整理工作交给学生。
2. 张贴求职海报。
3. 准备基于学生能力的职位申请。
4. 指导学生填写申请表。
5. 收集申请表、指派任务。
6. 准备日常核对表，内容包括学生的名字、职位和检验框。
7. 让学生在每天回家前都检查教室，特别是他们的责任区，然后"签到"。
8. 表扬那些负责任的学生和记得每天都"签到"的学生。

■ 4.16　执行从不受欢迎变得受欢迎的任务

活动主题：执行任务

能力要求： 视力、动手能力

兴趣水平： 学前、小学、中学生、青少年

材料： 纸、铅笔

1. 准备一张任务单，上面列出学生不愿意自告奋勇去做的任务。
2. 按照从难到易的顺序排列这些任务。
3. 根据不受欢迎度，为每项任务对应分配数量相当的自由活动时间。
4. 把任务和所分配的自由活动时间贴在墙上。
5. 告诉学生们：他们可以签下一项或几项任务，在他们完成任务后就利用这些自由时间。他们还可以把这些时间积累起来，自己选择什么时候利用。
6. 为没人签领的任务增加自由时间，从而提高学生的积极性。

■ 4.17　评论别人的工作时指出其中的优点

活动主题：评论工作

能力要求： 视力、语言、手势语

兴趣水平： 学前、小学、中学生

材料： VIP身份标签、蜡笔、纸

1. 指定某个学生为当天的贵宾。
2. 把贵宾卡用贴纸贴在学生的衣服上。
3. 让贵宾站在全班学生面前。
4. 评论贵宾的某些优点特长。
5. 要求学生发表评论。
6. 表扬任何做出回应的学生。
7. 让学生们画一张贵宾的图片，然后说出他的一些优点。
8. 把学生所说的话写在图片上。
9. 把这些图片交给贵宾保管。
10. 在几周的时间里让每个学生轮流充当贵宾。

■ 4.18　在行动中接受权威人士提出的有益的批评

活动主题：接受批评
能力要求：视力、听力、语言、动手能力
兴趣水平：学前、小学、中学生

材料：拼图

1. 选择学生容易完成的、简单的、无危险的任务，如：简单的拼图、蘑菇钉。
2. 把学生带到工作台前，提示说：教师将要完成拼图，并且需要他的帮助。
3. 选一片拼图，把它放在不正确的位置上。
4. 询问学生这样做对不对。
5. 教师感激地接受他的正确意见，立即移动刚才的那一片拼图。
6. 提示说：人们总是可以学到更多知识，并且需要别人帮助他们学习。
7. 继续把一些拼图片放在不正确的地方，直到完成拼图游戏。
8. 转换角色、重复练习。
9. 鼓励学生把一些拼图片放在错误的地方，看你是否能够发现并纠正他的错误。
10. 对学生的课堂作业提出批评和表扬。

■ 4.19　选择和执行不受欢迎的任务

活动主题：执行任务
能力要求：视力、动手能力
兴趣水平：学前、小学、中学生、青少年

材料：纸、铅笔

7. 准备一张任务单，上面列出学生不愿意自告奋勇去做的任务。
8. 按照从难到易的顺序排列这些任务。
9. 根据不受欢迎度，为每项任务对应分配数量相当的自由活动时间。
10. 把任务和所分配的自由时间贴在墙上。
11. 告诉学生们：他们可以签下一项或几项任务，在他们完成任务后就利用这些自由时间。他们还可以把这些时间积累起来，自己选择什么时候利用。

12. 为没人签的任务增加自由时间，从而提高学生的积极性。

■ 4.20　为了延迟的奖赏牺牲当前的愿望

活动主题：接受延迟奖赏

能力要求：视力、听力

兴趣水平：学前、小学、中学生

材料：食物奖励、任务、筹码

1. 确定一项让学生有机会赢得分数的任务。
2. 准备扑克筹码和食物奖励。
3. 向学生说明这项任务。
4. 告诉学生：他每次给出一个正确答案就可以得到一份奖励。
5. 继续下去，直到学生赢得5至6份奖励。
6. 告诉学生：他现在将获得相应数量的筹码，然后可以用筹码兑换食物。
7. 让学生在获得筹码后立即兑换食物，这样一来，筹码就变得有意义；学生也明白了他总是可以用筹码交换食物。
8. 继续进行其余的任务，可以用两天时间来完成全部任务。因为学生不情愿获得筹码，而是更愿意获得食物。
9. 增加所需筹码的数量，直到学生获得了2至3个筹码才允许他兑换食物。
10. 继续增加兑换食物之前的筹码数量，让学生在一天结束的时候用他赢得的所有筹码来兑换食物。
11. 增加兑换食物奖品所需的天数，让学生一直等到一周结束的时候再用筹码兑换特别的奖品。

■ 4.21　当任务所得的报酬增加时，执行不受欢迎的任务

活动主题：执行任务

能力要求：视力、听力

兴趣水平：学前、小学、中学生

材料：笔、纸

1. 准备一张任务单，上面列出学生不愿意自告奋勇去做的任务。

2. 按照从难到易的顺序排列这些任务。
3. 根据不受欢迎度，为每项任务指定数量相当的自由时间。
4. 把任务和所分配的自由时间贴在墙上。
5. 告诉学生们：他们可以签下一项或几项任务，在他们完成任务后就利用这些自由时间。他们还可以把这些时间积累起来，自己选择什么时候利用。
6. 为没人签的任务增加自由时间，从而提高学生的积极性。

■4.22 用列表的方式组织日常活动

活动主题： 按列表活动
能力要求： 走动、视力、动手能力
兴趣水平： 小学、中学生、青少年
材料： 上午活动作业纸、铅笔

1. 制作"上午活动作业纸"。
2. 当学生们到校后，把"上午活动作业纸"发给他们。
3. 让学生们读一读这张作业纸，然后在上面写出他们的名字、地址、电话号码、星期几和日期。
4. 教给学生们在完成一项任务后，如何在作业纸上所列出的这项活动旁边的、关于"是"或"否"的方框中正确地打对勾。
5. 告诉学生们在完成活动作业纸后，把它放回指定的地方。
6. 如果有必要，提供写有星期和日期的日历。
7. 根据班级或学生的具体情况，酌情增加或改变活动内容或者要求填写的信息。
8. 表扬完成作业纸的学生。

■4.23 在最低限度的成人监管下，做出关于活动的自己的决定

活动主题： 做决定
能力要求： 视力、听力
兴趣水平： 学前、小学、中学生
材料： 笔、纸、盒子

1. 为每个学生准备两张纸条，上面写出各种学生活动。

2. 把所有的纸条放进盒子里。
3. 告诉学生们他们可以从盒子里抽出两张纸条。
4. 让学生读一读这两张纸条，必要时提供帮助。
5. 告诉学生们他们只能从两个活动中选择其一。
6. 留出时间让学生们做决定并从事选中的活动。

■ 4.24　根据优先顺序排列活动

活动主题：排列任务顺序
能力要求： 走动、视力、动手能力
兴趣水平： 小学、中学生、青少年
材料： 上午活动作业纸、铅笔

1. 制作"上午活动作业纸"。
2. 当学生们到校后，把"上午活动作业纸"发给他们。
3. 让学生们读一读这张作业纸，然后在上面写出他们的名字、地址、电话号码、星期几和日期。
4. 教给学生们在完成一项任务后，如何在作业纸上所列出的这项活动旁边的、关于"是"或"否"的方框中正确地打对勾。
5. 告诉学生们在完成活动作业纸后，把它放回指定的地方。
6. 如果有必要，提供关于星期和日期的日历。
7. 根据班级或学生的具体情况，酌情增加或改变活动内容或者要求填写的信息。
8. 表扬完成作业纸的学生。

■ 4.25　根据时间来安排活动日程

活动主题：安排日程
能力要求： 视力、语言、动手能力
兴趣水平： 小学、中学生、青少年
材料： 纸、铅笔

1. 发给每个学生铅笔和纸。
2. 让学生们为一部分课上时间计划一些活动，以便让全班都可以从中学到知识。

3. 酌情帮助学生们制订计划。
4. 抽取一些名字或者让全班投票选出他们愿意执行的计划。
5. 哪个学生的计划被选中，就允许哪个学生为全班准备必要的材料并充当"老师"。
6. 在实施计划的前一天，和这个学生一起检查计划。
7. 在和这个学生共同完成教学后，让其他学生上交简短的便条，以便对这项活动进行评估。
8. 和这个学生一起浏览这些便条并加上教师的评论。

■4.26　为将来的活动制订计划

活动主题： 制订计划
能力要求： 视力、听力、语言
兴趣水平： 小学、中学生、青少年
材料： 图画纸、胶水、7.5cm×12.5cm记事本、铅笔、盒子

1. 用图画纸和胶水装饰盒子，让它看起来像许愿盒。
2. 也可以把许愿盒固定在小黑板上并设计许愿盒和周围的背景。
3. 让学生们把愿望写在纸条上，然后把这些纸条放在盒子里。
4. 把这些纸条打乱顺序。
5. 让每个学生抽取一个愿望。
6. 让他们读一读这个愿望，并且为实现愿望制订行动计划。
7. 让学生们把自己的愿望读给全班同学，并且说出他们必须怎样做才能实现这个愿望。
8. 和全班学生一起讨论，特别是要允许提出愿望的人表达他们的想法。
9. 把这些愿望张贴在公告栏上。
10. 在学生的帮助下，让尽可能多的愿望得以实现。

■4.27　根据要求执行不受欢迎的任务、这项任务没有明显的积极或消极的结果

活动主题： 执行任务
能力要求： 走动、视力、动手能力
兴趣水平： 小学、中学生、青少年

材料：纸、铅笔

1. 准备一张任务单，上面列出学生不愿意自告奋勇去做的任务。
2. 按照从难到易的顺序排列这些任务。
3. 根据不受欢迎度，为每项任务对应分配数量相当的自由活动时间。
4. 把任务和所分配的自由时间贴在墙上。
5. 告诉学生们：他们可以签下一项或几项任务，在他们完成任务后就利用这些自由时间。他们还可以把这些时间积累起来，自己选择什么时候利用。
6. 为没人签的任务增加自由时间，从而提高学生的积极性。

■ 4.28　根据规则玩简单的桌面游戏

活动主题： 按规则玩游戏
能力要求： 走动、视力、语言、动手能力
兴趣水平： 小学、中学生、青少年

材料： 桌面游戏

1. 在适当的环境中示范和指导学生。
2. 观察学生的行为，必要时重新指导。
3. 提供及时的和延迟的强化刺激。

■ 4.29　在学习和玩耍环境中，遵守社会的或学校的行为规范

活动主题： 遵守行为规范
能力要求： 走动、视力、动手能力
兴趣水平： 小学、中学生、青少年

材料： 纸、铅笔

1. 在黑板上分两栏列出班级和学校的规定。
2. 讨论这些规定的原因。
3. 让学生们说出遵守每条规定的正确行为。
4. 写出和每条规定对立的行为。
5. 让学生们解释为什么每条行为准则都是必要的。
6. 进行拓展练习：定义出和每条规定相悖的不正确行为。

7. 列出正确的和不正确的行为所造成的影响，比较这些影响。

■ 4.30　用正确的方式说服老师和团体改变活动

活动主题： 试图改变活动
能力要求： 走动、视力、动手能力
兴趣水平： 小学、中学生、青少年
材料： 纸、铅笔

1. 为每个学生准备一张纸条。纸条上写着各种活动，如：玩游戏、拼拼图、跟唱。
2. 把这些纸条放进一个盒子。
3. 让学生们抽取纸条。
4. 提醒学生：他们将要读一读这些纸条。
5. 提供帮助。
6. 让学生们准备向全班陈述为什么每个人都应该做他们所抽到的活动。
7. 教师为学生的陈述提供示范或指导。
8. 让自告奋勇的学生来陈述理由。
9. 进行拓展练习：根据纸条上的内容把学生们分成几组并设置一个团队环境。

■ 4.31　在学校、游戏、家庭或工作环境中遵守行为准则

活动主题： 遵守行为准则
能力要求： 走动、视力、动手能力
兴趣水平： 小学、中学生、青少年
材料： 上午活动作业纸、铅笔

1. 在黑板上分两栏列出班级和学校的规定。
2. 讨论这些规定的原因。
3. 让学生们说出遵守每条规定的正确行为。
4. 写出和每条规定对立的行为。
5. 让学生们解释为什么每条行为准则都是必要的。
6. 进行拓展练习：定义出和每条规定相悖的不正确行为。
7. 列出正确的和不正确的行为所造成的影响，比较这些影响。

第五章　人身安全

行为标识

了解（遵守）坐车安全

知道求救电话，并能向他人汇报危险或避开危险

能够与危险物品（环境）保持距离

能够参与消防演习

能够处理伤口

知道安全标识，识别标签内容

■ 5.01　在车辆上一直坐在座位上

活动主题：坐在汽车座位

能力要求：走动、听力

兴趣水平：学前、小学

材料：油漆刷

1. 记录学生在公交车上离开座位的次数。
2. 讨论在公交车上离开座位的危险。
3. 全班学生都有份：让一个学生一直待在座位上，如果他做得到，他就可以为全班学生赢得食物奖励。
4. 假装用油漆刷把胶水涂在学生的座位上。
5. 提醒学生们：他们必须都待在座位上以便赢取奖品，所以他们必须相互帮助。
6. 当学生们待在座位上的时候，让问题学生和大家一起唱歌或者玩手指游戏。

■ 5.02　一直都系好安全带

活动主题：系好安全带

能力要求：走动、视力、听力、动手能力

兴趣水平：学前、小学、中学生

材料：计时器、便携式安全带、零食、椅子

1. 把带有安全带的椅子摆成一排，模仿公交车上的座位。
2. 讨论一直都系好安全带的必要性。
3. 让学生坐下并系好安全带的带扣。
4. 开始时，把计时器设置为30秒到1分钟。
5. 让学生待在座位上，直到计时器的铃声响起来。
6. 时间到了之后奖励学生吃零食。
7. 重复练习并延长时间间隔。
8. 用口头表扬代替零食。

第五章　人身安全

■5.03　系好自己的安全带

活动主题：系好安全带
能力要求：动手能力
兴趣水平：学前、小学、中学生
材料：椅子、安全带

1. 准备安全带。
2. 把安全带固定在椅子上。
3. 让学生坐在椅子上。
4. 帮助学生用手抓住安全带的两端。
5. 示范怎样扣好安全带的带扣。
6. 帮助学生自己扣好带扣。
7. 重复几次。
8. 说"现在你来做。"
9. 酌情提供帮助。
10. 提醒学生在小汽车内系好安全带，直到他不经提示就自动这样做。

■5.04　在无人帮助下上、下校车

活动主题：上下校车
能力要求：走动、听力、动手能力
兴趣水平：学前、小学
材料：不用的校车、奖品

1. 确定学生成功完成练习时想要赢得的奖品。
2. 准备一个在上课期间不用的校车。
3. 让学生在学校里正确的上车地点排队。
4. 示范下面所列出的每个步骤，然后在学生成功完成每个步骤后对他们给予表扬和正强化。
5. 让每个学生从上车区域走向校车的台阶。
6. 让每个学生借助扶手走上台阶。
7. 让每个学生走向空着的座位。

8. 让每个学生坐在座位上，系好安全带。
9. 把这个过程反过来，教学生走下校车。
10. 当所有的学生都成功完成练习后，安排学生乘坐校车进行一次短暂的野外旅行。

■ 5.05　在别人的要求下，锁上最近的汽车门

活动主题：锁住车门

能力要求：走动、听力、动手能力

兴趣水平：学前、小学

材料：汽车门、员工汽车、色彩鲜艳的涂料、直背椅、奖品

1. 确定学生成功完成练习时想要赢得的奖品。
2. 从汽车零售商、汽车部件经销商或废车场借一个功能汽车的车门。
3. 把汽车门锁的按钮涂上鲜艳的颜色，让按钮的颜色与车门上其余部分的颜色形成对比。
4. 把汽车门放在教室里某个可以支撑的地方。
5. 把学生的椅子放在汽车门旁边，模仿汽车上的座位。
6. 站在学生椅的后面。
7. 说"锁上你的门"，然后根据需要引导学生的手部动作。
8. 学生每次成功完成练习后都用奖品来加以强化。

■ 5.06　用语言或手势指出危险的情况或物体

活动主题：知晓危险

能力要求：视力、语言、动手能力

兴趣水平：学前、小学、中学生

材料：标签纸、杂志、胶水、剪刀

1. 从杂志上剪下几组形成鲜明对比的逼真图片，如：玻璃罐和碎玻璃、充气轮胎和爆胎，以便用它们制作图片卡。
2. 把图片粘贴在标签纸上。
3. 讨论安全的事物怎样变成危险的事物。

4. 一次举起一对图片卡，让学生识别图片上存在的危险。
5. 如果学生说对了，把卡片送给学生。
6. 教师还可以组织"记忆游戏"，让学生把一张危险卡片和其他的危险卡片相匹配，或者把形成对比的卡片相匹配。
7. 指出得到最多卡片的学生就是获胜者。

■5.07 避开危险的情况或物体，或者与之保持距离

活动主题：避开危险
能力要求：走动、视力
兴趣水平：小学、中学生
材料：标签纸、红色图画纸、杂志图片、胶水、双面胶

1. 绘制一些描述危险情境的张贴画。
2. 在地板上标出终点线。
3. 讨论张贴画上的每一种情境。
4. 让学生们在最靠近张贴画的地方面向你站队。
5. 举起一张表示危险的张贴画，让所有的学生都离开张贴画并走向终点线。
6. 举起红纸示意"停下"。
7. 重复练习，直到学生过了终点线。

■5.08 把任何危险或损伤告诉成年人或者用手势向成年人示意

活动主题：告知危险
能力要求：听力、语言
兴趣水平：学前、小学、中学生
材料：警察帽、孩子帽

1. 提醒学生们将要进行角色扮演。
2. 指定一个学生充当警官，另一个学生充当迷路人。
3. 如果需要，最初的时候向扮演者提示对话中所涉及的问题和答案。
4. 戴上帽子，让情境显得更真实。
5. 用下列的对话来满足情境需要。

6. 警官："你好！你迷路了吗？"
7. 学生："是的。"
8. 警官："你叫什么名字？"
9. 学生说出自己的名字。
10. 警官："你住在哪里？"
11. 学生说出自己的家庭住址。
12. 警官："你的电话号码是什么？"
13. 学生说出自己的电话号码。
14. 如果学生知道所有的个人信息，用安全徽章作为对他的奖励。
15. 转换角色并重复练习。

■5.09　把异物挡在眼睛、耳朵、鼻子和嘴巴的外面

活动主题：遮挡异物

能力要求：听力、语言

兴趣水平：小学、中学生

材料：小物件、连指手套、食用液体辣椒水（芥末）

1. 确定每个学生希望通过成功完成练习来赢取什么奖品。
2. 把小物件从学生当前的环境中消除掉。
3. 只有在监管下才引入小物件。
4. 表扬和强化正确使用被引入的小物件的行为。
5. 如果学生对任何的小物件使用不当或者把它放在靠近眼睛、耳朵、鼻子和嘴巴的地方，教师可以考虑用手拍桌面或者大声而坚定地说"不"。
6. 说完"不"之后，紧接着说"双手交叉"。
7. 在1至2分钟的静坐后重新开始练习。
8. 对于经常把物件放进嘴里的学生，考虑把食用液体辣椒水（芥末）涂在学生经常接触的一些小物件上。
9. 在缺乏足够监管的时候，考虑使用连指手套。这些连指手套可以用防掉链加以改造，从而使学生在无人直接监管下不易把手套摘掉。
10. 引入竞赛活动，如：双手插兜或者玩大球，从而帮助学生消除不正确的行为。

5.10 向成年人报告别人的损伤

活动主题：报告损伤

能力要求： 走动、视力、语言

兴趣水平： 小学生、中学生

材料： 拐杖、止血布

1. 讨论在造成损伤后第一时间寻求成年人帮助的重要性。
2. 让学生两两组合。
3. 让两个学生穿过教室，其中一个扮演受伤者，另一个报告受伤情况。
4. 转换角色并重复练习。
5. 在不同的情境中练习。

5.11 出现不熟悉的动物时，寻求成年人的帮助

活动主题：寻求帮助

能力要求： 走动、视力、语言

兴趣水平： 小学生、中学生、青少年

材料： 视频

1. 找到警察和受过训练的狗的视频。
2. 讨论在不认识的动物附近保持安全的必要性。
3. 播放警官和警犬训练的视频。
4. 老师强调一个观念：在遇到陌生动物时告诉成年人。
5. 还可以让学生们进行角色扮演或者把讨论过的情境画成图片。
6. 让学生解释不靠近陌生动物的原因。

5.12 识别危险信号、停止活动并寻求成年人的帮助

活动主题：寻求帮助

能力要求： 走动、视力、听力

兴趣水平： 学前、小学、中学生

材料： 手机、扩音器

1. 记录当地的危险信号，如：消防演习的铃声。
2. 讨论遵守规则和既定程序的重要性，播放危险信号的音频。
3. 每周"自动"播放录音。
4. 让那些始终如一地做出反应的学生成为室内紧急情况管理员。

■5.13　在火灾或紧急疏散中听从老师的指令

活动主题：紧急疏散
能力要求：走动、视力、听力
兴趣水平：学前、小学、中学生
材料：笔、纸、视频

1. 讨论火灾和其他紧急情况下的安全程序。
2. 指导学生在自己的桌子上摆好姿势。
3. 让学生们遵循"请你跟我一样做"的游戏，如："把你的头伸到桌子下面，请你跟我一样做。"
4. 继续下去，直到练习完所有的应急指示。
5. 教师还可以在每周练习中使用幽默的滑稽动作。

■5.14　在无人监管下走到指定区域而不跑动

活动主题：按区域行走
能力要求：走动、视力
兴趣水平：小学、中学生
材料：黄纸、双面胶

1. 用黄纸剪出一些小型的相同的正方形，以便玩"沿着红色的砖路走"的游戏。
2. 选择从一个地方通向另一个地方的特定的路线。
3. 用双面胶固定住这些正方形，让每个路线上的正方形间距为一步。
4. 让学生们踏上每个正方形。
5. 如果学生略过了一个正方形，让他回到起始位置。
6. 改变指定的区域，减少正方形的数量留待日后使用。
7. 指出那些走完全程并且没有略过一个正方形的学生就是获胜者。

5.15 阅读并遵照安全提示

活动主题：识别安全标识

能力要求： 视力、动手能力

兴趣水平： 小学、中学生

材料： 32cm×12cm卡片、剪刀、糨糊、记号笔、杂志

1. 在一套32cm×12cm的卡片上画出安全标识。
2. 在另一套32cm×12cm的卡片上画出或贴上安全的行动图片。
3. 把这些卡片正面朝下分两行放在桌子上，其中一行是安全标识，另一行是行动图片。
4. 让学生把每一行卡片都翻过来。
5. 告诉学生：如果行动图片和安全标识相匹配，他就可以保留这一对卡片。
6. 如果它们不匹配，他必须把卡片再次正面朝下放在桌子上。
7. 让下一个学生继续，直到桌子上没有了卡片。
8. 指出在游戏结束时拿到最多卡片的学生胜出。

5.16 认出被告知的危险品

活动主题：识别危险

能力要求： 视力、动手能力

兴趣水平： 小学、中学生、青少年

材料： 游戏板、记号笔、骰子

1. 用25到50个正方形在地板上组成环形路径，以便玩"前面有危险"的游戏。
2. 把危险物品的图片放在至少三分之一的正方形上，把无害物品的图片或白纸放在其他的正方形上。
3. 为每个学生准备一只记号笔和一个骰子。
4. 把记号笔发给学生并解释说：他们将要掷骰子，然后按照骰子上所显示的数字前进相应数量的空格。
5. 告诉学生：如果他踏上空白的或无害的物品图，他就可以待在那里。
6. 如果学生踏上危险物品的图片，他就必须返回到原来所在的空格处。
7. 指出第一个到达终点的学生胜出。

■ 5.17　避开危险区

　　活动主题：躲避危险

　　能力要求：走动、视力、动手能力

　　兴趣水平：中学生、青少年

　　材料：绳子、钩子、行李袋、布

1. 把行李袋里装满布，悬挂在从天花板上垂下来的绳子和钩子上。
2. 讨论在危险区内部及周边的安全问题。
3. 让学生围着悬挂着的袋子站成一圈。
4. 开始摇晃袋子。
5. 让学生玩"当心"游戏：穿过圆圈走到另一边。
6. 指出第一个五次穿过圆圈并且总是避免碰到袋子的学生就是获胜者。

■ 5.18　一直待在指定的游戏区

　　活动主题：待在魔法圈

　　能力要求：视力、听力

　　兴趣水平：学前、小学、中学生

　　材料：颜色鲜艳的绳子、强化物、计时器

1. 确定学生希望通过成功完成练习来赢取哪些奖品。
2. 在房间里或操场上介绍"魔法圈"的边界。
3. 把游戏和物品放在"魔法圈"里。
4. 只要不破坏边界，学生就可以一直待在"魔法圈"里。
5. 逐步取消边界监视器。

■ 5.19　避免在院子里或人群中跟随不认识的人

　　活动主题：跟随队伍行走

　　能力要求：走动、视力、听力、动手能力

　　兴趣水平：学前、小学

　　材料：细绳

第五章　人身安全

1. 准备一条从人口稀少的地方穿过的小路。
2. 讨论不与集体走散的重要性。
3. 让学生排成一列纵队。
4. 把一根绳子从队首一直延伸到队尾，并且让学生们握住它。
5. 让学生们在走动时不要放开绳子。
6. 指出沿路上有趣的事物。
7. 表扬那些一路上没有放开绳子的学生。
8. 你还可以让学生们到不同的地方去看一看、走一走。

■ 5.20　小心翼翼地走近或离开秋千

活动主题：与秋千保持距离

能力要求： 走动、视力、听力、动手能力

兴趣水平： 学前、小学

材料： 有关秋千的照片，色彩鲜艳的绳子

1. 告诉学生什么是秋千，学生能够从图片中找出秋千的照片。
2. 播放有关荡秋千的视频，让学生了解秋千晃起来的时候会出现一定的幅度。
3. 带学生到有秋千的场所。
4. 让学生站成一排，观察秋千摆动的幅度。
5. 用鲜艳的绳子标出安全区。
6. 让学生站在安全区内。
7. 观察学生能够在游玩时与秋千保持安全距离。
8. 对能够做到的学生给予奖励。

■ 5.21　认真处理锋利的物体

活动主题：处理锋利物体

能力要求： 走动、视力、听力、动手能力

兴趣水平： 学前、小学、中学生

材料： 托盘、刀子、剪刀、杯子、铅笔、勺子

1. 收集一些需要或不需要特别处理的物件，如：剪刀或压舌板。

2. 讨论如何处理危险品。
3. 把所有的物品放在托盘上。
4. 选一个学生端着托盘，另一个学生把托盘里的每个物品分发给班上的每个学生。
5. 如果学生在分发剪刀的时候让尖端向前或者在处理其他物品的时候方法不正确，摇一摇铃。
6. 对正确的处理方式报以掌声。
7. 教师还可以准备上述物品的图片，要求学生在锋利物体的图片上盖上"小心处理"的图章。

■ 5.22 按要求小心地打开或关上窗户

活动主题：开关窗户
能力要求：走动、视力、听力、动手能力
兴趣水平：学前、小学

材料：窗户，窗户的照片

1. 告诉学生什么是窗户，学生能够从图片中找出窗户照片。
2. 了解窗户开着的状态和窗户关着的状态。
3. 带学生到窗边，引导学生推开（打开）窗户。
4. 让学生尝试打开窗户，对于完成的学生给予奖励。
5. 让学生尝试关上窗户，对于完成的学生给予奖励。
6. 在生活中观察学生能否按照要求打开或关上窗户。
7. 对能够做到的学生给予奖励。

■ 5.23 搬椅子的时候让椅子腿向前

活动主题：搬椅子
能力要求：走动、视力、听力
兴趣水平：学前、小学、中学生

材料：每个学生一把椅子

1. 让学生们把椅子摆成一圈。
2. 让学生们坐在椅子上。

3. 示范搬椅子的正确方法。
4. 让每个学生练习用正确方法搬椅子。
5. 让每个搬椅子的学生围成一圈。
6. 玩"抢椅子"游戏：让学生们在播放音乐的时候开始搬椅子。
7. 让学生们在音乐停止的时候迅速坐下来。
8. 让最后一个坐下来的学生出局，或者让搬椅子时方法不当的学生出局，直到剩下最后一个赢家。

■5.24 与火柴、炉子和明火保持安全距离

活动主题： 与危险物品保持距离

能力要求： 走动、视力、听力、动手能力

兴趣水平： 学前、小学

材料： 有关火柴、炉子、明火的照片，色彩鲜艳的绳子

1. 告诉学生火柴、炉子、明火分别是什么，学生能够从图片中找出危险物品的照片。
2. 播放有因火引发火灾的视频，让学生了解由火引发的危险。
3. 出示火柴、炉子、明火的照片。
4. 让学生与照片保持安全距离。
5. 让学生站在安全区内。
6. 在日常生活中引导学生与明火保持安全距离。
7. 对能够做到的学生给予奖励。

■5.25 拒绝搭乘陌生人的车或接受陌生人的礼物

活动主题： 拒绝陌生人

能力要求： 走动、视力、听力、动手能力

兴趣水平： 学前、小学、中学生

材料： 糖果、零食、志愿者等

1. 在班级与学生开展拒绝搭乘陌生人的车或接受陌生人的礼物的预告。
2. 在社会实践活动时邀请志愿者扮演陌生人。

3. 由志愿者拿糖送给学生，并邀请学生跟他一同离开。
4. 观察学生反应，是否会跟陌生人离开。
5. 对于能够拒绝陌生人的学生给予奖励，对未能拒绝陌生人的学生进行再教育，并在下次活动中继续练习，直到学生理解为止。

■5.26　走上和离开校车而无需帮助

活动主题： 独自乘坐校车

能力要求： 走动、视力、语言、动手能力

兴趣水平： 学前、小学、中学生、青少年

材料： 椅子、牛奶盒、图片、剪刀

1. 在室内模仿校车内部的设置：把椅子摆放成长长的两排；摆好司机座位；把牛奶盒剪掉盒盖做成投币盒或打卡器。
2. 收集城市里的建筑图片、公园图片和其他风景的图片。
3. 允许学生选择心仪的目的地。
4. 指导学生走上汽车、把钱放进盒子（使用学生卡打卡），然后就座。
5. 提醒学生在蹭到其他乘客时说声"对不起"。
6. 告诉学生：当他们看到目的地并想要下车的时候，说"叮"。
7. 举起城市的风景图片，开始"乘车"。
8. 继续下去，直到每个学生都有机会说"叮"并走下汽车。
9. 奖励那些记得在什么地方下车的学生。
10. 完成乘坐汽车的环城游览。

■5.27　走人行道，不走车道

活动主题： 能走人行道

能力要求： 走动、视力、听力

兴趣水平： 学前、小学

材料： 人行道安全牌照

1. 为每个学生制作"人行道安全牌照"，上面写着"我能够一直在人行道上安全行走"。

2. 讨论汽车在街道和公路上行驶的必要性。
3. 在社会实践课上把学生们领到人行道上。
4. 解释说：汽车待在公路上；学生们必须待在街道外侧的人行道上。
5. 让学生们排队。
6. 带领学生走在人行道上，解释小巷或车道上的任何停靠点，确保没有汽车开过来。
7. 让学生们在不同的人行道上行走，以便让他们获得不同的体验。
8. 为熟练的学生颁发"人行道安全牌照"。

■5.28 脱掉湿衣服

活动主题：避免感冒

能力要求： 动手、视力、听力

兴趣水平： 学前、小学

材料： 干衣服、毛巾

在适当的环境中示范和指导学生。

1. 准备淋湿了的衣服的照片，引导学生当衣服湿了需要更换衣服。
2. 开展水世界的活动，在活动前再次提醒学生衣服湿了需要更换。
3. 让学生尽情地玩水，哪怕衣服湿了也没有关系。
4. 活动结束前在每个学生的桌上放好准备好的干衣服和干毛巾。
5. 学生回到教室后观察是否有学生主动脱掉湿衣服，进行更换，给予奖励。
6. 没有更换衣服的学生提醒他们脱下湿衣服，更换衣服。
7. 向不能独自更换衣服的学生提供帮助，并告知衣服湿了需要更换。

■5.29 避免靠近不熟悉的动物

活动主题：避开陌生动物

能力要求： 走动、视力、听力

兴趣水平： 学前、小学

材料： 宠物图片

1. 把每个学生的宠物图片贴在黑板上。

2. 和学生们讨论展出的图片，如：他们的宠物吃什么、怎样玩耍、怎样认识人。
3. 把其他宠物的图片贴在黑板上。
4. 告诉学生们：公告栏上有一些奇怪的、不熟悉的动物。
5. 让学生们说出这些不熟悉的动物属于那一类动物。
6. 解释黑板上展出的熟悉的和不熟悉的动物之间的区别。
7. 让学生们指出他们愿意宠爱哪些动物、避开哪些动物。
8. 进行拓展练习：让学生们说出避开指定动物的原因。

■5.30　当陌生人靠近时，向最近的认识的成年人寻求帮助

活动主题：寻求帮助

能力要求：走动、视力、听力、动手能力

兴趣水平：学前、小学、中学生

材料：糖果、零食、志愿者等

1. 在班级与学生开展拒绝搭乘陌生人的车或接受陌生人的礼物的预告。
2. 在社会实践活动时邀请志愿者扮演陌生人。
3. 由志愿者拿糖送给学生，并邀请学生跟他一同离开。
4. 观察学生是否会向教师求助。
5. 对于能够向教师求助的学生给予奖励，对于未能向教师求助的学生进行再教育，并在下次活动中继续练习，直到学生理解为止。

■5.31　先向两边看一看，然后再离开人行道过马路

活动主题：过马路

能力要求：走动、视力

兴趣水平：学前、小学

材料：打印纸盒、剪刀、彩色宽胶带

1. 在教室内用彩色宽胶带模仿十字路口，让道路一直通向门口（如图所示）。

第五章　人身安全

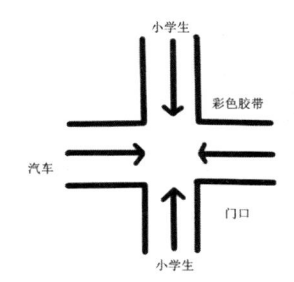

（图示：十字路口，标注"小学生""彩色胶带""汽车""门口""小学生"）

2. 在几个打印纸盒上剪出几个孔，以便让学生通过这些孔看到外面。然后把它们放在学生的头上，使之看起来像汽车（如图所示）。

（图示：用纸盒做成小汽车）

3. 让学生们断断续续地走过门口。
4. 让"汽车们"保持稳定的速度并且避免所有的"事故"。
5. 让每个学生都经过十字路口走向门口，看到两边都没有汽车后再继续行走。
6. 表扬那些成功地过马路的学生。
7. 教师还可以指定队长，让他带领大家走过十字路口。

■5.32　使用游乐设备时，不危及他人

活动主题：避免危险

能力要求：动手、视力、听力

兴趣水平：学前、小学

材料：感统游乐设备

在适当的环境中示范和指导学生。

1. 带领学生进入感统教室上课。
2. 当学生开始玩秋千等游具的时候，提醒他们注意安全。
3. 让学生玩耍感统游具。
4. 奖励能够在游玩过程中不危及他人的学生。
5. 提醒那些不顾及他人的学生，在游玩时需要注意他人的安全。

■ 5.33　在消防演习过程中遵守纪律而无须成年人帮助

活动主题： 消防演习

能力要求： 走动、视力、听力

兴趣水平： 学前、小学、中学生

材料： 消防帽、牛铃

1. 选一个学生充当消防员。
2. 给他戴上消防帽。
3. 把铃交给他。
4. 说明纪律，示范正确的消防演习行为。
5. 重复示范，以便让学生们了解他们应该怎样做。
6. 重复说明纪律。
7. 告诉学生们你们将要玩"消防员"游戏。
8. 让他们假装遇到了火灾。当消防员摇铃的时候，他们就要自己走出去。
9. 把"消防局长徽章"发给任何遵守所有纪律的学生。

■ 5.34　处理轻伤

活动主题： 处理伤口

能力要求： 走动、视力、听力

兴趣水平： 学前、小学、中学生

材料： 记号笔、香皂、水和消过毒的创可贴

1. 准备记号笔、香皂、水和消过毒的创可贴。
2. 向学生们展示处理轻伤的材料。
3. 提示学生，教师将要用记号笔在学生的手上画一条线，并且假装这条线就是伤口。
4. 在每个学生的手上都画一个记号。
5. 示范用上述材料处理轻伤的方法和顺序。
6. 让学生们用这些材料来处理"伤口"。
7. 对于操作正确的学生给予奖励：给他们的创可贴盖上图章或贴上标签。

第五章　人身安全

■ 5.35　在拐角处或人行横道上过马路。在绿灯时过马路，在红灯时站住。

活动主题：过马路

能力要求：走动、视力

兴趣水平：学前、小学

材料：胶带、标签纸、水彩笔

1. 用彩色宽胶带在教室门外画出"人行横道"。
2. 用标签纸制作与实际尺寸相同的4个安全牌，上面写着"行走""等待"，并且用相应的颜色代表"红灯"和"绿灯"。
3. 让学生们利用休息时间在门口排队。
4. 举着牌子站在"人行横道"的另一侧。
5. 让每个学生都对牌子做出正确的反应。
6. 如果学生能够等到"行走"指示牌或"绿灯"指示牌被举起来的时候再走，允许他走过"人行横道"去玩耍。
7. 如果学生没有做出正确反应，让他走到队尾、再试一次。

■ 5.36　在道路上右侧骑自行车

活动主题：行车安全

能力要求：走动、视力、听力、动手能力

兴趣水平：小学、中学生

材料：汽车头套、自行车

1. 在班会活动中学习道路安全行驶的知识。
2. 在校园内制作模拟马路场景。
3. 邀请部分学生带上汽车头套扮演汽车。
4. 邀请部分学生骑上自行车。
5. 邀请学生在道路右侧骑自行车。
6. 对能够正确完成的学生给予奖励。
7. 让班级每个同学都能够得到锻炼。

—101—

■ 5.37   在拐角处或人行横道上推着自行车横过街道

活动主题：推车过马路

能力要求：走动、视力、听力、动手能力

兴趣水平：小学、中学生

材料：汽车头套、自行车

1. 在班会活动中学习道路安全的知识
2. 在校园内制作模拟马路场景。
3. 邀请部分学生带上汽车头套扮演汽车。
4. 邀请部分学生推上自行车。
5. 邀请学生模拟在拐角处或人行横道上推着自行车横过街道。
6. 对能够正确完成的学生给予奖励。
7. 让班级每个同学都能够得到锻炼。

■ 5.38   在没有人行道时面向车辆走在路边

活动主题：面向车辆

能力要求：走动、视力、听力、动手能力

兴趣水平：小学、中学生

材料：汽车头套、自行车

1. 在班会活动中学习道路安全的知识
2. 在校园内制作模拟马路场景（去掉人行道）。
3. 邀请部分学生带上汽车头套扮演汽车。
4. 邀请学生模拟在没有人行道时面向车辆走在路边。
5. 对能够正确完成的学生给予奖励。
6. 让班级每个同学都能够得到锻炼。

■ 5.39   拨打 112 求助

活动主题：寻求帮助

能力要求：走动、听力、语言

兴趣水平：学前、小学、中学生

材料：2个玩具电话

1. 讨论拨打112的原因。
2. 让学生假装打电话求助。
3. 鼓励学生在对医生讲话时使用书面说明。
4. 在电话的另一端假装调度员，问一些典型的问题。
5. 继续练习，直到每个学生都有机会练习。

■5.40　给消防部门打电话报告火灾、联系警察、医院或救护车

活动主题：寻求帮助

能力要求：走动、听力、语言

兴趣水平：小学、中学生、青少年

材料：2个玩具电话、救护现场视频

1. 让学生们看救护现场视频。
2. 要求学生们以书面形式描述病人病情紧急的状况。
3. 让学生们假装打电话向救护站求助。
4. 鼓励学生在对救护站讲话时使用写好的书面稿说明。
5. 在电话的另一端假装调度员，问一些典型的问题。
6. 继续下去，直到每个学生都有机会练习。
7. 逐步取消书面提示，告诉学生们他们的状况，并且让他们继续假装打电话求助。
8. 要告诉学生，不能乱打消防、报警、急救等电话，会负法律责任。可以提供视频进行教育。

■5.41　避开已知的危险，认识常见的有害物质

活动主题：避开危险

能力要求：听力、语言

兴趣水平：小学、中学生、青少年

材料：危险的植物、动物和昆虫图片

1. 收集危险的植物、动物和昆虫图片。

2. 收集没有危险的植物、动物和昆虫图片。
3. 向学生们提供一面是红色、一面是绿色的小旗子。
4. 展示并讨论每一套图片。
5. 随意给学生们看一张图片。
6. 让学生们举起旗子，红色的一面代表危险，绿色的一面代表安全。
7. 继续让学生们看所有的图片。
8. 让学生们按照图片中动植物的危险性和安全性将其分为两大类。

■5.42 遵照水安全规则

活动主题： 避开玩水危险

能力要求： 听力、语言

兴趣水平： 小学、中学生、青少年

材料： 玩水的照片

1. 收集儿童在不同区域玩水危险的照片。
2. 收集没有安全戏水的照片。
3. 向学生们提供一面是红色、一面是绿色的小旗子。
4. 展示并讨论每一张图片。
5. 随意给学生们看一张图片。
6. 让学生们举起旗子，红色的一面代表危险，绿色的一面代表安全。
7. 继续让学生们看所有的图片。
8. 让学生们按照图片中玩水的危险性和安全性将其分为两大类。

■5.43 遵照安全标识和信号

活动主题： 识别红绿灯

能力要求： 走动、视力

兴趣水平： 学前、小学、中学生

材料： 红色玻璃纸、2个手电筒、绿色玻璃纸

1. 用红色玻璃纸遮住一个手电筒、用绿色玻璃纸遮住另一个手电筒。
2. 让学生们在教室里或走廊上排成一行，玩"红灯绿灯"的游戏。

3. 选一个学生面向其他学生站在教室的另一端，两手分别拿着手电筒。
4. 让拿着手电筒的学生打开绿灯。
5. 让其他学生在看到绿灯时向前走。
6. 让拿着手电筒的学生迅速关掉绿灯、打开红灯。
7. 让其他学生在看到红灯时停下来。
8. 继续练习，改变绿灯亮着的时间长度。
9. 让拿着手电筒的学生说出在红灯打开后仍然向前走的学生名字，并且让这些学生回到起点。
10. 指出第一个到达手电筒的学生就是获胜者；获胜者可以控制手电筒，让原来的学生加入到其他学生中。

■5.44 描述防火规则，使用火警和灭火器

活动主题： 了解防火规则

能力要求： 走动、视力

兴趣水平： 学前、小学、中学生

材料： 红色玻璃纸、2个手电筒、绿色玻璃纸

1. 向学生介绍防火规则，火警和灭火器的使用规则。
2. 利用消防演习的时候，带学生观看如何使用火警和灭火器。
3. 详细讲解后，邀请学生模拟练习使用火警和灭火器。
4. 对能够正确使用火警和灭火器的学生给予奖励。

■5.45 识别易燃液体，在存放或使用时遵照标签上的说明

活动主题： 识别易燃液体

能力要求： 视力、听力、语言

兴趣水平： 小学、中学生、青少年

材料： 易燃液体的图片、纸、笔

1. 在作业纸上列出关于易燃液体的典型词语。
2. 把作业纸的复印件发给每个学生。

3. 收集和展示易燃液体的空容器的图片。
4. 告诉学生们看一看这些容器图片,并且把标签上的词语同作业纸上的词语相匹配。
5. 让学生们在作业纸上写出这些液体的存放和使用方法。
6. 讨论并概括安全使用易燃液体的程序。

第六章 自 信

行为标识

能够参与互动/讨论

能够回答问题

能够作为领导者组织活动

能够总结经验

■ 6.01　尽可能简要地回应同龄人或老师发起的互动

活动主题：回应他人

能力要求：视力、听力、语言、动手能力

兴趣水平：学前、小学

材料：布偶

1. 准备两个布偶。
2. 把其中一个布偶交给一个学生，自己留着另一个布偶。
3. 通过布偶向学生问一些他可以回答的简单问题。
4. 让学生通过他的布偶回答问题。学生每次回答问题后都用教师的布偶拥抱他。
5. 如果第一个学生能够回答，但不愿回答，把布偶交给另一个学生。
6. 让活动有趣味，以便促使学生做出回答并愿意依次和教师谈话。

■ 6.02　按要求参与班级活动

活动主题：参与活动

能力要求：走动、视力

兴趣水平：学前、小学

材料：图片卡、物品、汉字卡

1. 玩"寻宝"游戏，把熟悉的物件藏在屋子里非常明显的地方。
2. 发给每个学生一张卡片，上面包含要求他们找到的物品的图片或汉字。
3. 让学生们寻找这些物品并归还给教师。
4. 对每个按要求正确找到物品的学生都给予奖励。
5. 如果他们特别胆小，开始的时候允许他们每两人一组。
6. 加大困难，在学生们所找到的物品的背面附上另一个词语或另一个物品的图片，从而让他们必须继续寻找，直到找出所有的宝贝。

■ 6.03　回答个人问题

活动主题：回答问题

能力要求：听力、语言

兴趣水平：学前、小学、中学生、青少年、成年人

材料：笔、纸、椅子

1. 让学生们选择伙伴。
2. 告诉学生们找出关于他们伙伴的4件私事，并且把这些私事与大家分享。
3. 给每个学生留出3分钟的时间来向他们的伙伴问问题。
4. 让学生们围成一圈。
5. 让每个学生站起来并说出他们对伙伴的了解。
6. 当学生说出伙伴的相关信息后，用掌声表示感谢。

■ 6.04　按要求参与关于感觉的班级讨论

活动主题：参与讨论

能力要求：视力、听力、语言、动手能力

兴趣水平：学前、小学、中学生

材料：（化妆）镜子

1. 让学生们围坐在地板上。
2. 举起镜子。
3. 说："镜子镜子告诉我，当我……时我会感觉怎样"，并且说出具体情境，如："当我跌倒时"。
4. 看着镜框并且用面部表情来表达自己的感觉。
5. 说"难过"。
6. 把镜子递给学生。
7. 重复上述的句式并改变情境。
8. 让学生像你那样做出反应，表现出并说出他将会有怎样的感觉。
9. 继续把镜子在一圈学生中传下去，直到每个学生都有机会练习。

■ 6.05　在班级讨论中主动说出个人信息

活动主题：参与讨论

能力要求：语言、手势语

兴趣水平：小学、中学生、青少年

材料：装有学生名字的小盒子、小块的彩纸

1. 从小盒子里选一个学生的名字，让他成为"本周学生"。
2. 让被选中的学生坐在"特别的"椅子上，在全班学生面前接受采访。
3. 让大家轮流向这个学生问一些关于她最喜欢的事物的问题。
4. 让这个学生指定某些学生提问。
5. 把答案写在一张小的彩纸上。
6. 让学生们把"本周学生"画下来。
7. 用学生们所画的图片和写有答案的彩纸制作"本周学生"公告栏，并且把公告栏展出一周的时间。
8. 在周末把这些图片和答案做成一本书，让这个学生保存。

■ 6.06　根据之前的成功经验表达观点或执行任务

活动主题：表达观点
能力要求：视力、语言
兴趣水平：学前、小学

材料：路标

1. 准备几个路标。
2. 让学生们围坐成一圈。
3. 和学生们一起复习这些路标的含义。
4. 询问是否有学生记得所有这些路标的含义。
5. 选择记得路标含义的学生。
6. 让这个学生带领全班复习这些路标。
7. 表扬这个学生知道这些事。在学生们第一次讨论这些路标的时候带领他们进行复习。

■ 6.07　回答关于辅导材料的问题

活动主题：回答问题
能力要求：听力、语言、动手能力
兴趣水平：小学、中学生、青少年

材料： 文件夹、笔、彩纸、剪刀、浆糊、图片

1. 在文件夹的封面上画一张魔术师的图片。
2. 把它标记为"选一张图片"。
3. 选择问题，如："哪一个根本不能讲话？哪只船需要风力驱动？哪个玩具插上大头针之后会爆开？哪个东西可以藏在手里？哪一个是儿童足球？哪个东西好吃？"
4. 把这些问题写进文件夹，在每两个问题之间留出空间。
5. 用标签纸为每个问题制作一个"X"。
6. 在每个问题的结尾处放置两张图片，其中一个图片是这个问题的正确答案。
7. 让学生读问题，然后把"X"放在正确答案的上方。
8. 必要时为学生做示范。
9. 学生每次做出一个正确答案都对他给予表扬。
10. 讨论不正确的答案。

■6.08　提前回答关于辅导材料的问题

活动主题： 回答问题

能力要求： 走动、视力、听力、动手能力

兴趣水平： 学前、小学

材料： 不织布、剪刀、纸盘、纽扣、胶水

1. 准备9个纸盘、胶水、45个纽扣、剪刀和不织布。
2. 在第一个盘子上放1个纽扣，第二个盘子上放2个纽扣，第三个盘子上放3个纽扣，等等。
3. 用不织布剪出数字1到9。
4. 让学生们围坐成一圈。
5. 把盘子和用不织布剪出的数字放在圆圈的中央。
6. 告诉学生们，教师将要说出两个加数。
7. 让两个数字之和不大于9。
8. 让学生在得出答案时举手。
9. 选一个学生，让他走到圆圈中央，用盘子和数字做加法。

10. 在学生回答正确时对他给予表扬。
11. 表扬所有安静地坐着等待被叫到名字的学生。

■ 6.09　参与班级活动

活动主题： 参与活动
能力要求： 走动、听力
兴趣水平： 学前、小学、中学生

材料： 羊毛毯、有声玩具

1. 让希望参加活动的学生们脱掉鞋子。
2. 把有声玩具放在毯子上。
3. 在距离玩具1米的地方把学生用羊毛毯裹起来。
4. 拉起羊毛毯的末端，让学生从羊毛毯里滚向地板上玩具所在的方向。
5. 告诉学生继续滚动，直到他听到有声玩具的叫声。
6. 让每个学生都有机会滚动。
7. 让学生肩并肩躺在地板上。
8. 把玩具放在学生队尾的地板上。
9. 让每个学生轮流使另一个学生滚动起来，直到另一个学生滚到队尾并从玩具上滚过去。
10. 鼓励笑声和自发的语言交流。
11. 不强迫，但鼓励不感兴趣的学生参加活动。

■ 6.10　说出自己在执行任务、提出观点和从事活动中取得的成功

活动主题： 发表观点
能力要求： 听力、语言
兴趣水平： 学前、小学、中学生、青少年、成年人

材料： 纸、笔

1. 让学生们围坐成一圈。
2. 教师示范，最近自己成功地做了什么事。
3. 让学生们举手并说出他们成功地完成了哪些任务或活动。

4. 当学生分享完他的成功体验后，让大家报以掌声。

■6.11　参与会话

活动主题：打电话

能力要求：听力、语言、动手能力

兴趣水平：学前、小学

材料：玩具电话

1. 准备2个玩具电话。
2. 选择2位学生。
3. 确定这两个学生扮演什么角色，如：杂货商和买主。
4. 把一个电话交给其中一位学生，告诉他假装在杂货店工作。
5. 把另一个电话交给另一位学生，告诉他假装是买主。
6. 告诉买主给杂货商打电话，订购食物、讨论价钱和交货地点等等。
7. 必要时提供帮助。
8. 告诉学生们转换角色并继续练习。
9. 增加会话内容，奖励学生参与会话。
10. 逐渐让学生扮演不同的角色，减少所提供的会话信息，让学生自己设计会话。
11. 奖励学生增加会话内容。

6.12　在新情境中用语言表达观点或执行任务，这个新情境与之前的成功情境相似

活动主题：表达观点

能力要求：视力、听力、语言、动手能力

兴趣水平：学前、小学、中学生

材料：纸杯、土、花籽

1. 告诉学生们，教师将要开辟花园和做实验。
2. 为所有的学生提供花籽。
3. 用一些小纸杯和少量的土向学生展示怎样种花。
4. 拿走半数杯子，把它们放进一个盒子，盒子上标记着"不要浇水"。

5. 把半数杯子放进另一个盒子，盒子上标记着"浇水后晾干"。
6. 继续做实验，直到浇过水的花籽长出秧苗。
7. 比较两个盒子里的结果。
8. 讨论为什么有些生长、有些不生长。鼓励学生们告诉教师，他们将会用哪些不同的方式来种花。

■6.13　在某个材料被呈现给集体时，回答关于这个材料的问题

活动主题：我是什么

能力要求：听力、语言

兴趣水平：小学、中学生

材料：举手牌

1. 告诉学生们：他们将要玩"我是什么"的游戏。
2. 告诉学生们：教师将要描述一个物体或一个人，如果他们知道这个物体是什么或者这个人是谁，就举起举手牌。
3. 描述一个物体或一个人。
4. 询问"这个东西是什么？"
5. 让举手的学生回答问题。
6. 告诉这个学生：如果他回答正确，接下来就可以让他来描述。
7. 如果第一个学生回答错误，选择另一个学生，让第一个学生稍后再试。
8. 继续下去，直到所有的学生都有机会参与游戏。

■6.14　预览被呈现给集体的材料并回答相关问题

活动主题：回答问题

能力要求：听力、语言

兴趣水平：小学、中学生、青少年、成年人

材料：产品道具

1. 准备短的广告或小品。
2. 收集几个容器让学生们用作道具。
3. 让学生自己发挥，或者给出大意，然后让他们即兴表演。

4. 教师根据需要确定练习的时间长度。
5. 让另一组学生练习做广告。
6. 在当天下午或第二天询问"观众"所看到的产品类型或小品类型。
7. 表扬回答正确的学生。

■6.15　在刚刚独立读完材料后回答问题

活动主题：回答问题
能力要求： 走动、视力、语言
兴趣水平： 小学、中学生、青少年
材料： 纸板箱、胶水、食物标签、铅笔、字典、奖品、纸

1. 确定学生们想要通过成功完成练习来赢取哪些奖品。
2. 为每个学生准备一个25cm×25cm×12.5cm的长方体盒子。
3. 让学生们从家里带来各种罐头盒上的和包装盒上的食品标签。
4. 让学生们把这些标签拼贴在纸盒子上，确保标签信息不被遮住。
5. 让每个学生写出10个问题，这些问题可以通过阅读纸盒上的拼贴画来回答。
6. 复制这些问题并且把他们和拼贴画贴在一起。
7. 允许每个学生走到另一个学生的拼贴画跟前，阅读标签上的信息并回答问题。

■6.16　预习独立阅读材料并回答问题

活动主题：阅读回答问题
能力要求： 视力、动手能力
兴趣水平： 中学生、青少年、成年人
材料： 铅笔、纸、奖品、报纸

1. 了解大多数学生的家里或者在学校图书馆里能看到的报纸名称。
2. 准备一次由10个问题组成的测验，内容涉及每天的新闻事件。
3. 为所有感兴趣的学生复制测验内容。
4. 确保这次测验反映了当天晨报中所报道的新闻事件。
5. 批改这次测验的答案并归还给学生。

■6.17　在对成功没有把握的新情况下，用语言表述观点或执行任务

　　活动主题：表达观点

　　能力要求：视力、动手能力

　　兴趣水平：中学生、青少年

　　材料：可以拆开的任何东西

1. 邀请学生父母把他们打算扔掉的破钟表、小器具或小装置捐献出来。
2. 建立"拆卸中心"。
3. 准备各种零件的词语卡，这样一来，这些卡片就可以当作拼写卡。
4. 让学生在每天的活动时间标出自己的进展和收获，在实验结束后写出自己的体验故事。
5. 让学生在报告的结尾写出物件坏掉的原因。
6. 表扬学生做事全面彻底、坚持完成计划。

■6.18　回答资料中缺乏明显线索的问题

　　活动主题：回答问题

　　能力要求：视力、听力、语言

　　兴趣水平：小学、中学生

　　材料：电视指南、电视机

1. 让学生们观看他们最喜爱的电视节目。
2. 教师也观看这个电视节目。
3. 第二天，询问学生们关于这个电视节目的问题，如："你认为主角在演出前做了什么事情、演出后做了什么事情"和"你认为他怎样处理他的业余时间？"
4. 鼓励合理的回应。
5. 表扬好的想法。

■6.19　带领全班进行简单的班级例行活动

　　活动主题：充当领导

　　能力要求：视力

兴趣水平：小学、中学生、青少年

材料：准备好的胶带和作业纸、计时器

1. 设计几个在一天中可以开展的5分钟活动，如：根据数字在着色纸上进行点对点连线；在书写纸上写一些简短的文字；解出适合所有学生的5道数学题。
2. 选一个学生充当领导。
3. 告诉"领导"：他的工作是让大家坐在座位上，安静地为任务做好准备。
4. 让"领导"分发试卷或其他所需的材料。
5. 把计时器设定为5分钟。
6. 让"领导"告诉全班学生"预备、开始。"
7. 让"领导"在计时器响的时候收试卷、检查并确保每份试卷都写完了。
8. 口头表扬这个学生是个好"领导"，让他选一个学生来代替他。
9. 经常更换"领导"，确保每个学生都有机会。

■6.20　用语言表述成功和失败

活动主题：讨论

能力要求：视力、听力、语言、动手能力

兴趣水平：中学生、青少年

材料：价格单、作业纸、笔

1. 讨论价格单的格式。
2. 让每个学生都列出他自己的所有技能，包括从加减法到做积木搭建再到画小汽车等。
3. 鼓励学生们为他们的技能做广告并设计徽标。
4. 汇编或复印一些列表，以便让学生们可以从中寻求帮助或参考。
5. 确保所有的学生至少都有一个列表。
6. 用这些列表来讨论或介绍新的技术或才能。
7. 邀请一些学生讲述他们的特殊技能或者在练习或学习技能的过程中遇到的趣事。
8. 教师还可以挑选一些技能，把它们用于书写规划、制作成广告宣传单。

■ 6.21　用语言表述成功和失败，说出减少将来失败的方法

活动主题：讨论问题

能力要求：视力、语言、动手能力

兴趣水平：中学生、青少年

材料：纸、铅笔、帽子、马尼拉文件夹

1. 用常规纸为每个学生剪出1个边长为10cm的正方形。
2. 在每个正方形上写出一个数字，从1开始写。
3. 为每个学生准备一个塑料文件袋，为每个文件夹标上数字，从1开始写。
4. 把正方形打乱顺序并放进帽子里。
5. 每次让一个学生从帽子里抽取一个号码。
6. 告诉抽到号码的学生把号码折叠起来，不让其他学生看到。
7. 为每个学生分发A4的纸和铅笔。
8. 告诉每个学生把他所抽到的号码写在纸的右上角上。
9. 告诉每个学生把他想要解决的个人问题写在纸上，然后把纸放进帽子。
10. 把这些纸打乱顺序，每次抽出一张。
11. 把问题大声读出来并讨论解决办法。
12. 把学生们提出的每一种解决办法都写在这张纸上，然后把这张纸放进编号相同的文件夹里。
13. 继续下去，直到所有的问题都得到讨论。
14. 把所有的文件夹放在一起，在活动结束的时候让所有的学生过来取走他自己的文件夹。

■ 6.22　带领全班学生开展班级讨论

活动主题：参与讨论

能力要求：视力、听力、语言

兴趣水平：学前、小学、中学生、青少年

材料：标签纸、水彩笔、剪刀

1. 制作一个图表，上面标出一周7天的时间，并贴上一个可以放置名字的口袋。
2. 制作小卡片，上面分别写出每个学生的名字。

3. 把姓名卡放在图表上每一天的下面。
4. 每周都轮换这些卡片。
5. 如果有个学生的卡片和本周中的这一天巧合，就允许这个学生充当"老师"。
6. 让"老师"带领学生开展上午的讨论。
7. 表扬每个学生的良好表现。

■6.23 外表干净整洁

活动主题：保持外貌
能力要求：视力、动手能力
兴趣水平：小学、中学生、青少年
材料：杂志、厚纸、剪刀、胶水

1. 让所有感兴趣的学生都集中到教室的讲台区域。
2. 把最近两年内的时尚和美容杂志摆放在桌子或柜台上。
3. 让学生们浏览杂志，然后选出一两个吸引他们的人物图片。
4. 让每个学生把所选的图片剪下来，裱糊在厚纸上。
5. 让每个学生写出或说出他为什么要做出这样的选择、这个人物的外貌有什么吸引人的地方。
6. 继续下去，让每个学生列出他自己的外貌中有那些需要和不需要改进的地方。
7. 和每个学生一起查看这些列表中包含哪些合理的自我评估。

■6.24 作业整洁

活动主题：作业整洁
能力要求：视力
兴趣水平：小学、中学生
材料：公告栏、奖品

1. 制作作业公告栏，标题为"艺术家作品欣赏"。
2. 确定令学生满意的奖品。
3. 告诉学生们：当他们的作业成为"艺术品"时，教师将会把他们的作业放在"艺术家作品欣赏"栏。

4. 解释教师期待他们的作业达到怎样的标准。
5. 告诉学生们：每当他们的一份作业被展示出来，他们就会收到"作者稿酬"。
6. 当学生们的作业被展出时，把预先准备的奖品发给他们。
7. 让每个学生每周至少有一份作业出现在"艺术家作品欣赏"栏。

■6.25 表现出艺术、音乐和写作方面的创造性

活动主题： 创作

能力要求： 视力、动手能力

兴趣水平： 小学、中学生、青少年

材料： 作业纸、纸、铅笔

1. 在每张纸的中央画一个简单的形状，如：圆形、正方形或矩形。
2. 把每张纸复印几份。
3. 发给每个学生10张或10张以上的纸。
4. 让学生画一些包含这些形状的物体图片，如：用圆形画自行车或月亮。
5. 告诉学生们不要把图片画得特别精细，而是要想出尽可能多的包含圆形的不同物体。
6. 收集所有的图片，分享并评论和表扬每张图片。

第七章 诚 实

行为标识

能够在征得同意后使用物品

能够接受批评与责备

能够诚实地说出某件事

■7.01　只有在某件物品被公开展出的时候才拿起它

活动主题：被允许

能力要求：走动、视力、动手能力

兴趣水平：学前、小学、中学生

材料：2个大箱子、各种玩具和游戏所用的材料、1个挂锁、奖品

1. 在教室里的游戏区展示两个箱子，其中一个打开着，里面装满了玩具和游戏所用的材料；另一个被锁着。
2. 允许学生玩一玩打开的箱子里的任何物品，以此来强化游戏活动。
3. 提醒学生不要碰触锁着的箱子。
4. 在玩耍过程中，把一个箱子里的东西转到另一个箱子里，并且让学生看到。
5. 逐渐增加关着的箱子里的物品，直到打开的箱子里的物品少于原来的50%。
6. 当学生没有表现出开锁的企图时，拿掉这把锁。
7. 继续用打开的箱子里的物品强化正确的游戏动作。

■7.02　在拿了别人的东西后，征求物主的许可

活动主题：被允许

能力要求：视力、听力、语言

兴趣水平：学前、小学、中学生、青少年

材料：各种玩具和游戏所用的材料、计时器、指导老师的胸牌或照片

1. 在教室里展示学生以前没有玩过的玩具和游戏材料。
2. 在每个玩具或游戏材料上标出教师的名字或照片。
3. 宣布这些新物件是属于教师的。
4. 留出一些自由时间，允许学生在此期间选择玩具或游戏来玩。
5. 当学生开始玩游戏或玩具后，走到学生跟前。
6. 告诉学生：只有在征得了许可之后，他才能够继续玩那个游戏或玩具。
7. 如果学生没有征求许可，在剩下的自由时间里把游戏材料或玩具拿走。
8. 如果学生征求许可，表扬他并允许他继续玩耍，直到自由时间结束。
9. 在自由时间结束时，指导学生把游戏所用材料和玩具放回原处。
10. 重复上述步骤，直到学生无须提示就征求许可。

第七章 诚 实

■7.03　在拿别人的东西时，征求物主的许可

活动主题：被允许
能力要求：走动、视力、听力、语言、动手能力
兴趣水平：学前、小学、中学生
材料： 各种玩具和游戏所用的材料、橱柜或盒子、指导者的姓名卡或照片、计时器

1. 把这项活动作为上一个目标的拓展活动。
2. 展示教师的课桌附近的橱柜或箱子里的游戏用具或玩具。
3. 在每个玩具或游戏用具上标出教师的名字或照片。
4. 宣布橱柜里的物件是属于教师的。
5. 留出一些自由时间，允许学生玩这些物件。
6. 在学生挑选游戏用具或玩具时告诉他：只有在征得了教师的许可之后，他才可以继续玩那个游戏或玩具。
7. 如果学生在离开橱柜区之前没有征得许可，把他正在玩耍的游戏用具或玩具拿走，在剩下的自由时间里让他坐在座位上。
8. 如果学生征求许可，表扬他并允许他从橱柜里拿游戏用具或玩具。
9. 在自由时间结束时，指导学生把物品放回原处。
10. 重复上述步骤，直到学生无需提示就在选择游戏或玩具时征求许可。

■7.04　在拿别人的东西之前，征求物主的许可

活动主题：被允许
能力要求：视力、语言、动手能力
兴趣水平：学前、小学
材料：粉笔、黑板

1. 在一周中设置一个"特殊日"，让学生在这一天把最喜爱的玩具或其他物品从家里带过来。
2. 举办展览并告诉学生时间，让每个学生都可以展示玩具并讲述和玩具相关的故事。
3. 让每个学生都有机会分享。

4. 告诉学生们：在展出结束后，他们将有15分钟的时间在教室里到处走动并向其他学生借自己感兴趣的玩具。
5. 告诉学生们：他们必须向玩具主人询问是否可以借这个玩具、可以借多久。
6. 观察哪些学生开口向别人借玩具，并把这些学生的名字记在黑板上。
7. 名字被写在黑板上的学生可以多用几分钟的时间来借玩具和玩其他玩具。
8. 告诉其他学生为什么这些学生获得了额外的自由时间。
9. 在接下来的一周里重复练习，看看是否有更多的学生赢得额外的时间。

■ 7.05　请求使用别人的物品，但不归还

活动主题：请求使用物品
能力要求：走动、视力、听力、语言、动手能力
兴趣水平：学前、小学、中学生、青少年
材料：各种玩具和游戏用具、橱柜或箱子、指导者的姓名卡或照片、计时器

1. 把这项活动作为上一个目标的拓展活动。
2. 展示教室里的橱柜或箱子里的游戏用具或玩具。
3. 在每个玩具或游戏用具上标出教师的名字或照片。
4. 宣布橱柜里的物品是属于教师的。
5. 留出一些自由时间，允许学生玩一玩这些物件。
6. 告诉学生：只有在触摸被展示的游戏用具或玩具之前征得教师的许可，他才可以从橱柜里选择物品。
7. 如果学生在征得许可之前就触摸了被展出的物品，在剩下的自由时间里让他回到座位上。
8. 如果学生在触摸游戏用具或玩具之前征求许可，表扬他并允许他从橱柜里拿出游戏用具或玩具来玩。
9. 在自由时间结束时，指导学生把物品放回原处。
10. 重复上述步骤，直到学生无须提示就在触摸橱柜里的任何物件之前始终征求许可。

第七章 诚 实

■ 7.06　请求使用别人的物品，并且在提示下归还

活动主题：请求使用物品
能力要求：听力、语言
兴趣水平：学前、小学
材料：玩具、洋娃娃、球等物件

1. 发给每个学生几样物品，如：玩具、球、洋娃娃等，同时把几样物品留给自己。
2. 询问学生，教师是否可以从他的几个物件中借一个。
3. 把这个物件保管一会儿，然后还给学生。
4. 让学生们一次一个地轮流借别人的物件。在活动结束之前，确保所有的物件都归还给了原主人。
5. 试着经常和学生们一起借东西和归还东西，以便让他们懂得借时征得许可、用后及时归还。
6. 建立"优质借用人俱乐部"，吸纳任何用正确方式借东西的学生、颁发徽章。

■ 7.07　请求使用别人的物品，并主动归还

活动主题：请求使用物品
能力要求：视力、听力、动手能力
兴趣水平：小学、中学生、青少年
材料：纸、铅笔、玩具、物品

1. 把一些物品摆放在桌子上，学生们可以"租用"这些物品。
2. 如果学生们愿意，让他们把玩具"贡献"出来作为租用品。
3. 确定学生按时归还租用品将会得到什么奖励，如：学生在租用下一个物品时可以多租一天。
4. 确定"延期归还处罚办法"，如：学生失去一天的租用权。
5. 准备作业纸。

租用合同

姓名：小明

日期：2019-10-21

租用物品：《三国演义》图书

到期日：2019-10-28

第二天归还的奖励：学生可以多租一天某个物品

逾期归还的处罚：失去一天的租用权

6. 复印几份"租用合同"，放在摆放租用品的桌子上。
7. 让学生选择他想要"租用"的物品。
8. 填写"租用合同"，让学生读一读合同或者你把合同读给他，然后让学生签字。
9. 让学生把物品带回家。
10. 当学生归还物品时，执行合同约定。
11. 教师还可以发给学生们游戏币、让他们交纳"押金"。这些"押金"将会全部或部分地返还给他们，这要取决于他们是否逾期归还物品。

■ 7.08 接受关于某一行为的合理责备

活动主题： 接受责备

能力要求： 听力、语言

兴趣水平： 学前、小学、中学生、青少年

材料： 奖品

1. 当学生破环财物、拿走他人物品、作弊或做了其他不正确的行为时，让学生当面对证。
2. 让学生为自己的行为承担责任。
3. 每当教师要求学生为自己的行为承担责任，而学生却没有做到时，加重责任后果。
4. 破环财物时，要求学生赔偿50%到100%。这取决于在谈话中学生何时承认自己的责任。
5. 如果学生对自己的行为负责任，表扬他勇于承担责任的行为。
6. 当学生没有做错什么，别人却要求他承担责备时，对他给予支持。
7. 如果学生拒绝为自己的错误行为承担责任，对他进行惩罚并加重行为后果。

7.09　在别人的一再要求下接受合理的批评

活动主题：接受批评

能力要求：听力、语言

兴趣水平：学前、小学、中学生、青少年、成年人

材料：演出服、奖品

1. 为角色扮演准备演出服。
2. 讨论说实话的重要性。
3. 进行角色扮演，在表演中某个人必须接受责备。
4. 强调说实话比表演更重要。
5. 再次解释说实话的重要性，然后才询问谁在现实生活中受过批评。
6. 奖励接受批评的行为。

7.10　主动接受合理的批评

活动主题：接受批评

能力要求：听力、语言

兴趣水平：学前、小学

材料："诚实的小贝"帽子

1. 准备"诚实的小贝"帽子。
2. 讨论诚实的重要性。
3. 讨论建立"诚实的小贝"俱乐部。
4. 把对于错误行为的惩罚降到最低限度，以此来奖励那些主动接受合理的批评的学生。
5. 让这个学生戴"诚实的小贝"帽子一个小时。
6. 当学生们习惯于主动承认错误后，用正常的方式处理错误行为，但继续奖励诚实的做法。

7.11　如实地复述所发生的事情，在25%以上的时间说实话

活动主题：如实复述

能力要求：听力

兴趣水平：小学、中学生、青少年

1. 把学生集中在一个可以听得到彼此说话的地方。
2. 讨论：说实话是诚实的表现。
3. 告诉学生们你将要读一些句子，他们来判断句子的对错。
4. 说："兔子是蓝色的。"
5. 问："这句话对吗？"
6. 让学生单独回答或集体回答。
7. 如果学生回答错误，讨论这个句子。
8. 如果某些句子是错误的，让这些句子可笑甚至古怪。

■7.12 如实地复述所发生的事情，在25%–50%的时间说实话

活动主题：如实复述

能力要求：视力、听力、语言

兴趣水平：学前、小学、中学生、青少年、成年人

材料：衣服、图表、奖品

1. 为角色扮演准备演出服。
2. 讨论：记住并准确汇报情况的重要性。
3. 对简单的情境进行角色扮演，包括任务、地点、事件。
4. 让学生们复述所发生的情况。
5. 让大家评估他的描述的准确性。
6. 奖励准确的描述。
7. 奖励对现实生活情境的准确报告。

■7.13 如实地复述所发生的事情，在50%–100%的时间说实话

活动主题：如实复述

能力要求：视力、听力、语言

兴趣水平：学前、小学、中级学生、青少年、成年人

材料：衣服、图表、奖品

1. 为角色扮演准备演出服。
2. 讨论：记住并准确汇报情况的重要性。
3. 对简单的情境进行角色扮演，包括任务、地点、事件。
4. 让学生们复述所发生的情况。
5. 让大家评估他的描述的准确性。
6. 奖励准确的描述。
7. 奖励对现实生活情境的准确报告。

第八章　社交语言

行为标识

能够了解/遵守/使用基本的社交用语
能够了解在交谈时的社交技巧
能够知道不同场合的说话音量
能够使用流畅的语言进行对话

第八章　社交语言

■ 8.01　和别人讲话时保持适当的社交距离

活动主题： 社交距离

能力要求： 动手能力

兴趣水平： 学前、小学、中学生

材料： 卷尺

1. 讨论和别人讲话时保持适当的社交距离的重要性。
2. 让学生走向彼此，伸出一只胳膊，直到碰到对方。
3. 讨论"一臂之距"是很好的社交距离。
4. 让学生试着在不用胳膊做指导的情况下，走向彼此并停在社交距离处。

■ 8.02　口头问候和道别

活动主题： 问候

能力要求： 走动、视力、听力、语言

兴趣水平： 小学、中学生

材料： 胶带

1. 用胶带标出起点线和终点线。
2. 让学生们站在起点线上，面向站在终点线上的教师。
3. 描述学生们在游戏中可能用到的问候和道别语，如："嘿，早上好"和"再见"。
4. 告诉学生们：如果他们想要到达终点线，他们必须倾听和遵守指令。
5. 叫出一个学生的名字，让他对教师的问候或道别做出回应，例如，教师说："我该走了"，学生必须回答"再见"，或者做出其他诸如此类的回答。
6. 根据学生回答的完整性和正确性，让他前进1步或单脚跳2步。
7. 让回答错误的学生后退。
8. 纠正不恰当的回答，说出正确的问候或道别语。
9. 指出第一个到达终点线的学生就是获胜者。

■ 8.03　要求得到自己心仪的物品

活动主题： 表达诉求

能力要求：动手能力

兴趣水平：学前、小学

材料：学生喜欢的物品

1. 教师展示学生喜欢的物品。
2. 一边展示一边描述，以吸引学生。
3. 把这些物品放在讲台上。
4. 直到学生通过语言或触摸明确表示喜欢某个物件，才把这个物件交给学生。
5. 对所有学生的这种表现进行正强化，让他们带着高兴的表情来要求得到自己心仪的物品。
6. 帮助学生得到他想要的东西。

■ 8.04　在提醒下说出"谢谢""不客气"或者"请"

活动主题：基本礼貌用语

能力要求：视力、听力、语言

兴趣水平：学前、小学、中学生

材料：索引卡、胶水、图片、剪刀

1. 准备带有不同种类食物的图片卡。
2. 让学生们面向你坐下来，以便让他们看见这些图片卡。
3. 解释活动规则：使用"请"和"谢谢"。
4. 向学生们展示各种食物的图片。
5. 告诉学生们：如果他们知道食物的名字就举手。
6. 选择一个举手的学生，让他说出食物名字。
7. 表扬正确的回答。
8. 询问这个学生是否喜欢这张图片。
9. 如果学生回答"是的"或"好的"，把这张图片送给他。
10. 如果学生在收到图片时没有说"谢谢"，把图片从学生那里拿走。
11. 提示那些忘记使用恰当词语的学生，但不要把图片给他们。
12. 指出获得最多图片的学生就是获胜者。
13. 把游戏反过来，收集图片。

14. 向学生要某张特定的图片，说"请"和"谢谢"。
15. 让学生回答："不客气"。

■ 8.05　在适当场合说出"谢谢""不客气"或者"请"

活动主题： 基本礼貌用语
能力要求： 视力、语言、手势语
兴趣水平： 学前、小学、中学生、青少年、成年人
材料： 菜单、椅子、桌子

1. 准备菜单卡，上面有食物和饮料的图片及文字。
2. 用桌子、椅子和其他道具设立饭馆的场景。
3. 告诉学生们：每当他们正确使用"请，谢谢"和"不客气"的时候，你都会奖励他们。
4. 分配顾客、服务员、女主人等角色。
5. 让学生们表演出关于在饭馆吃饭的各种情境。

■ 8.06　在适当场合说"谢谢"；在别人的要求下说"请"

活动主题： 基本礼貌用语
能力要求： 听力、语言、动手能力
兴趣水平： 学前、小学

1. 让学生们坐在桌子旁边。
2. 向每个学生发出有趣的指令，如：去和张小明握手。
3. 提示：他们必须在站起来之前说"请问我可以……吗？"
4. 让学生等着教师说"可以"或"不可以。"
5. 如果教师回答"可以"，让学生对教师说"谢谢"，并服从指令。
6. 如果学生没有说"请"或"谢谢"，让他仍然坐在座位上。

■ 8.07　为打断别人时请求原谅

活动主题： 学会打断别人
能力要求： 听力、语言、动手能力

兴趣水平：学前、小学

1. 向学生做出下列口头说明。
2. "如果你不等我说完，打断我们的谈话，我们就不再谈话了。"
3. "从现在开始，如果你在我讲话时试图打断我，我将会忽视你。除非你在打断我的时候说声对不起。"
4. "如果你连续试图打断我，却不说对不起，我将要把计时器设置为5分钟。"
5. "在这5分钟里，你需要静坐。"
6. "如果你安静地坐着，等到计时器响起来的时候，我就会和你说话。"
7. "如果你不能安静地坐着，我将延长计时器的设定时间。"
8. 如果学生在打断教师的时候说了"对不起"或者一直等到教师把话说完，对他给予表扬。
9. 在做出口头说明后始终坚持上述做法。

■8.08　在打断别人讲话时举手

活动主题：学会打断别人

能力要求：听力、语言

兴趣水平：学前、小学、中学生、青少年

材料：计时器

1. 告诉学生下列事项。
2. "从现在开始，如果你在我讲话时试图打断我，我将会忽视你。除非你举手。"
3. "如果你连续试图打断我，却不举手，我将要把计时器设置为5分钟。"
4. "在这5分钟里，你需要静坐。"
5. "如果你安静地坐着，等到计时器响起来的时候我就会和你说话。"
6. "如果你不能安静地坐着，我将延长计时器的设定时间。"
7. 如果学生一直等教师把话说完，或者在打断教师的时候举手，对他给予表扬。
8. 在做出口头说明后始终坚持上述做法。

第八章　社交语言

■ 8.09　在想打断别人讲话时，能等待或控制自己

活动主题： 学会打断别人

能力要求： 听力、语言

兴趣水平： 学前、小学、中学生、青少年

材料： 计时器

1. 使用本活动作为对上一个活动目标的延续。
2. 向学生做出下列口头说明。
3. "当你打断我的谈话时不要再举手示意。"
4. "从现在开始，如果你在我讲话时试图打断我，我将会忽视你。除非你犹豫或阻止自己打断我的话。"
5. "如果你连续试图打断我，却不说对不起，我将要把计时器设置为5分钟。"
6. "在这5分钟里，你需要静坐。"
7. "如果你安静地坐着，等到计时器响起来的时候我就会和你说话。"
8. "如果你不能安静地坐着，我将延长计时器的设定时间。"
9. 如果学生在打断教师的时候说了"请原谅"或者一直等到教师把话说完，对他给予表扬。
10. 在做出口头说明后始终坚持上述做法。

■ 8.10　在打断别人讲话时说"请原谅"

活动主题： 学会打断别人

能力要求： 听力、语言

兴趣水平： 学前、小学、中学生、青少年

材料： 计时器

1. 向学生做出下列口头说明。
2. "如果你在打断我们谈话时犹豫或停下来，我们就不再谈话了。"
3. "从现在开始，如果你在我讲话时试图打断我，我将会忽视你。除非你在打断我的时候说声请原谅。"
4. "如果你连续试图打断我，却不说请原谅，我将要把计时器设置为5分钟。"
5. "在这5分钟里，你需要静坐。"

6. "如果你安静地坐着，等到计时器响起来的时候我就会和你说话。"
7. "如果你不能安静地坐着，我将延长计时器的设定时间。"
8. 如果学生在打断教师的时候说了"请原谅"或者一直等到教师把话说完，对他给予表扬。
9. 在做出口头说明后始终坚持上述做法。

■8.11　在说话之前等着别人用语言或手势表示许可

活动主题：学会打断别人

能力要求：听力、语言

兴趣水平：学前、小学、中学生、青少年

材料：计时器

1. 向学生做出下列口头说明。
2. "即使你在打断我们谈话时说了对不起，我们也不再谈话了。"
3. "从现在开始，如果你在我讲话时试图打断我，我将会忽视你。"
4. "如果你连续试图打断我，我将要把计时器设置为5分钟。"
5. "在这5分钟里，你需要静坐。"
6. "如果你安静地坐着，等到计时器响起来的时候我就会和你说话。"
7. "如果你不能安静地坐着，我将延长计时器的设定时间。"
8. 如果学生在讲话之前等着教师用语言或手势表示许可，对他给予表扬。
9. 在做出口头说明后始终坚持上述做法。

■8.12　在别人讲话时保持安静

活动主题：保持安静

能力要求：听力、语言、动手能力

兴趣水平：学前、小学、中学生

材料：麦克风、食物或代币

1. 准备或制作一个小型麦克风。
2. 让学生们围坐成一圈。
3. 解释说：只有拿着麦克风的学生才可以讲话，其他学生必须安静地听并

4. 一次让一个学生对着麦克风讲述他最喜欢的广告或故事，让其他学生听讲。
5. 奖励表现良好的听众。

■8.13　用正确的头衔称呼别人

活动主题： 称呼别人
能力要求： 视力、听力、语言、动手能力
兴趣水平： 中学生、青少年
材料： 塑封纸、图片

1. 准备外卖小哥、老师、医生、快递员、警官、校长、老板、服务员图片。
2. 用塑封纸塑封这些图片，这样它们就不会被撕坏。
3. 讨论图片中每个人的工作和头衔。
4. 选一个学生充当小老师。
5. 让小老师介绍图片中的人，但不说出这个人的工作或头衔。
6. 告诉学生们：如果他们知道这个人的工作或头衔就举手。
7. 如果学生回答正确，把这张图片送给他。
8. 指出：回答问题正确率最高的学生就是获胜者。

■8.14　因为喜剧而大笑

活动主题： 理解喜剧
能力要求： 视力、听力、语言
兴趣水平： 小学、中学生
材料： 小品的视频

1. 查看可以在上课时间播放的电视小品。
2. 选择短小的小品（滑稽短视频）节目。
3. 告诉学生们，教师今天将要提供特别待遇。
4. 在课上时间让学生们观看并欣赏小品。
5. 在演出结束后讨论小品内容。
6. 询问学生小品有什么趣味。
7. 允许学生用表演的方式再现一些小品的内容。

8. 表扬学生的表演并为之鼓掌。

■8.15　因为幽默的评论而大笑

活动主题：理解喜剧
能力要求：视力、听力、语言、动手能力
兴趣水平：学前、小学、中学生
材料：胶水、剪刀、卡纸、连环画

1. 为每个学生准备连环画。
2. 让每个学生选择他认为最滑稽的连环画。
3. 让学生们剪出他们最喜欢的连环漫画并粘贴在卡纸上。
4. 让学生们选择伙伴。
5. 告诉学生们向他们的伙伴解释他们所选择的有趣的连环画。
6. 观察每个学生对于连环画的反应。
7. 表扬那些因为幽默的连环漫画而大笑的学生。
8. 询问那些没有笑的学生为什么这幅漫画不好笑，怎样才能让它变得好笑。

■8.16　接电话和进行简单的会话

活动主题：用电话会话
能力要求：听力、语言
兴趣水平：小学、中学生、青少年
材料：固定电话机、手机

1. 准备固定电话机。
2. 让学生们在电话铃响的时候接电话。
3. 讨论怎样接电话和有礼貌地打电话。
4. 拨打学生的电话并和学生交谈几分钟。
5. 允许这个学生拨打另一部电话并在电话中交谈。
6. 表扬适当的会话。

■ 8.17　在不同场合用适当的音量讲话

活动主题：谈话音量

能力要求：听力、动手能力

兴趣水平：学前、小学

材料：手机录音器

1. 录制响亮及柔和的声音效果。
2. 让学生们围成一圈听播放声音。
3. 把录音播放完毕并询问学生们听到了什么。
4. 让学生们听响亮及柔和的声音。
5. 重放录音。
6. 在间隔处停下。
7. 询问学生们在停止播放前的声音是响亮的还是柔和的。
8. 教师还可以在重放录音的时候让学生们听到响亮的声音就捂住耳朵，听到柔和的声音就把手指放在嘴唇上。
9. 让学生们轮流大声和柔声说话。
10. 表扬学生们的成功尝试。
11. 鼓励其他学生继续尝试，直到成功。

■ 8.18　在不同场合用适当的音高讲话

活动主题：谈话音量

能力要求：听力、语言、动手能力

兴趣水平：学前、小学

材料：布偶

1. 准备3个布偶。
2. 示范不同的布偶怎样用不同的音高说出同样的话。
3. 使用高音、低音和悄悄的声音。
4. 让每个学生都有机会用不同的音高说话。
5. 询问学生们在什么时候可能使用不同的音高。
6. 对学生的回答进行评论，提出教师能想到答案。

■ 8.19　在不同场合用适当的音调讲话

　　活动主题：谈话音量

　　能力要求：听力

　　兴趣水平：学前、小学

　　材料：手机音频

1. 录制一些问题。这些问题涉及不同的话题、要求给出不同的答案。如："你今天感觉怎么样？你最不喜欢什么食物？"和"当你生病的时候说什么？"
2. 在每两个问题之间暂停一下，让学生有机会做出回答。
3. 如果学生回答得恰当，对他给予表扬。
4. 如果学生的回答令人不满意，询问他是否真得那样讲话。
5. 示范恰当的回答。

■ 8.20　说话时在词和词之间不停顿——语言流畅

　　活动主题：语言流畅

　　能力要求：听力

　　兴趣水平：学前、小学

　　材料：音乐音频、歌词

1. 选择学生喜欢的、简单的歌曲录音。
2. 为学生播放所选的歌曲。如果学生们不知道这首歌，教学生死记硬背歌词。
3. 让学生们跟着录音唱。
4. 继续多唱几遍这首歌，每次播放录音时都降低音量。
5. 准备节拍器。
6. 根据歌曲的节拍设置节拍器。
7. 让学生们随着节拍器的节奏说出歌词。
8. 用韵律儿歌和散文重复上述操作。

■ 8.21　说话时吐字清晰而不是含糊不清

　　活动主题：语言流畅

能力要求：视力、听力、语言
兴趣水平：学前、小学
材料：椅子、星星

1. 在一天中的某些时段或者一周中的不同日子里，让教师们、学生们、阿姨们或校医到班级访问。
2. 告诉学生们访问者就要来到班上。
3. 示范怎样有礼貌地、吐字清晰地进行自我介绍，以便让来访者了解你。
4. 告诉学生们向来访者介绍他们自己。如果来访者不必要求他们重复自我介绍，他们就会赢得奖品。
5. 当来访者走进来的时候，选一个学生说出他自己的姓名，关于他自己的一点信息，全班学生在做什么。
6. 作为奖励，让每个学生访问她所选择的另一个班级。

■ 8.22　在公共场合用适当的方式要求得到食物或其它物品

活动主题：表达需求
能力要求：走动、视力、听力、语言、动手能力
兴趣水平：中学生、青少年、成年人
材料：饭店的旧菜单、订菜便签簿

1. 让学生们围坐在桌子旁边。
2. 选一个学生充当服务员，把订菜便签簿交给他。
3. 告诉其他学生他们将要到外面吃饭。
4. 分发从饭店收集到的带有图片的旧菜单。
5. 示范点菜。
6. 让学生们浏览菜单、找到他们喜欢吃的食物。
7. 让服务员到桌子前边拿订单。
8. 提醒学生们：只有当他们有礼貌地就座和讲话时，他们的订单才能被接受。

■ 8.23　参与班级讨论

活动主题：话题讨论

能力要求：走动、视力、听力、语言、动手能力

兴趣水平：中学生、青少年、成年人

材料：索引卡、帽子

1. 在一些13cm×5cm的索引卡上写出班级讨论的主题。
2. 把索引卡放进帽子里。
3. 让一个学生从帽子里选择卡片。
4. 读一读卡片上的文字。
5. 告诉学生们：当他们对这个讨论主题有想法时就举手。
6. 奖励参与。

■8.24　提出适合社交场合、地点和角色的会话主题

活动主题：话题讨论

能力要求：走动、视力、听力、语言、动手能力

兴趣水平：中学生、青少年、成年人

材料：笔、纸

1. 准备由一个汉字组成的会话主题，这个主题要适合社交场合、地点和角色。
2. 告诉学生们他们要围绕这个主题说出一些包含事件、时间、地点、人物和原因的句子。
3. 让学生们每两人分为一组。
4. 分给每组学生一个主题，指定哪个学生先发起会话。
5. 按下列顺序酌情提示会话小组：事件、时间、地点、人物和原因。
6. 加大难度：要求学生们把因果关系应用到主题会话中。

■8.25　停顿一下，允许别人说话

活动主题：话题讨论

能力要求：走动、视力、听力、语言、动手能力

兴趣水平：中学生、青少年、成年人

材料：红色指示牌

1. 准备或制作红色指示牌。
2. 告诉学生们：当你指着他们中的一个人并挥动红色指示牌的时候，这个人就要暂停讲话，让另一个人说话。
3. 鼓励学生们踊跃发言。
4. 必要时提示他们暂停。
5. 逐步取消红色指示牌，改用掌心向外的举手动作。
6. 鼓励学生们在打断别人的时候说"请原谅"。

8.26 分组模仿别人的语言和语调

活动主题：语言模仿
能力要求：走动、视力、听力、语言
兴趣水平：中学生、青少年、成年人
材料：人物列表

1. 准备一个人物列表，上面列出播音员、老师或小孩子的各种语调。
2. 让学生们分组坐在一起。
3. 告诉学生们：教师将用列表中某个人物的口吻说一句话。
4. 选一个学生模仿教师所说的话。
5. 要求其他学生用他们所听到的语言和语调说话。
6. 教师还可以让学生们充当特定的角色，以这些角色的口吻来说话。
7. 让学生们重复练习。

8.27 发表主题演讲

活动主题：演讲
能力要求：走动、视力、听力、语言
兴趣水平：中学生、青少年、成年人
材料：笔、纸、盒子

1. 选择各种演讲主题。
2. 把主题和结论写在纸条上。
3. 把纸条放在盒子里。

4. 告诉学生们他们将要从盒子里抽取纸条。
5. 让每个学生读一读他所抽到的纸条，必要时提供帮助。
6. 提示：学生们将要就各自的主题准备简短的演讲，在演讲结束时必须得出纸条上所写的结论。
7. 逐步取消结论，只给出主题。

■ 8.28　做介绍

活动主题：介绍
能力要求：听力、语言、动手能力
兴趣水平：学前、小学、中学生
材料：道具（帽子、钱包、领带等）

1. 讨论如何做介绍。
2. 讨论把名字说清楚。
3. 讨论说一些关于被介绍人的事情。
4. 讨论当遇到某人的时候说："嘿"或"你好"。
5. 选择学生用适当的人物道具进行简单的情境表演：把朋友介绍给爸爸、把新来的女同学介绍给老师、把同学介绍给奶奶、把老师介绍给妈妈等。
6. 鼓励学生们在角色扮演中做介绍，允许他们选择其他的的参与者。
7. 让学生们设想各种情境并进行情境表演。
8. 为需要帮助的学生提供正确的示范。
9. 在家长开放日或者有志愿者来班级访问的时候为学生提供机会进行介绍。

■ 8.29　根据电话内容为别人带口信

活动主题：捎口信
能力要求：视力、听力、动手能力
兴趣水平：小学、中学生、青少年
材料：手机音频、戴在头上的耳机、作业纸、纸、笔

1. 准备作业纸，以便让学生们在上面记录电话信息。
2. 信息内容包括：日期、时间、电话接收者、打电话者、地点（如果有）和

电话号码（如果需要回电）。
3. 记录4条不同的信息，如：你好，我是王晓明。我打电话给张晓磊。请你告诉他我想借他的球好吗？我的电话号码是180-××××-××××。谢谢。
4. 把作业纸发给学生，让他坐下来记录。
5. 告诉学生听录音、写信息，然后把作业纸交给你。

■ 8.30　打电话订购物品

活动主题：打电话

能力要求： 听力、语言、动手能力

兴趣水平： 小学、中学生

材料： 2部手机、披萨（可选）

1. 准备披萨。
2. 讨论正确使用手机来订购物品。
3. 带领学生讨论角色扮演。
4. 选一个自告奋勇的学生充当"卖披萨的王"。
5. 让学生打电话给"小王"来订购外卖的披萨。
6. 把订购中涉及的重要信息用文字或图片的形式列出来。
7. 让"小王"选择最佳表演并说出原因。
8. 允许获胜者把披萨切开并分给其他的参与者。

■ 8.31　用同龄人所用的普通词汇参与班级讨论

活动主题：参与讨论

能力要求： 听力、语言

兴趣水平： 青少年

材料： 音乐、手机音频

1. 让学生们把最喜欢的歌曲带到班上。
2. 把这些歌曲记录下来并注明歌曲顺序。
3. 让学生们在纸上明确表达观点或者像音乐节目主持人那样做独白。
4. 利用下午的时间听收音机，帮助学生们像音乐节目主持人那样谈话。

5. 让每个学生轮流充当音乐节目主持人：播放歌曲并发表独白。
6. 把最终的活动产品录在手机上，再次播放给全班学生。
7. 奖励学生们到学校的广播站去访问。

■8.32　讲故事

活动主题：讲故事

能力要求：语言

兴趣水平：小学、中学生、青少年

材料：笑话书、手机音频

1. 把全班学生带到图书馆、选择笑话书和谜语书。
2. 每天留出5分钟，让每个学生都有机会讲笑话或谜语。
3. 让学生们选择他们最喜欢的笑话。
4. 计划一个小品例行活动，排练1至2分钟后把它录下来。
5. 允许每个学生讲述他最喜欢的笑话。
6. 教师也可以为这场表演起一个题目。
7. 允许学生经常表演带有新笑话和谜语的新小品。

■8.33　做口头汇报和演讲

活动主题：演讲

能力要求：视力、听力、语言

兴趣水平：中学生、青少年

材料：盛放各种家用产品的空箱子

1. 准备盛放各种家用产品的纸箱子。
2. 选择3个学生充当裁判。
3. 让其他学生们轮流选择产品并假装在电视广告进行销售。
4. 为学生们示范一些强行推销的惯常做法：让人们相信生活中离不开这些产品。
5. 让裁判们选择最具说服力的推销员。
6. 把"最棒推销员"的勋章奖给获胜者。

■ 8.34 用语言表述一个概念

活动主题：最棒销售

能力要求：视力、听力、语言

兴趣水平：中学生、青少年

材料：盛放各种家用产品的空箱子

1. 准备盛放各种家用产品的纸箱子。
2. 选择3个学生充当裁判。
3. 让其他学生们轮流选择产品并假装在电视商业广告上销售。
4. 为学生们示范一些强行推销的惯常做法：让人们相信生活中离不开这些产品。
5. 让裁判们选择最具说服力的推销员。
6. 把"最棒推销员"的绶带奖给获胜者。

第九章　就餐礼仪

行为标识

能够做餐前准备

能够了解／按照用餐礼仪用餐

能够收整用餐后的环境

能够选择食物，按需进餐

第九章　就餐礼仪

■9.01　找回午餐盒

活动主题：我的餐盒
能力要求： 走动、视力、听力、动手能力
兴趣水平： 学前、小学
材料： 公告栏材料、动物贴画

1. 为每个学生安排一小块空间放置他的个人物品。
2. 为每个学生制作姓名卡。
3. 用姓名卡和动物贴画作为每个空间的标识。
4. 做一个丛林公告栏，把学生姓名卡和相关的动物贴画放进去。
5. 根据每个学生姓名卡上的动物贴画，发给他一个相同的贴画，并让他把这个贴画戴在衬衫上。
6. 把相同的贴画贴在每个学生的午餐盒上。
7. 在午餐时间之前开展配对游戏。
8. 让每个学生把衬衫上的贴画和公告栏上的贴画配对。
9. 让每个学生把衬衫上的贴画同午餐盒上的贴画配对，从而找到自己的午餐。
10. 如果有些学生拿了别人的午餐盒，重新引导他们找到自己的午餐。

■9.02　摆放桌子或准备餐具

活动主题：餐前准备
能力要求： 视力、听力、动手能力
兴趣水平： 小学、中学生、青少年
材料： 作业纸、纸、剪刀、胶水、图画纸、干净的塑封相纸、蜡笔

1. 准备一张画着盘子和杯子的作业纸。
2. 在另一张作业纸上画出和盘子比例相当的刀、叉、汤匙和餐巾。
3. 为每个学生复印一份作业。
4. 把剪刀发给每个学生，告诉他们把每个图片都剪下来。
5. 分发A4的图画纸和胶水。
6. 讨论每个物品的适当位置。
7. 告诉学生们把这些物品贴在纸上的适当位置。

—149—

8. 检查准确性。
9. 让学生们为餐具垫涂色,并且用干净的塑封纸把每个餐具垫盖起来。
10. 每天都使用餐具垫和粘贴的餐具图片作为摆放餐具的向导。

■ 9.03　在吃饭时间坐在桌子旁

活动准备: 用餐姿势

能力要求: 视力、听力、动手能力

兴趣水平: 小学、中学生

材料: 图画纸、水彩笔、标签纸、尼龙搭扣

1. 在黑板上画出餐桌。
2. 用标签纸剪出一个坐在椅子上的人的形状。
3. 为每个学生剪出一个"人"(可以打印学生照片)。
4. 在人形纸片上写下每个学生的名字。
5. 把一个口袋固定在公告栏的下角。
6. 把人形纸片放进口袋。
7. 介绍黑板上的场景。
8. 讨论所有的"人"怎样坐在桌子旁。
9. 讨论大家吃饭的时候怎样坐在桌子旁。
10. 告诉学生们:那些在吃饭时间坐在桌子旁的人可以把他们的"人"放在黑板上的桌子旁。
11. 让那些在吃饭时始终坐在座位上的学生在饭后把他们的"人"放在黑板上的桌子旁。
12. 鼓励那些没能一直坐在座位上的学生,告诉他们:"你们明天会做得更好。"

■ 9.04　在桌子旁保持端正的坐姿

活动准备: 用餐姿势

能力要求: 视力、听力、动手能力

兴趣水平: 学前、小学

材料：座垫、固定绑带

1. 让学生坐在教师的两腿之间，以便从侧面提供有力的支持。如果有必要，同时用教师的双手和身体支撑学生的身体和头部。
2. 逐渐减少支持学生头部的手上力量，确定头部需要多大的支撑力度。
3. 如果学生暂时保持稳定的坐姿，逐渐伸开双腿，减少腿部支持。然后用双腿重新牢固地支撑学生，但是把双腿降到躯干的位置。
4. 缓慢地继续下去，直到学生无须侧面支持。只用一只手控制学生的头部，把另一只手像安全带一样放在学生身体较低的位置处，防止他向前倒下去。
5. 提供各种有吸引力的东西，鼓励积极的坐姿。
6. 如果学生在当前的状况下不能保持稳定的坐姿，重新把双腿放到较高的位置处。

■9.05 只处理自己的食物或饮料

活动主题：我的食物
能力要求：视力、听力
兴趣水平：学前、小学
材料：餐具垫

1. 安排连续性的任务，用下列方法教给学生们"我自己的午餐"的观念。
2. 不断强化观念，说："这是你自己的地方。这是你自己的食物。"
3. 让每个学生在自己的桌子和餐具垫上吃饭。
4. 安排每个学生坐在桌子的一端或一侧，让他们不会碰到彼此。
5. 让学生们坐得离彼此近一些，让助教老师站在不能处理自己的食物的学生之间。
6. 表扬那些处理自己的食物的学生。

■9.06 根据预期目的来使用器具或食物

活动主题：选择餐具
能力要求：走动、视力、听力、动手能力
兴趣水平：小学、中学生
材料：不织布、杂志、标签纸、毡布、食物图片

1. 用一条线段把不织布一分为二。
2. 用另一块不织布剪出手、汤匙和叉子的形状。
3. 准备食物图片或者从杂志上剪下这类图片。
4. 谈论我们用手拿着吃的食物和借助器具来吃的食物。
5. 为学生们示范：把用手拿着吃的食物图片放在"手"边，把借助器具来吃的食物图片放在"汤匙"和"叉子"那一边。
6. 让学生们轮流对食物图片分类。
7. 如果学生有困难，帮助他确定食物应该放在哪边。

■9.07 吃完后把盘子、碗和杯子留在桌子上

活动主题： 送餐具回家
能力要求： 动手能力
兴趣水平： 学前、小学
材料： 硬纸板"餐具垫"

1. 制作餐具垫：剪出两块半寸厚的30cm×45cm的硬纸板，在第二块硬纸板上剪出适合盘子、杯子或碗的一些孔，然后把硬纸板上下粘贴在一起。
2. 把做好的"餐具垫"放在桌子旁的学生前面。
3. 把学生的盘子放在"餐具垫"的适当位置上。
4. 让学生在用完玻璃杯和碗后把它们放回原来的位置。
5. 把这项任务发展成拼图游戏。

■9.08 把食物或餐具留在盘子上或碗里

活动主题： 把食物送回家
能力要求： 视力、听力、动手能力
兴趣水平： 学前、小学
材料： 碗、食物、器具

1. 活动开始时先讨论餐具和食物应该放在什么地方。
2. 向学生们展示一些图片。图片中有整洁的桌子，桌子上的食物和餐具都放在盘子和碗里。

3. 告诉学生们他们必须真正努力把食物和餐具一直留在碗里。
4. 在学生吃饭时站在他身后。
5. 指导学生把汤匙放进碗里。
6. 轻声而坚定地命令学生把食物一直放在碗里。必要时手把手指导学生这样做。
7. 用手势和语言随时表扬学生吃饭整洁。

■9.09　请求别人帮助清理溢出物

活动主题：打扫餐桌

能力要求：视力、听力、语言

兴趣水平：小学、中学生

材料：布、沙子或玉米淀粉、玻璃

1. 和一小组学生一起坐在餐桌旁。
2. 在桌子上放一小杯沙子或玉米淀粉来代表水。
3. 让一个学生表演自己意外把"水"溢到桌子上的情境。
4. 询问学生们"这杯水怎么啦？""我们应该怎么做？"
5. 告诉学生们：如果他们把牛奶溢到桌子上，他们就要请求别人帮助清理桌子。
6. 表扬那些在情况变得更糟之前快速截住溢出物的学生。

■9.10　嘴唇合拢、安静地咀嚼和吞咽

活动主题：安静用餐

能力要求：视力、听力

兴趣水平：学前、小学

材料：耐嚼的食物

1. 让学生坐在教师对面的椅子上。
2. 把学生的手拿到教师的嘴上，从而把学生的注意力吸引过来。
3. 玩游戏：让学生模仿教师的样子来移动他自己的嘴巴。
4. 和学生互换角色。
5. 教师把一小块耐嚼的食物放进嘴里，把嘴巴合拢并开始咀嚼。

6. 把一小块耐嚼的食物给学生，鼓励他模仿教师。
7. 用语言表述他的动作，说："你在闭着嘴嚼东西。做得好。"
8. 为没能闭着嘴嚼东西的学生示范正确的咀嚼方式，说："观察我闭着嘴嚼东西。"

■9.11 用整洁的方式吃掉大部分食物

活动主题：清洁用餐

能力要求： 视力、听力

兴趣水平： 小学、中学生

材料： 化妆镜

1. 在吃饭时间把一个化妆镜放在学生前边。
2. 让学生照镜子，注意看他的脸和嘴是干净的。
3. 给学生看一看干净的餐具垫。
4. 让学生咬一口食物。
5. 让学生在镜子中观察他自己吃东西，提醒他在用餐过程中时不时地用餐巾纸擦一擦脸和手。
6. 表扬学生使用餐巾纸。
7. 在活动结束时奖励所有吃饭整洁的学生去饭店。

■9.12 请人把餐桌上的食物或饮料递给自己

活动主题：获取饮食

能力要求： 视力、听力、语言、动手能力

兴趣水平： 学前、小学、中学生

材料： 香草薄饼、牛奶、盘子、大水罐、小纸杯、桌子、椅子

1. 准备学生们喜欢的食物，如：饼干和牛奶。
2. 选择4个学会了餐桌礼仪的学生来为其他学生示范正确的进餐行为。
3. 让5个学生坐在桌旁。
4. 把饼干盘、牛奶罐和杯子放在桌子上靠近教师的位置。
5. 告诉学生们：如果他们请求老师，对老师说："请把饼干递给我"和"请把牛奶递给我"，他们就可以享用饼干和牛奶。

第九章　就餐礼仪

6. 把零食递给提出请求的学生。
7. 忽视没有提出请求的学生。
8. 拒绝为那些试图自己抓取食物或饮料的学生提供服务。
9. 5分钟后把零食放回去，进行其他活动。
10. 每天重复练习，直到学生们学会请求别人传递食物。

■9.13　应邀传递食物或饮料

活动主题：**传递食物**

能力要求：走动、视力、听力、语言、动手能力

兴趣水平：小学、中学生

材料：托盘、零食

1. 选一个学生充当餐桌主人。
2. 让主人用香皂或洗手液洗手。
3. 复习主人的服务和清理责任。
4. 和主人一起安排有趣的零食托盘。
5. 让主人把餐巾纸递给学生们。
6. 指导主人传递放有零食的托盘。
7. 建议主人说一些恰当的话，如：你想吃个胡萝卜吗？
8. 努力让主人做所有的清理工作，让他传递篮子和清理桌子上的食物残屑。
9. 让学生们轮流在每天的零食时间承担主人的责任。
10. 用特别的帽子或奖章来奖励每一位主人。他可以在当天的其余时间里一直戴着它。

■9.14　清理溢出物

活动主题：**清洁餐桌**

能力要求：视力、动手能力

兴趣水平：学前、小学、中学生

材料：水彩画颜料、纸巾

1. 把鲜艳的水彩画颜料和潮湿的纸巾混在一起。

2. 把少量的油漆溅在学生前边的桌子上。
3. 让学生们用湿的餐巾纸擦掉油漆。
4. 如果学生有困难，通过口头指示或动作指导帮助学生清理。
5. 把这次的清理同用餐时间对于溢出物的清理联系起来。
6. 用沙子或玉米淀粉来代表溢出物，酌情帮助学生清理。

■9.15 用合理的速度吃东西

活动主题：合理用餐

能力要求：视力、听力、动手能力

兴趣水平：学前、小学、中学生、青少年

材料：可以把时间设置为60分钟的计时器、餐具、食物

1. 摆好桌子，让学生准备吃饭。
2. 向学生展示计时器的工作原理和计时器闹钟的响声。
3. 把计时器放在学生前面。
4. 告诉学生教师将要把计时器设定到指定的时间，在这段时间里他应该把东西吃完。
5. 如果有必要，提醒吃饭慢的学生加快速度。
6. 如果有必要，提醒吃饭快的学生放慢速度。
7. 奖励在适当时间吃完的学生，让他在第二天设定计时器的时间，或者让他在当天的另一项活动中设定时间。

■9.16 在吃饭时或饭后用餐巾纸擦手和嘴

活动主题：餐桌礼仪

能力要求：视力、动手能力

兴趣水平：小学

材料：纸、铅笔、星星、餐具垫、桌子

1. 为每个学生准备网格纸。
2. 把一张网格纸放在每个学生的餐具垫的一侧。
3. 告诉学生们哪种行为可以赢得星星。

4. 在午餐期间观察学生们。
5. 每当学生正确使用餐巾纸的时候就在学生的网格上放一颗星星。
6. 数一数每个学生从星期一到星期四赢得了多少颗星星。
7. 把星期五指定为"特别奖励日"。
8. 让获得最多星星的学生在星期五坐在主座上。
9. 用漂亮的餐具垫、花束或特别的餐巾纸装饰主座。
10. 每周都练习不同的餐桌礼仪。

■9.17 把餐巾纸放在大腿上

活动主题：餐桌礼仪

能力要求：动手能力

兴趣水平：学前、小学、中学生、青少年

材料：双面胶带、餐巾纸

1. 让学生坐在桌旁。
2. 把双面胶固定在学生的大腿上，然后把餐巾纸粘在大腿上。
3. 把学生的手放在粘着餐巾纸的大腿上。
4. 让学生在不用餐巾纸的时候让餐巾纸留在大腿上。
5. 表扬学生让餐巾纸留在大腿上。
6. 每次都把胶带减小，直到只需要很小的一块儿胶带把餐巾纸固定在大腿上。

■9.18 吃饭时用一只手拿好餐具

活动主题：餐桌礼仪

能力要求：动手能力

兴趣水平：学前、小学、中学生

材料：不织布、蜡笔、双面胶、标签纸

1. 用标签纸剪出一只大手印贴在图表上。
2. 把这只手印分成15份（根据班级人数）。
3. 用不织布剪出手的形状。
4. 用双面胶把不织布手形固定在学生的餐具上。

5. 让学生们在吃饭时，一只手拿餐具，另一只手放在不织布手形上。
6. 如果学生在吃饭时一直把一只手放餐具上，让他给标签纸大手印的某一部分涂色。
7. 在手印的各个部分都涂上颜色后，把图表送给学生。
8. 让学生把图表带回家给家长看。

■9.19 把胳膊肘放在桌子下方

活动主题：餐桌礼仪
能力要求：视力、听力、动手能力
兴趣水平：小学

材料：爽身粉、涂胶的星星贴画

1. 摆好桌子，让学生准备吃饭。
2. 把爽身粉撒在学生最有可能在吃饭时放胳膊肘的地方。
3. 解释说：这是一种特殊的侦查粉，它可以发现是否有人在吃饭时把胳膊肘放在桌子上。
4. 解释说：你将会在饭后检查，看看是否有人的胳膊肘上粘到了粉。
5. 如果有些学生的两个胳膊肘都干净，把星星贴在他们的每个胳膊肘上，以此表明他们没有被逮到。

■9.20 如果餐具掉在地上，找一个替代物

活动主题：用餐卫生
能力要求：走动、视力、听力、动手能力
兴趣水平：学前、小学、中学生

材料：带有多余餐具的托盘

1. 安排一个房间，让学生们可以有多余的干净汤匙可用。
2. 如果学生把一个汤匙掉在地上，让他再去拿一个干净的汤匙。
3. 提醒学生：当学生把餐具掉在地上，餐具就弄脏了。这个时候应该说："你需要换一个干净的。"
4. 在每次吃饭时都练习这样做。

5. 表扬那些找到干净餐具的学生。
6. 指导那些没有找到干净餐具的学生。

■ 9.21　咀嚼并吞咽食物之后再说话

活动主题：餐桌礼仪
能力要求：视力、听力、动手能力
兴趣水平：学前、小学、中学生
材料：手偶、少量精美的零食

1. 发给每个学生一个手偶。
2. 示范咬一口零食并咀嚼它，同时把手指放在嘴唇上。
3. 嘴唇保持合拢，直到嘴里没有了食物，然后让手偶说话。
4. 轮流为学生提供机会咀嚼、吞咽，然后让手偶说话。
5. 表扬学生和手偶能够在礼貌地咀嚼和轻轻地吞咽之后再讲话。

■ 9.22　用正常的顺序吃饭

活动主题：餐桌礼仪
能力要求：视力
兴趣水平：学前、小学
材料：食用色素、贴纸

1. 用食用色素在将要盛放甜点的每个盘子上画一张笑脸。
2. 把每个学生的食物放在准备好的纸盘子上。
3. 提醒学生吃米饭和菜的时候，不要先把菜或饭都吃光，不吃别人盘子里的饭菜。
4. 指导学生们按照适当的顺序吃饭。
5. 告诉学生们如果所有食物都吃完了，笑脸就会显现。
6. 始终坚持上述做法。

■ 9.23　品尝新食物

活动主题：挑战食物

能力要求：走动、视力、听力、动手能力

兴趣水平：学前、小学、中学生

材料：给学生父母的任务单、托盘、餐刀、汤匙、水果和蔬菜

1. 把任务单交给学生家长，让他们标出学生是否熟悉不同种类的水果和蔬菜。
2. 汇总和列出学生没有吃过的水果和蔬菜。
3. 分发盛有熟悉的和不熟悉的各种水果和蔬菜的托盘。
4. 让学生们轮流探索这些水果和蔬菜。
5. 谈论它们的颜色、质地和闻起来的味道。
6. 让学生们观察你切水果和蔬菜。
7. 把每一种水果和蔬菜都分给所有的学生尝一尝。
8. 经常提醒学生们每种水果和蔬菜的名字。
9. 开始时只让学生品尝少量新品种和大量熟悉的品种，然后在重复实验的过程中增加新品种。

■9.24 一直等到指定的时间才离开桌子

活动主题：餐桌礼仪

能力要求：视力、听力、动手能力

兴趣水平：学前、小学、中学生

材料：贴纸、牙签

1. 把贴纸贴在几根牙签上。
2. 告诉学生们教师将会在午餐时间用牙签示意他们离开。
3. 提示学生：当教师把牙签贴纸交给学生的时候，他们就要从餐桌上暂时告退。
4. 鼓励学生们理解"我可以离开一下吗"这句话的含义。
5. 逐步取消使用牙签贴纸，代之以"我可以离开一下吗"这句话。

■9.25 把垃圾扔进垃圾桶

活动主题：用餐卫生

能力要求：走动、视力、动手能力

兴趣水平：学前、小学

材料：垃圾桶、揉皱的纸、果皮

1. 把垃圾桶放在活动区域的中央。
2. 把揉皱的盒子、旧布、食物和玩具放在桌子上。
3. 讨论哪些东西还可以使用、哪些东西是可以扔掉的垃圾。
4. 让活动有趣一点，假装教师要扔掉有价值的东西。如果学生试图阻拦，表现出惊讶的表情。
5. 让学生把这些东西分类并把那些可以扔掉的东西放进垃圾桶。
6. 用手势提示并纠正学生的错误做法。

■9.26 把脏盘子拿到指定的地点

活动主题：整理餐具

能力要求：动手能力

兴趣水平：学前、小学

材料：脏盘子、水槽或柜台

1. 让学生端着一个空盘子，而教师把他的盛有餐具的盘子端向水槽（或餐具摆放区）。
2. 和学生一起走，稍稍在他前面一点，用教师端着盘子的那只胳膊碰一碰他的胳膊。
3. 如果学生的盘子倾斜了，把教师的手放在他的盘子下面轻轻地支撑一下。
4. 用这种方法指导他走向水槽。
5. 把其他盘子提前放在水槽里，让学生可以看到并摸到它们，然后把他的盘子放在它们旁边。
6. 表扬学生成功完成任务。
7. 让学生端其他东西，并逐渐增加这些东西的数量。

■9.27 清理盘子，处理剩下的食物

活动主题：整理餐具

能力要求：动手能力

兴趣水平：小学

材料：盛有剩余食物的盘子、汤匙、垃圾桶

1. 当学生拿着盛有剩饭的盘子时，教师把手放在他的手上。
2. 拿走所有的餐具。
3. 指导学生把盘子拿到厨余垃圾桶前。
4. 指向盘子上的剩饭。
5. 指导学生用一只手拿住盘子的边缘，用汤匙从靠近手边的位置一直刮到盘子的另一边。
6. 就这样在盘子上刮几次，直到把盘子上所有的剩饭都刮掉。
7. 让学生看一看刮干净的盘子。

■9.28　把盘子分类放置在适当的地方

活动主题：整理餐具

能力要求：视力、动手能力

兴趣水平：学前、小学、中学生

材料：杂志图片、盘子、汤碗、筷子、汤匙、纸板、盒子

1. 把分别画有杯子、盘子和器皿的图片粘贴在不同的纸板上。
2. 把这些图片放在柜台或桌子上，然后在每张图片下面放一个盒子。
3. 让学生们面向柜台或桌子坐下。
4. 把茶杯、汤碗、盘子和器皿放进大盒子里。
5. 让每个学生在看不到盒子里面的情况下挑选器皿。
6. 让每个学生把他所挑选的器皿放在适当的盒子里，让这个器皿和盒子上方的图片中的器皿相匹配。
7. 把匹配错误的器皿放回大盒子里。
8. 让学生把整个盒子里的器皿进行分类，同时为每个学生计时，从而促使学生加快分类速度。

■9.29　清理就餐区

活动主题：用餐卫生

能力要求：动手能力

兴趣水平：学前、小学

材料：塑料餐具垫、海绵

1. 让学生在吃饭时把塑料餐具垫放在桌子上。
2. 让学生在饭后看一看、摸一摸他的塑料餐具垫。
3. 把学生的手放在海绵上。
4. 教师把手放在学生的手上。
5. 用海绵遮住整个餐具垫，把食物残屑放在盘子上或扔进垃圾桶。
6. 让学生用手摸一摸餐具垫，确保它是干净的。

■9.30　清扫就餐区的地板

活动主题：清理用餐区

能力要求：走动、视力、动手能力

兴趣水平：小学、中学生

材料：刷子、小托盘、容器、小簸箕、玉米面

1. 发给学生一个托盘、一个装有玉米面的容器、一把小刷子、一个小簸箕。
2. 把玉米面倒在托盘上。
3. 向学生示范怎样用刷子把玉米面扫进簸箕里。
4. 用簸箕把玉米面倒回容器里。
5. 把容器递给学生，说："你来做。"帮助学生把玉米面倒在托盘上，把玉米面扫干净并倒回容器。
6. 把刷子和簸箕始终放在就餐区附近的同一个地方，让学生总能找得到。
7. 在饭后或必要时要求学生清扫地板。

■9.31　邀请好朋就餐

活动主题：用餐

能力要求：走动、视力、听力、动手能力

兴趣水平：小学、中学生

材料：烹饪设备或餐具

1. 让每个学生说出他在别的班级的朋友姓名。
2. 让每个学生邀请他的朋友吃午饭。
3. 制定餐桌计划，让每个桌子上有2个主人。
4. 和学生们一起回顾上菜的主人和清理餐桌的主人职责。
5. 和学生一起计划和准备午餐会。
6. 让每个学生去其他班级并带回他的学生客人。
7. 在主人的帮助下提供午餐和清理餐桌。
8. 通过组织午餐会增强特殊场合的观念。
9. 奖励学生的正确表现：为每个学生发放特别通行证，让他可以凭此证邀请另一个朋友参加下一次午餐会。

■9.32 根据情境选择适量的食物

活动主题：合理用餐

能力要求： 走动、视力、听力、语言

兴趣水平： 学前、小学、中学生、青少年

材料： 食物图片、纸盘、4张桌子

1. 把各种食物图片放在4张桌子上，每张桌子上各有一个食物组。图片上的食物包括肉、主菜、蔬菜、水果、米饭、鱼虾类、茶水和饮料。
2. 仿照自助餐厅的食物顺序来摆放这些图片。
3. 指出这4张桌子用于自助餐，为每张桌子指定一个检验员。
4. 示范吃自助餐的程序：从一张桌子走到另一张桌子前选择营养均衡的食物。
5. 分发纸盘子。
6. 提示学生：检验员将会帮助顾客选择他们的盘子中所缺少的食物。
7. 巡回监管4个检验员或者帮助有困难的学生做出选择。
8. 告诉学生们：当人人都选择了自己的食物并经过检查后，他们就可以把这些图片放回去并开始下一轮的练习。
9. 在这节课结束时奖励给参与者一些可吃的食物。

■9.33　根据一天中的时间和营养来选择食物

活动主题： 营养用餐
能力要求： 视力、动手能力
兴趣水平： 小学、中学生
材料： 杂志、剪刀、浆糊、水彩笔、图画纸

1. 讨论营养需求。
2. 准备可以被分割的各种杂志（或者打印食品图片）。
3. 让学生们从杂志上剪下各种食物图片，用这些图片搭配成他们自己的早餐、午餐、晚餐和零食。
4. 发给每个学生4个纸盘子。
5. 让学生们在桌子上聚集成几个小组，开一个"宴会"或"午餐会"，或者让每个学生在自己的课桌上"吃饭"。
6. 讨论各种"饭"。
7. 如果学生们看起来比较偏爱某些"饭"，让全班投票选出最佳的或最受喜爱的晚餐、午餐和早餐。
8. 教师还可以准备各种食物图片，让学生们分角色表演在饭店、自助餐厅或家里吃饭。

第十章　喂食与进食

行为标识

在被喂食时能够食用不同材质的食物

能够主动食用不同口感、不同大小的食物

能够使用不同的用餐工具进食

能够尝试为进餐而做服务准备

10.01 在汤匙的刺激下张开嘴

活动主题：进食准备

能力要求：不需要具备任何能力

兴趣水平：学前、小学

材料：汤匙、奶油般柔滑的安全食物（如：酸奶）

警告：对于包括喂食在内的所有行为，都要掌握海姆利克氏急救法，以防学生噎到或出现危机情况。此外，暂缓使用酸性水果、辛辣食物和蛋白，直到学生长大一点。向学生的妈妈或儿科医师了解学生的过敏史。

1. 让学生坐在喂食的桌子旁。
2. 把原味酸奶或学生喜欢的另一种奶制品放在盘子里。
3. 把用来喂酸奶的汤匙放在学生嘴边。
4. 如果他没有对汤匙做出反应，把少量酸奶放在他的嘴唇上。
5. 等着学生舔嘴唇，然后轻轻地把汤匙部分地放进他的嘴里。
6. 继续重复，直到学生总能够在汤匙的刺激下张嘴。

10.02 看到食物主动张开嘴

活动主题：进食准备

能力要求：不需要具备任何能力

兴趣水平：学前

材料：汤匙、食物

在专业治疗师的指导或帮助下使用或修改。

1. 准备学生喜欢的几样食物。
2. 让学生舒服地坐在椅子上。
3. 教师把胳膊放在学生的脑后，把手放在他的下巴下方。
4. 用汤匙把食物送到学生嘴前，说："张嘴"。
5. 立即用食物奖励学生。
6. 把勺子送进嘴里，在撤出勺子时轻轻地用勺子蹭一蹭上嘴唇和牙龈。
7. 如果学生不张嘴，捏住学生的脸颊，让他把嘴张开。
8. 当学生张嘴时，说"张开"并奖励他吃食物。

9. 在喂食过程中始终重复上述做法。

■ 10.03　在被喂食时用嘴吃掉汤匙上的半流质食物，虽有时候拒吃

活动主题：**喂食流质**

能力要求：不需要具备任何能力

兴趣水平：学前、小学

材料：半流质的安全食物、汤匙

警告：对于包括喂食在内的所有行为，都要掌握海姆利克氏急救法，以防学生噎到或出现危机情况。此外，暂缓使用酸性水果、辛辣食物和蛋白，直到学生长大一点。向学生的妈妈或儿科医师了解学生的过敏史。

1. 把软化的冰激淋或其他的半流质食物放在汤匙上。
2. 告诉学生到了吃饭的时间。
3. 让学生张嘴，把汤匙从一侧而不是从正前面送进嘴里，防止他咬到汤匙柄。
4. 从两侧交替喂食、发展嘴部肌肉。
5. 如果汤匙上有剩余食物，把食物放在舌头中部，用汤匙微微下压。
6. 告诉学生吞咽。
7. 如果学生没有按照要求做，温和地抚摸学生的脖子帮助他吞咽。

■ 10.04　在被喂食时用嘴唇抿掉汤匙上的半流质食物，虽有时候拒吃

活动主题：**喂食半流质**

能力要求：不需要具备任何能力

兴趣水平：学前、小学

材料：压舌板、半流质食物、镜子

1. 准备一些压舌板和半流质的食物。
2. 准备一面足够大的镜子，让教师和学生可以一起照镜子。
3. 确保学生休息好了并且饿了。
4. 对着镜子做鬼脸，让学生照着教师的样子做。
5. 教师用手指蹭一蹭自己的嘴唇。

6. 让学生用手指蹭一蹭他自己的嘴唇。如果他不会,教师帮他做这个动作。
7. 让舌头在牙齿上滚动,然后合上嘴。
8. 让学生模仿。
9. 把半固态的食物放在压舌板上,然后送进教师自己的嘴里。
10. 抽出压舌板,只用嘴唇抿掉食物而不用牙齿。
11. 让学生重复教师的动作。
12. 继续使用压舌板,直到学生达到熟练程度,然后用汤匙重复练习。

■10.05　允许别人把汤匙从嘴里拿出来

活动主题:从嘴里拿出汤匙
能力要求:视力、听力、动手能力
兴趣水平:学前、小学
材料:2个汤匙、冰激淋
在专业治疗师的指导或帮助下使用或修改。
1. 把一碗冰激淋和两个汤匙放在桌子上。
2. 让学生坐在桌子旁。
3. 坐在学生对面。
4. 把一匙冰激淋放进教师的嘴里。
5. 抓住学生的手,帮助他把汤匙从教师的嘴里拔出来。
6. 喂给学生一匙冰激淋。
7. 把汤匙从学生的嘴里拿出来。
8. 表扬学生让教师把汤匙从他的嘴里拿出来。

■10.06　在被喂食时用嘴吃掉汤匙上的半固态食物,有时候拒吃

活动主题:喂食半固态食物
能力要求:不需要具备任何能力
兴趣水平:学前
材料:汤匙、食物、椅子
在专业治疗师的指导或帮助下使用或修改。

1. 让学生舒服地坐在椅子上。一定要支撑他的头、背和脚。
2. 刺激学生的嘴唇：温柔而稳固地把他的手指放在他的唇上。
3. 用学生的手指温柔地按摩他的牙龈。
4. 如果学生有可能呕吐，把一个压舌板从学生的舌尖逐步送进口腔的最里面。在他呕吐之前停下来。
5. 把一小匙食物放在学生舌头中间的位置上。
6. 压一压或蹭一蹭学生的上唇，让他合上嘴。
7. 用汤匙的头压一压学生的舌头，然后把汤匙抬高并拿出来。
8. 逐步减少对学生嘴唇的压力，期待学生自己用嘴唇抿掉汤匙上的食物。

■ 10.07 在被喂食时用嘴唇抿掉汤匙上的半固态食物，虽有时候拒吃

活动主题：抿掉半固态食物

能力要求：不需要具备任何能力

兴趣水平：学前

材料：汤匙、食物、椅子

在专业治疗师的指导或帮助下使用或修改。

1. 让学生舒服地坐在椅子上。
2. 温柔而稳固地把学生的手指放在他的唇上。
3. 重复几次，以便刺激学生的嘴唇。
4. 让学生张嘴，必要时使用学生的手指帮忙。
5. 用学生的手指帮助他稳固而温柔地按摩他的牙龈。
6. 把一小匙食物放在学生舌头中间的位置上。
7. 用汤匙的头压一压学生的舌头，然后把汤匙直接拿出来。
8. 逐步减少对学生舌头的压力，允许学生自己用嘴唇抿掉汤匙上的食物，从而促使学生更积极地配合。

■ 10.08 从汤匙上吃半固态和半流质食物，不流出唾沫或口水

活动主题：吃半固态喝半流质食物

能力要求：听力

兴趣水平：学前、小学

材料：半固态食物、汤匙、玩具

在专业治疗师的指导或帮助下使用或修改。

1. 把少量的半固态食物放在汤匙上。
2. 把汤匙从侧面送进学生的嘴里，以免学生咬到汤匙柄。
3. 说："让你的嘴像这个样子"，并且用嘴唇遮住牙齿为学生示范。
4. 当学生试着模仿教师的时候，说"做得好"，然后把汤匙慢慢地抽出来。
5. 如果有食物粘在学生下巴上，按照从下巴到嘴巴的顺序向上擦，以便刺激学生把嘴唇合拢。
6. 用语言鼓励学生，并增加趣味性。把这项活动改成一个努力防止食物逃跑的游戏。

■ 10.09 用舌头移动嘴里的食物

活动主题：使用舌头

能力要求：听力

兴趣水平：学前、小学

材料：小点心

在专业治疗师的指导或帮助下使用或修改。

1. 让学生在午饭前的10分钟坐在椅子上。
2. 确保学生不会把手放进嘴里。
3. 把一块小点心放在学生的下牙和脸颊之间，尽可能放得靠后。
4. 口头鼓励学生用舌头移动嘴里的食物。
5. 重复练习5分钟。

■ 10.10 挤压和弄脏几块小点心

活动主题：拿点心

能力要求：动手能力

兴趣水平：学前、小学

材料：小点心、汤匙

1. 在开始吃饭时把小点心放在桌子上。
2. 让学生坐在桌子旁。
3. 强化学生伸手去拿小点心的动作。
4. 奖给学生一匙食物。
5. 如果学生自己不去拿小点心，把他的手放在小点心上。
6. 每天在吃饭时间继续练习5分钟，每日3次。
7. 当学生能够自己用手指拿着小点心吃的时候，逐步取消用一匙食物作为奖励的做法。

■ 10.11　吃成年人给的小点心

活动主题： 吃点心

能力要求： 不须要具备任何能力

兴趣水平： 学前

材料： 小点心

在专业治疗师的指导或帮助下使用或修改。

1. 把饼干分成小块儿。
2. 准备学生最喜欢的半杯果汁用作奖励。
3. 把学生放在一个舒服的位置：或者在教师的大腿上，或者在桌子旁边的椅子上。
4. 说："让我们尝一块儿饼干。"
5. 把少量饼干放在学生的下牙上而不是舌头上，否则学生可能会窒息。
6. 告诉学生咀嚼饼干。
7. 如果有必要，按摩学生的下巴。
8. 等着学生把饼干咽下去，然后奖励学生喝一口果汁。
9. 重复练习，直到第一天给了学生3小口饼干。
10. 随着学生能力和接受力的增强，喂给学生更多和更大的食物。

■ 10.12　拿住小点心

活动主题：拿住小点心

能力要求：视力、动手能力

兴趣水平：学前、小学

材料：玉米淀粉、水、碗

在专业治疗师的指导或帮助下使用或修改。

1. 用水和玉米淀粉制作液态物质。
2. 把它叫作"魔法药水"。
3. 让学生把"魔法药水"攥在手里。
4. 鼓励他手握起来、攥紧并插入"魔法药水"中。
5. 让"魔法药水"在他的手上晾干，创造一种绷紧的感觉。
6. 让学生尽可能地把"魔法药水"擦掉，然后洗掉手上其余的"魔法药水"。

■ 10.13 抓住成年人给的小点心并把它放进嘴里

活动主题：用手吃小点心

能力要求：听力、动手能力

兴趣水平：学前、小学

材料：果酱、小点心

1. 准备甜的黏性食物，如：学生喜欢的无核果酱或糖浆。
2. 拿起学生的惯用手，把少量果酱放在学生的几个手指上。
3. 引导学生把手从桌子上拿到嘴边。
4. 告诉学生他可以舔这些果酱或者把手指放进嘴里吮吸。
5. 反复用食物练习，告诉学生他可以把食物吃掉。
6. 如果学生做不到，把学生的手拿到他的嘴边。
7. 重复下去，直到学生掌握了这一技能。然后引入小块儿的小点心。
8. 把这些小点心放进学生的手里，告诉他，他可以把小点心吃掉。

■ 10.14 伸手去够小点心并把它放进嘴里

活动主题：用手吃点心

能力要求：视力、动手能力

兴趣水平：学前、小学

材料：小点心

1. 确保学生能够抓住小点心并吃掉别人给的小点心。
2. 把学生喜欢的一小块儿饼干放在教师的手上，掌心向上。
3. 教师把手放在学生的手旁。
4. 告诉学生他可以拿饼干。
5. 如果学生有困难，手把手帮学生抓起饼干。
6. 重复练习，但是教师把手移到离学生10到20cm的地方，让学生不得不伸手去够。
7. 重复练习并继续增大距离，直到学生能够轻松地够到食物。

■ 10.15 用手把小点心分开，掰下几块儿

活动主题：用手吃点心

能力要求：动手能力

兴趣水平：学前、小学

材料：果冻

1. 用2包食用胶来准备足够厚的果冻。
2. 把果冻倒在一个薄的平底托盘上。
3. 把果冻切成小长方形。
4. 把长方形的一部分分成2个正方形。
5. 把正方形果冻放在容易用手抓到的位置或者容易用镊子夹到的位置。
6. 让学生抓起一个长方形，掰下一个正方形并吃掉它。
7. 开始时为学生示范，然后酌情提供帮助。
8. 把果冻放进蛋糕包装盒、塑料盆或其他光滑的容器内，以此来增大任务难度。
9. 教师还可以改用不同种类的食物或风味食品。

■ 10.16 用嘴把小点心分开，咬掉几块儿

活动主题：用嘴分点心

能力要求：视力、动手能力

兴趣水平： 学前、小学

材料： 软饼干

1. 准备软的甜食，如：棉花糖或无花果。
2. 让学生和教师面对面坐在桌子旁。
3. 让学生看一看甜食。
4. 咬一口甜食。
5. 用夸张的动作来咬。
6. 把甜食给学生。
7. 让学生咬一口。
8. 如果学生拒绝或者不能独立拿起甜食，把甜食举到学生跟前。
9. 把甜食放进学生的嘴里，如果他能做到，让他自己做。
10. 告诉学生咬一口。
11. 只要他咬下一块儿，就让他吃掉一块儿。
12. 认真监管，确保学生咬下来的甜食块儿不太大。

■ 10.17　把小点心拿到嘴边，咬掉较小的块儿

活动主题： 用嘴分点心

能力要求： 动手能力

兴趣水平： 学前

材料： 毛毛虫软糖

1. 让学生坐在桌子旁边的椅子上。
2. 告诉学生，教师有好东西给他吃，但是他必须用牙齿咬着吃。
3. 把一块儿长的毛毛虫软糖放在他的手里。当他把毛毛虫软糖拿到嘴边的时候，教师用手遮住他的手。
4. 如果学生试图咬掉太大的一口毛毛虫软糖，控制他的手。确保他咬掉安全的一小口。
5. 让学生继续咬毛毛虫软糖。
6. 必要时帮助学生一口咬下去：轻轻地用另一只手的拇指托起他的下巴。
7. 引导学生把手放在桌子上并一直待在那里，直到他咀嚼并吞咽了毛毛虫软糖。

8. 重复练习，逐步减少对学生的控制。

■ 10.18　先咽下一口小点心，然后把更多的小点心放进嘴里

活动主题： 逐步吃点心

能力要求： 视力、听力、动手能力

兴趣水平： 学前、小学

材料： 手娃娃、饼干、剪刀

警告：掌握海姆利克氏急救法，以防学生噎到或出现危机情况。此外，暂缓使用酸性水果、辛辣食物和蛋白，直到学生长大一点。向学生的妈妈了解学生的过敏史。

1. 准备一个饼干形状的手偶娃娃和一些饼干。
2. 在手偶娃娃的喉咙上剪出一个洞，让它看起来像是在吞咽食物。
3. 让学生坐下来，然后拿着手偶娃娃坐在学生对面。
4. 把一块儿饼干放进手偶的嘴里。
5. 让手偶咀嚼饼干，然后让饼干从喉咙上的洞里掉出来。
6. 对学生说："饼干布偶咀嚼并吞咽了它的食物，然后才咬另一口食物。"
7. 让学生们模仿饼干手偶的动作。
8. 如果学生在咬另一口食物之前咽下了嘴里的食物，对他给予奖励。

■ 10.19　咬掉大小适当的一块儿小点心

活动主题： 逐步吃点心

能力要求： 视力、动手能力

兴趣水平： 学前、小学

材料： 面包片

1. 发给每个学生半片面包。
2. 告诉学生们：他们必须努力用不少于10口来吃完自己的面包，所以他们必须每次只咬很小的一口。
3. 一次观察一个学生，数一数他咬了几口来吃完手里的面包。
4. 让咬了不到10口的学生重复练习。
5. 帮助有困难的学生：拿住面包，手把手地把面包送到学生的嘴前。

第十章　喂食与进食

■ 10.20　在被喂食时，自己伸手去够汤匙

活动主题： 用工具吃饭
能力要求： 视力、听力、动手能力
兴趣水平： 学前、小学
材料： 食物、汤匙

在专业治疗师的指导或帮助下使用或修改。

1. 准备学生喜欢吃的一种食物。
2. 把食物和汤匙放在学生前面的桌子上。
3. 把汤匙装满食物并用汤匙碰触学生的嘴唇，直到学生张开嘴。
4. 把汤匙拿开，但和学生保持一臂之距。
5. 把学生的胳膊推向汤匙的方向，提示他去够，并且说："来拿。"
6. 如果学生没反应，帮助学生用手拿住汤匙。
7. 继续提示，直到学生独立拿过汤匙。
8. 奖励学生：把食物放进他的嘴里。

■ 10.21　把汤匙攥在手里

活动主题： 用汤匙吃饭
能力要求： 动手能力
兴趣水平： 学前、小学
材料： 汤匙、食物（谷类）

1. 准备汤匙和谷类食物。
2. 把汤匙引入学生的玩具中。
3. 鼓励学生在一天中操作汤匙和用汤匙玩耍。
4. 为学生提供汤匙。
5. 教给学生用手抓住汤匙柄。
6. 用谷类食物作为奖励。
7. 把少量食物放在汤匙上，以此来增加学生的兴趣。

■10.22　用汤匙蹭盘子，然后舔一舔汤匙

活动主题： 用汤匙吃饭
能力要求： 动手能力
兴趣水平： 学前、小学、中级学生、青少年、成年人
材料： 汤匙（改良的）、胶带

在专业治疗师的指导或帮助下使用或修改。

1. 把汤匙放在学生的手里。如果有必要，用胶带把它固定在学生的手上，或者使用可以固定在手上的改良的汤匙。
2. 把学生最喜爱的食物放在盘子上。
3. 通过模仿活动，让学生们开始用汤匙舀食物。
4. 手把手教学生模仿舀食物的动作。
5. 始终用语言提示学生"吃"或"舀"。
6. 逐步取消模仿活动，引导学生自己去够食物并允许他自己完成用汤匙舀食物的动作。
7. 鼓励学生在无须帮助的情况下自己舀食物。
8. 口头指导学生独立完成舀食物的动作。

■10.23　咀嚼并吞咽半固态食物，开始下颌运动

活动主题： 咀嚼食物
能力要求： 视力
兴趣水平： 学前、小学
材料： 镜子、牙医的牙齿、面包或松软的饼干

在专业治疗师的指导或帮助下使用或修改。

警告：掌握海姆利克氏急救法，以防学生噎到或出现危机情况。此外，暂缓使用酸性水果、辛辣食物和蛋白，直到学生长大一点。向学生的妈妈了解学生的过敏史。

1. 教师准备一个可以和学生共同使用的大镜子。
2. 开始时使用学生喜欢的半固态食物。
3. 张开嘴，然后把嘴唇合拢，在镜子前面示范咀嚼食物。
4. 借助牙医所用的超大的牙齿和下颌来展示咀嚼动作。

5. 让学生操作牙医所用的下颌。
6. 和学生一起站在镜子前,让学生模仿咀嚼动作。
7. 教师分别给学生和自己一块儿面包或饼干。
8. 说:"现在让我们嚼、嚼、嚼。"每次咀嚼食物的时候都重复这个词并控制下颌。
9. 如果有必要,在学生咀嚼时上下推动学生的下颌。
10. 说:"现在吞咽",并温柔地抚摸学生的喉咙以帮助他吞咽。
11. 说:"咽得好。"
12. 重复练习,直到学生无须指导就能独立吞咽食物。

■ 10.24 咀嚼并吞咽小块儿点心,咀嚼食物时让食物在嘴里到处移动

活动主题: 咀嚼食物

能力要求: 不须要具备任何能力

兴趣水平: 学前

材料: 橙汁、果肉扭扭条、饼干、牙刷

在专业治疗师的指导或帮助下使用或修改。

警告:掌握海姆利克氏急救法,以防学生噎到或出现危机情况。此外,暂缓使用酸性水果、辛辣食物和蛋白,直到学生长大一点。向学生的妈妈或儿科医师了解学生的过敏史。

1. 用手指或牙刷温柔地按摩学生的牙齿和牙龈,从而减少敏感性。
2. 用半固态的食物摩擦学生的牙齿。
3. 让学生通过咀嚼和牙齿的移动来吃掉食物。
4. 当学生咀嚼食物时对他给予表扬。
5. 把耐嚼的黏性食物放在学生的牙齿间,帮助学生把嘴巴合上,直到把汁液留在嘴里。
6. 给学生一些时间享用橙汁。
7. 接下来用固态食物或半固态食物来练习,这需要学生做出一点能力。

■ 10.25　把攥着的汤匙送到嘴边，把汤匙放进嘴里

活动主题：用汤匙吃饭

能力要求：动手能力

兴趣水平：学前、小学

材料：汤匙、食物

1. 用学生最喜爱的水果、布丁或冰激淋安排特殊的零食时间。
2. 让学生坐在桌子旁，教师或助手坐在他身后。
3. 教师把手放在学生的手上。
4. 手把手地教学生用汤匙舀一些食物，帮助学生把汤匙里的食物送进嘴里品尝。
5. 帮助学生把第二口食物送进嘴里，只留最后2.5cm食物在外面。
6. 每次都减少帮助，直到学生能独自使用汤匙。
7. 每天都练习最后一个步骤，直到学生能把满满的一匙食物送进嘴里。

■ 10.26　用手握着汤匙舀食物

活动主题：用汤匙吃饭

能力要求：视力、动手能力

兴趣水平：学前、小学、中级学生

材料：麦圈、碗、大汤匙、茶匙

1. 准备一个装满麦圈的食品盒或一个空碗。
2. 给学生一个大汤匙或勺子，选择他最擅长使用的那一个。
3. 说："舀"，并酌情手把手教给学生。
4. 让学生把食物舀起来放进空碗里。
5. 根据学生情况，如果需要速度，提高熟练程度的话，设置时间限度、让学生试着打破时限赢得奖品。
6. 随着学生能力的提高，用茶匙代替大汤匙。

■ 10.27　用手握着汤匙舀食物，把汤匙送进嘴里，在嘴里转动汤匙

活动主题：用汤匙吃饭

能力要求： 视力、动手能力

兴趣水平： 学前、小学、中级学生

材料： 酸奶、碗、汤匙

1. 让学生坐在桌子旁，桌子上放着汤匙和一碗酸奶。
2. 告诉学生他可以充当"蒸汽挖土机"：把酸奶舀起来送进嘴里。
3. 当学生用汤匙舀起食物送进嘴里的时候对他给予表扬。

■ **10.28 用手握着汤匙舀食物，把汤匙送进嘴里，不转动汤匙**

活动主题： 用汤匙吃饭

能力要求： 视力、动手能力

兴趣水平： 学前、小学、中级学生

材料： 酸奶、碗、汤匙

1. 让学生坐在桌子旁，桌子上放着汤匙和一碗酸奶。
2. 告诉学生他可以充当"蒸汽挖土机"：把酸奶舀起来送进嘴里。
3. 当学生用汤匙舀起食物送进嘴里的时候对他给予表扬。

■ **10.29 用手握着汤匙吃饭时，有一些食物溢出来**

活动主题： 用汤匙吃饭

能力要求： 视力、动手能力

兴趣水平： 学前、小学、中级学生

材料： 黏稠的食物、碗、汤匙

1. 让学生用任意一只手抓住汤匙。不要坚持让他只使用右手或左手，除非他表现出明显的用手习惯或者一只手明显地比另一只手用得好。
2. 在帮助学生时，教师坐在他前边或后边靠近他的地方。
3. 舀起学生最喜欢的一种食物或者可以黏在汤匙上的食物。鼓励学生把汤匙送进嘴里舔一舔。
4. 必要时帮助学生把汤匙送进嘴里。
5. 在学生学习抓握和使用汤匙的过程中，继续允许学生用手拿着吃。
6. 用一个大小能够满足学生需要的汤匙。

7. 使用学生汤匙。确保汤匙相对于学生的嘴和手不太大。
8. 如果学生用上嘴唇抿掉汤匙上的食物时有困难，使用一个浅碗。
9. 对于有着强烈的咬合反射的学生，使用硅胶汤匙。不要使用塑料汤匙，因为它可能断开。
10. 使用一种学生汤匙，这种汤匙的凹处自动转向学生。有了它，学生在把汤匙送进嘴里的时候就不需要转动自己的手。（这种汤匙在药店里有卖。）
11. 如果学会的握力差，使用带有组合柄的汤匙。留意汤匙的厚度、大小是否适当，以便让学生用起来更舒适。

■ 10.30　准确使用汤匙来分割大块食物和吃液态食物

活动主题：用汤匙分割食物

能力要求：视力、动手能力

兴趣水平：学前

材料：2个碗、汤匙、软心豆粒糖

1. 把软心豆粒糖放在学生吃饭时所用的碗里。
2. 把另一只碗放在盛有软心豆粒糖的碗旁边，并且放在学生惯用手的对面。
3. 让学生在吃饭时用汤匙把软心豆粒糖舀起来，放到空碗里。
4. 随着学生的进步，去掉第二只碗里的软心豆粒糖。
5. 改变任务难度：把大小不同的豆粒混在一起，或者使用更小的软心豆粒糖。
6. 让动作熟练的学生一次只舀一种颜色的软心豆粒糖。

■ 10.31　用手指抓起汤匙送进嘴里，汤匙上的有些食物溢出来

活动主题：用汤匙吃饭

能力要求：视力、动手能力

兴趣水平：学前

材料：不同大小、材质的汤匙、不同材质的食物

根据需要改编：

1. 让学生用汤匙练习自己进食。不要因为学生把食物溢出或者弄得一团糟而责骂学生或者小题大做。在地板上铺上报纸、旧床单或者塑料纸来接住溢

出的食物。尽可能让用餐时间愉快。不要强迫学生完全自己进食。
2. 在学生因努力练习自己进食而受挫之前，向学生提供帮助。一定要给学生留出机会让他最大限度地自己动手吃饭。
3. 当学生在进餐时放弃使用汤匙时，允许他用手拿着吃。
4. 酌情帮助和指导学生用汤匙把食物舀起来放进嘴里。学生把汤匙从嘴里拿出时有可能让汤匙向上倾斜。在学生学习独立进食的过程中，成年人应该减少帮助，但仍然待在附近。
5. 当吃饭开始，学生非常饥饿的时候，让学生练习使用汤匙。
6. 使用高碗或深盘。让盘子上曲边较高的部分和学生使用汤匙的手位于同一侧。
7. 让学生使用底部不滑的碗或吸杯，从而避免在学生舀食物的时候碗底滑动。
8. 提供易于用汤匙来吃的食物。稀汤或豆粒对于初学者来说是困难的。能够黏在汤匙上的食物将会更便于操作。
9. 食物方面的一些建议：用捣碎或切碎的肉和蔬菜做成的炖菜；用剁碎的或切成薄片的汉堡、肉、家禽、猪肉、鱼肉和蔬菜做成的砂锅菜或糊状菜，还可以加入米饭使其更加浓稠；被捣碎或切碎的蔬菜；通心粉和奶酪；短的面条；煮熟的谷类食物；软米饭搭配剁碎的肉和蔬菜；（咸肉）菜饭、幼童食物、南瓜泥、瓜类或红薯。
10. 甜食方面的一些建议：蒸蛋、奶油蛋糕、芋泥、酸奶、水果色拉、冰激淋。
11. 让学生通过下列方式练习舀东西：用大汤匙、木汤匙或小汤匙舀湿沙子或干沙子；用大汤匙或小汤匙从平底锅或碗里舀肥皂泡或者刮奶油；用大汤匙从一个大盒子里舀生的通心粉或大米。

■ 10.32 用餐叉吃饭，有食物残渣掉落

活动主题：使用餐叉
能力要求：视力、动手能力
兴趣水平：学前
材料：餐叉、汤匙、食物

1. 在用餐时间提供汤匙和餐叉。
2. 让学生用叉子叉起食物或用汤匙舀起食物。
3. 让学生把叉子叉起的食物或汤匙舀起的食物送到嘴里食用。

■10.33　用标准姿势拿着餐叉吃饭，有食物残渣掉落

活动主题：使用餐具
能力要求：视力、动手能力
兴趣水平：学前
材料：餐叉、食物

1. 当学生能够熟练使用汤匙的时候，让他练习使用餐叉。
2. 在用餐时间提供汤匙和餐叉。学生在开始吃饭时可能需要或比较喜欢使用其中的一个餐具，而在快要吃完的时候使用另一个餐具。有时候他可能需要帮助，但是让他自己实验。
3. 让学生用叉子叉起苹果片或香肠等食物，然后让他咬着吃。
4. 让学生用叉子叉起食物块儿或铲起黏性食物。

■10.34　准确地使用餐叉吃饭，分割食物，把餐叉浸入食物里，叉起食物

活动主题：使用餐具
能力要求：视力、动手能力
兴趣水平：学前、小学
材料：胶带、餐叉、盘子、碗、面包、谷类食物

1. 用红色和蓝色的实用色素为小块儿食物涂色。
2. 把彩色的食物放在桌子上的大盘子中央。
3. 把碗和餐叉交给学生。
4. 用胶带缠在空着的那只手上，假装把它固定在桌子上，提醒学生只能用餐叉。
5. 告诉他用餐叉叉起食物块儿或一种颜色的食物，然后把食物放进碗里。
6. 为学生示范。
7. 用谷类食物奖励学生熟练使用餐叉。

第十章　喂食与进食

■ 10.35　把拿在手里的餐叉直接放进嘴里，有食物残渣掉落

活动主题： 使用餐叉
能力要求： 视力、动手能力
兴趣水平： 学前
材料： 餐叉、食物

1. 让学生使用餐叉。
2. 在用餐时间提供餐叉。
3. 让学生用叉子叉起食物，然后让他咬着吃。
4. 让学生用拿在手里的叉子叉起食物直接放进嘴里。

■ 10.36　把汤匙或餐叉上的食物直接放进嘴里，没有任何食物残渣掉落

活动主题： 使用餐具
能力要求： 视力、动手能力
兴趣水平： 学前
材料： 餐叉、汤匙、食物

1. 让学生自己拿面包卷、馒头或小点心。
2. 让学生自己拿一些易于用汤匙或餐叉来吃的凉的或热的食物。提供必要的监管或帮助。
3. 如果学生一开始拿了太多食物，尽量不要责备他。不要坚持让学生把拿过来的食物都吃掉。学生只能在试验和错误中了解什么是适量。如果问题严重，你可以规定每个人"一次取用一匙"。
4. 举办品尝会。让学生提供玩具食物。
5. 让学生用汤匙把沙子、土、大米、豆子舀起来，放进容器里，如：小盒子、桶或碗。

■ 10.37　一次用汤匙舀起或用餐叉叉起一口食物

活动主题： 使用餐具
能力要求： 视力、动手能力

兴趣水平：学前

材料：汤匙、餐叉、不同材质的食物

1. 在用餐时间提供汤匙和餐叉。学生在开始吃饭时可能需要或比较喜欢使用其中的一个餐具，而在快要吃完的时候使用另一个餐具。有时候他可能需要帮助，但是让他自己实验。
2. 让学生用叉子叉起苹果片或香肠等食物，然后让他咬着吃。
3. 让学生用叉子叉起食物块儿或铲起黏性食物。
3. 让学生用手指握住一把学生餐叉或沙拉餐叉、掌心向上。然手让他把食物叉起来吃。

■10.38　用辅助筷吃饭，有食物残渣掉落

活动主题：使用筷子

能力要求：视力、动手能力

兴趣水平：学前、小学、中年级

材料：儿童辅助筷、食物

1. 当学生能够熟练使用汤匙、叉子的时候，让他练习使用辅助筷。
2. 在用餐时间提供辅助筷。学生在开始吃饭时可能需要或比较喜欢使用其中的一个餐具，而在快要吃完的时候使用另一个餐具。根据状态给予帮助，但尽可能给他尝试。
3. 让学生用辅助筷夹米饭、煮烂的土豆等食物，然后让送到嘴里自己吃。

■10.39　用儿童筷吃饭，有食物残渣掉落

活动主题：使用筷子

能力要求：视力、动手能力

兴趣水平：学前、小学、中年级

材料：儿童筷、食物

1. 当学生能够熟练使用辅助筷的时候，让他练习使用儿童筷。
2. 在用餐时间提供儿童筷。学生在开始吃饭时可能需要或比较喜欢使用其中的一个餐具，而在快要吃完的时候使用另一个餐具。根据状态给予帮助，

第十章 喂食与进食

但尽可能给他尝试。
3. 让学生用儿童筷夹米饭、煮烂的土豆等食物，然后让送到嘴里自己吃。

■ 10.40 准确地使用筷子吃饭，分割食物，夹起小颗粒表面光滑的食物

活动主题： 使用筷子
能力要求： 视力、动手能力
兴趣水平： 学前、小学、中年级
材料： 胶带、餐叉、盘子、碗、米饭团、蔬菜、豆子

1. 把食物放在桌子上的大盘子中央。
2. 把碗和筷子交给学生。
3. 用胶带缠在空着的那只手上，假装把它固定在桌子上，提醒学生只能单手用筷子。
4. 告诉他用筷子夹起食物块或一种颜色的食物，然后把食物放进碗里。
5. 为学生示范。
6. 用小饼干奖励学生熟练使用筷子。

■ 10.41 先咽下嘴里的食物再咬另一口

活动主题： 吞咽食物
能力要求： 视力、动手能力
兴趣水平： 学前、小学、中年级
材料： 胶带、餐叉、盘子、碗、米饭团、蔬菜、豆子

警告：掌握海姆利克氏急救法，以防学生噎到或出现危机情况。此外，暂缓使用酸性水果、辛辣食物和蛋白，直到学生长大一点。向学生的妈妈或儿科医师了解学生的过敏史。

1. 逐步使用幼儿食物、捣碎的食物和剁碎的食物。在从筛滤食物向幼儿食物过渡时，选择学生最喜爱的食物。这样可以避免接受新材质时引起无理取闹。
2. 鼓励学生咬饼干、香蕉或去皮的苹果片。
3. 做出咀嚼的动作，让学生模仿教师。
4. 让学生模仿教师反复张开和合拢下颌的动作以及用牙齿咬食物的声音。

5. 让学生把他的手放在教师的下颌上感受教师的下颌运动。手把手地让学生感受他自己的下颌运动。

6. 提供耐嚼的条状食物，如：黄瓜。拿着食物的一头，把另一头放进学生长有臼齿的嘴边，鼓励学生咀嚼。把食物的另一头放进学生嘴巴的另一边，让学生咀嚼。

7. 利用下嘴唇的向上压力帮助学生把嘴唇合拢。如果学生用舌头把食物从嘴里推出来，使用这个动作。

8. 提供容易咀嚼的食物而不是容易噎到的食物，如：生的胡萝卜、黄瓜、苹果或萝卜。当学生能够充分咀嚼后再提供这些食物。在学生身旁待着，万一学生噎到就提供帮助。

9. 对于发展迟滞的、在咀嚼方面有困难的年龄较大的学生咨询物理治疗师、专业治疗师或语言治疗师。如果有必要，控制学生的下颌。从前面或侧面开始实施下颌控制。选择学生感到适宜或舒服的一边。如果从前面控制下颌，教师把拇指放在学生的下颌上、中指放在学生的下颌下方、食指放在下颌骨上。把食物放在口腔的一侧或者放在臼齿上。用手引导学生的下颌上下运动。

10. 如果从侧面控制下颌，教师把拇指放在学生的下颌骨上、食指放在下颌上、中指放在下颌下方。

11. 在喂食过程中，让学生的头部保持微屈。

12. 把食物放在嘴巴的一侧或臼齿上。

13. 用手引导学生的下颌上下移动。

14. 让学生闭着嘴唇，继续控制他的下颌，等着学生把食物咽下去。

15. 随着学生咀嚼和吞咽能力的提高，减少对下颌的控制。

16. 把食物放在一侧的臼齿上，鼓励学生通过下颌运动让食物在嘴里转动，并且用舌头把食物从一边移到另一边。把食物放在另一侧的臼齿上并重复练习。

■ 10.42 在吞咽之前对食物进行充分咀嚼

活动主题：吞咽食物

第十章 喂食与进食

能力要求：视力、动手能力

兴趣水平：学前、小学、中年级

材料：胶带、餐叉、盘子、碗、米饭团、蔬菜、豆子

警告：掌握海姆利克氏急救法，以防学生噎到或出现危机情况。

1. 把食物放入学生口中。
2. 帮助学生控制下颌对食物进行咀嚼。
3. 直到食物被充分咀嚼后再要求他进行吞咽。
4. 确定食物能够顺利被吞咽。

■ 10.43 用汤匙舀液态或半固态食物，用筷子夹固态食物

活动主题：使用工具进食

能力要求：视力、动手能力

兴趣水平：学前、小学、中年级

材料：汤匙、筷子、碗、清汤（温暖、不含固态食物）

1. 把碗、汤匙和筷子放在每个学生前面的桌子上。
2. 把汤匙和筷子放在碗的同一侧，以避免学生在伸手去够餐具时因为左撇子或右撇子而做出的选择。
3. 用长柄勺把碗里盛满汤（确保汤不太热），让学生看着教师盛汤，以便让他们看见汤里面有什么。
4. 告诉学生们开始喝汤。
5. 不要马上纠正那些使用筷子的学生，而是让他们尝试用筷子喝汤。
6. 观察用错餐具的学生是否会自己纠正错误。
7. 纠正那些没有选用汤匙的学生，说："试一试汤匙，也许它更好用。"
8. 在学生吃完之前让他们停下来，放下汤匙。
9. 对他们说一会儿话，然后允许他们接着吃。
10. 观察是否所有的学生都选择了汤匙。

■ 10.44 在餐桌上自己取食和进食

活动主题：倒饮料

能力要求：视力、动手能力

兴趣水平：学前、小学

材料：杯子、带有把手和壶口的塑料量杯、果汁或饮料

1. 准备一个有着结实把手的大水罐。
2. 在桌子上的每个位置摆一个空杯子和一个大水罐，以备果汁时间和午餐时间使用。
3. 把学生们叫到桌子前。
4. 指导学生们把果汁或水从大水罐里倒入杯子里，必须让液体经过壶口流进杯子。
5. 开始时为学生们示范。
6. 必要时提供帮助。

■ 10.45　用刀涂抹

活动主题：使用刀具

能力要求：动手能力

兴趣水平：学前、小学、中学生、青少年

材料：面粉、塑料刀、纸板

1. 准备面粉，向面粉里加入水并搅打，形成面糊，让面糊易于涂抹。
2. 发给每个学生一块儿纸板用作拼贴画的衬背，还有塑料刀和面糊。
3. 允许学生自己选择图案、纤维织物和纸。
4. 示范如何把面糊涂抹在材料的背面。
5. 让学生们用塑料刀模仿涂抹面糊的动作。
6. 酌情把一些精致的拼贴画用于节日、社会学科和健康主题，以强化某些观念。
7. 展示完成的拼贴画。

■ 10.46　用刀子切割食物

活动主题：使用刀具

能力要求：动手能力

兴趣水平：学前、小学、中学生、青少年

材料：塑料刀、黏土

1. 解释并和学生们一起遵守安全用刀注意事项。
2. 为学生们提供黏土以及塑料的或钝的刀。
3. 让学生们用黏土做成蛇的形状。
4. 告诉学生们用刀子把"蛇"切开。
5. 让学生们用黏土做成平面图形。
6. 告诉学生们用刀子切割"平面图形"。
7. 用容易切割的食物代替黏土。
8. 允许学生吃掉切割的食物。

■ 10.47 用刀叉切割食物

活动主题：使用刀具
能力要求：动手能力
兴趣水平：学前、小学、中学生、青少年
材料：塑料刀、黏土、香蕉或胡萝卜

1. 解释并和学生们一起遵守安全用刀注意事项。
2. 为学生们提供刀叉以及半固态的香蕉和煮熟的胡萝卜。
3. 把刀叉准确地放进每个学生的手里。
4. 示范用刀叉切割食物。
5. 唱："小菜刀，切切切。"
6. 用不同材质的食物来增大难度。
7. 允许学生吃掉切割的食物。

■ 10.48 准备吃的食物

活动主题：准备食物
能力要求：视力、听力、动手能力
兴趣水平：小学、中学生、青少年
材料：熟鸡蛋、小碗、盐、胡椒

1. 准备熟鸡蛋（不烫手），让每个学生至少有2个鸡蛋。

2. 在每个学生的碗里放进2个鸡蛋，教师在自己的碗里放进1个鸡蛋。
3. 教师向学生们示范：拿起鸡蛋，让它在桌子上向一侧滚动。
4. 用手指剥去鸡蛋壳。蛋壳将会很容易剥下来。
5. 把去壳的鸡蛋放进碗里。
6. 让学生们模仿教师的方法。
7. 手把手地教学生剥第一个鸡蛋的壳。
8. 指导学生自己剥第二个鸡蛋的壳。
9. 如果学生剥鸡蛋壳的方法不正确，手把手地重复教给他。
10. 让学生们享用鸡蛋。
11. 教师还可以让学生们在剥去蛋壳后把鸡蛋切开。
12. 增加其他的食材，教学生们切割和清洗。

■ 10.49　打开容器，拿出食物，拆开食物包装

活动主题：准备食物

能力要求：动手能力

兴趣水平：小学、中学生、青少年

材料：塑料罐、食物

1. 务必要谨慎：告诉学生们在玻璃容器上施加太大压力的危险性。
2. 把奖品放进一个塑料罐里。
3. 示范怎样拧开塑料罐的盖子。
4. 把盖子拧松动，以便让学生在转动盖子时不费力。
5. 必要时动手帮助学生。
6. 当学生把盖子拧下来的时候，把塑料罐里的奖品送给学生。
7. 随着学生熟练度的提高，让学生在拧容器盖子的时候多拧几圈。

■ 10.50　端着自己的托盘经过上菜的通道

活动主题：餐饮服务

能力要求：动手能力、行走能力

兴趣水平：小学、中学生、青少年

材料：食物盘

1. 告诉学生他们即将成为餐饮服务员，需要为其他较小年龄地孩子提供送餐服务。
2. 提供服务员端托盘的照片，让学生学习端盘子地姿势。
3. 让学生尝试端空的托盘，逐步在里面放入物品。
4. 让学生端着托盘经过上菜通道。
5. 对能够顺利完成任务的学生给予奖励。

■ 10.51 吃不同种类的食物

活动主题：我爱美食
能力要求：动手能力、行走能力
兴趣水平：小学、中学生、青少年
材料：器皿、食物

1. 计划一个品尝派对。
2. 准备不同材质的食物和一种液体。
3. 为学生们提供餐具。
4. 提示学生：在品尝派对上，每个人都要品尝所有的食物。
5. 讨论每一种食物的名字、材质和食用方法。
6. 每次传递一种食物。
7. 要求所有的学生都尝一尝。
8. 把剩下的食物放在桌子上，邀请学生们自己选择。

第十一章 喝

行为标识

能够拿吸管喝液体

能够拿杯子喝液体

能够使用容器向杯子里倒水喝

能够在饮水器（水壶）上接水喝

第十一章 喝

■ 11.01 从成年人拿着的吸管中吮吸液体

活动主题：吸饮料

兴趣水平： 学前

材料： 吸管、饮料、杯子

1. 准备吸管。
2. 把学生最喜欢的饮料倒进杯子。
3. 学生从小睡中醒来后会感到口渴，这时候马上把杯子拿给他。
4. 让学生看一看杯子里是什么。
5. 把吸管插进饮料中，教师把手指放在杯子口上方，保持饮料的稳定。
6. 把充满饮料的吸管放进学生的嘴里。
7. 让他从吸管中吮吸饮料。
8. 教师根据学生吮吸情况，随时把吸管抽离杯中液体。

■ 11.02 从成年人拿着的杯子中喝液体

活动主题：喝饮料

兴趣水平： 学前

材料： 饮料、杯子

在专业治疗师的指导或帮助下使用或修改。

1. 准备一个小杯子，杯子里倒入学生最喜欢的半杯饮料。
2. 让学生坐下，头部稍稍低下。
3. 告诉学生他可以喝一些饮料。
4. 让他微微张开嘴。
5. 把杯子的边缘刚好放在他的牙齿后面、舌头上面。
6. 把少量饮料倒进学生的嘴里，然后拿开杯子。
7. 让学生合上嘴，教师把手指压在他的下巴上，帮助他合拢嘴巴。
8. 温柔地抚摸学生的喉咙，确保他把饮料咽下去，然后再喂他喝下一口。

■ 11.03 从杯子中喝液体

活动主题：从杯子喝饮料

兴趣水平：学前

材料：饮料、杯子

在专业治疗师的指导或帮助下使用或修改。

1. 准备一个小杯子，杯子里倒入学生最喜欢的半杯饮料。
2. 让学生坐下，头部稍稍低下。
3. 告诉学生他可以喝一些饮料。
4. 让他微微张开嘴。
5. 把杯子的边缘刚好放在他的牙齿后面、舌头上面。
6. 把少量饮料倒进学生的嘴里，然后拿开杯子。
7. 让学生合上嘴，教师把手指压在他的下巴上，帮助他合拢嘴巴。
8. 温柔地抚摸学生的喉咙，确保他把饮料咽下去，然后再喂他喝下一口。

■ 11.04 喝液体时，把液体含在嘴里而不让它滴下来或流出来

活动主题：喝饮料

兴趣水平：学前、小学

材料：小棒、纸巾、毛巾等，饮料、杯子

在专业治疗师的指导或帮助下使用或修改。

1. 在每次练习之前对学生进行2到3分钟的口部刺激。
2. 抚摸学生的嘴唇周围。首先从嘴唇向外抚摸，然后从周围向着嘴唇抚摸。不接触嘴唇，只抚摸嘴唇周围。
3. 用一根手指或各种材质（小毛巾等）用力抚摸，鼓励嘴唇合拢，并使嘴唇周围脱敏。
4. 教师用拇指或食指温柔地在学生的嘴唇上捏1到2分钟。
5. 把学生的上嘴唇和下嘴唇捏在一起，让嘴唇合拢。
6. 触摸嘴唇周围，而不是直接触摸嘴唇。
7. 用一只胳膊揽住学生的头部，把拇指放在上嘴唇上，食指放在下嘴唇上。
8. 送入饮料。
9. 用这种姿势保持嘴唇合拢，先是用手帮助学生保持嘴唇的合拢，然后逐步让学生自己合拢嘴唇。

11.05　从成年人拿着的杯子中喝液体时，用手接触杯子

活动主题：拿杯子喝
能力要求：听力、动手能力
兴趣水平：学前
材料：饮料、胶带、小塑料杯

在专业治疗师的指导或帮助下使用或修改。

1. 如果学生习惯于握拳，轻轻地摇晃学生的胳膊肘，让他的双手放松。
2. 准备小的、容易拿住的塑料杯子。
3. 把学生最喜欢的饮料倒进杯子。
4. 把杯子放进学生放松的手里，然后教师用手牢牢地把住他的手。
5. 温和地握紧学生的手。当教师示范喝饮料并把杯子拿到学生嘴边时，口头提示他"拿住"。
6. 说"拿好"。确保杯子里的饮料是学生最爱喝的，以便提供有意义的初步强化。
7. 试着在一天中定时用胶带把塑料杯固定在学生手上，以便减少学生对杯子的敏感性。如果学生对杯子有着触觉上的抵触，加强一对一的指导。

11.06　从成年人拿着的杯子里喝饮料，帮忙使杯子倾斜

活动主题：拿杯子喝
能力要求：动手能力
兴趣水平：学前
材料：饮料、杯子

1. 让学生坐下。
2. 把杯子放在附近。
3. 把学生最喜欢的少量饮料倒进杯子里。
4. 把杯子拿到学生的嘴边。
5. 教师提示说："帮帮我。"
6. 把双手放在杯子上帮助学生。
7. 教师再次说："帮帮我。"

8. 等着看学生是否把手伸出来使杯子倾斜。
9. 如果学生没有反应，把他的双手放在杯子上，帮助他使杯子倾斜。
10. 教师再次说："帮帮我。"
11. 逐步减少帮助。

■ 11.07　双手拿住杯子

活动主题：拿杯子喝

能力要求：动手能力

兴趣水平：学前

材料：带有改进型把手的杯子、最喜欢的饮料

1. 准备一个带有改进型把手的杯子，或者学生可以舒适地握住的、容易倾斜的杯子。
2. 向杯子里倒入一部分饮料。
3. 把学生的手放在杯子的把手上，教师把手紧紧地放在学生的手上。
4. 温柔地握紧学生的手，让他体验抓住杯子的感觉。
5. 用语言提示学生"抓住它"，同时继续把手放在学生的手上，让他体验用双手抓握。
6. 继续下去，直到教师可以逐步松开支持学生的手。

■ 11.08　当成年人把杯子放进学生双手的时候，学生把杯子捧起来喝

活动主题：那杯子喝

能力要求：动手能力

兴趣水平：学前、小学

材料：杯子、果汁、大的橡皮筋

1. 把几个大的橡皮筋放在杯子周围，防止杯子滑移。
2. 把学生喜欢的少量果汁倒进杯子。
3. 把学生的双手放在杯壁上，把一根橡皮筋套在学生的双手上。确保橡皮筋不太紧。
4. 帮助学生举起杯子、品尝果汁。

5. 重复练习，鼓励学生自己握住杯子。

■ 11.09 用双手把杯子举起来喝液体，有一部分液体溢出

活动主题： 拿杯子喝

能力要求： 动手能力

兴趣水平： 学前

材料： 杯子、盒子、饮料

1. 把学生喜欢的饮料倒进杯子。
2. 让学生坐在桌子旁。
3. 把高约10cm的一个盒子放在学生前面。
4. 举起玻璃杯放在盒子上。
5. 让学生照做。
6. 如果学生一开始做不到，手把手的教他。
7. 随着学生的成功，增加盒子的高度。

■ 11.10 用双手把杯子举起来喝液体，没有液体洒出

活动主题： 拿杯子喝

能力要求： 视力、动手能力

兴趣水平： 学前、小学

材料： 4个杯子、塑料包裹膜、橡皮筋

1. 收集4个小塑料杯和小的食物奖品。
2. 在一个杯子里倒入1/4杯橙汁、一个杯子倒入一半橙汁、一个杯子倒入3/4杯橙汁、最后一个杯子空着。
3. 用干净的塑料和橡皮筋蒙住每个杯子。
4. 把所有的4个杯子放在学生面前。
5. 告诉学生他每次举起一个杯子而不把水洒出来都可以赢得一份食物奖励。
6. 示范用双手举起和拿住杯子。
7. 让学生用空杯子开始练习。
8. 告诉学生他做得很好，可以用下一个杯子接着练习。

9. 如果学生使杯子倾斜，把空杯子放回原处并循序渐进。
10. 去掉塑料遮盖物，增大练习的难度。

■ 11.11　用双手把杯子拿到嘴边喝水，水不洒出来

活动主题：拿杯子喝

能力要求：动手能力

兴趣水平：学前

材料：小杯子、椅子、桌子

1. 准备足够小的杯子，让学生可以很容易地抓住它。
2. 让学生舒服地坐在桌子旁边的椅子上。
3. 提示说："喝"，然后把杯子递给学生。
4. 把杯子小心地放在学生的双手上。
5. 如果学生在喝水时水从嘴里流出来，轻轻地把学生的上嘴唇压在杯子边缘上。
6. 把双手和杯子放回到桌子上。

■ 11.12　用双手把杯子从桌子上拿起来，倾斜着送到嘴边喝液体，没有液体洒出

活动主题：拿杯子喝

能力要求：动手能力

兴趣水平：学前

材料：大水罐、最喜欢的饮料、小而干净的杯子

1. 在杯子里倒入学生最喜欢的少量饮料。
2. 让学生用双手拿着杯子，胳膊肘放在桌子上。
3. 鼓励学生把杯子举到嘴边。
4. 轻轻地推一推学生的两个胳膊肘，帮助学生用正确姿势把杯子倾斜着放到嘴边。
5. 逐步增加杯子里的饮料量。
6. 在每两个步骤之间等一等再给出提示，看学生是否会预想到下一个步骤。

第十一章 喝

■ 11.13 用双手把杯子从桌子上拿起来，倾斜着送到嘴边喝液体，把杯子放回原处，没有液体洒出

活动主题： 拿杯子喝

能力要求： 动手能力

兴趣水平： 学前

材料： 杯子、胶带、大型垫圈（直径5cm）

1. 用胶带把大型垫圈安全地固定在杯子底部（如果杯子不够重，增加的重量将会防止学生在握着杯子的时候不由自主地松手）。
2. 根据学生的需要调整重量。
3. 让学生把杯子从桌子上拿起来、尝一口、把杯子放回去。
4. 如果学生容易感到困惑，让学生分开练习上述步骤。
5. 即使杯子里没有了饮料，杯底的重量也有助于学生把杯子放回原处和抓握杯子。

■ 11.14 成人把杯子放在学生手里时，学生把杯子拿起来喝饮料

活动主题： 拿杯子喝

能力要求： 视力、动手能力

兴趣水平： 学前

材料： 椅子、杯子、桌子、饮料

1. 准备杯子和学生喜欢的饮料。杯子上带有学生用起来比较舒适的把手。
2. 让学生坐在桌子旁边的椅子上。
3. 把半杯饮料放在学生面前。
4. 把杯子拿起来放在学生的惯用手上。
5. 让学生用惯用手的手指攥住杯子的把手，轻轻地握住学生的手让他把杯子抓牢。
6. 示范把杯子送到嘴边，帮助学生把杯子倾斜着喝饮料。
7. 重复练习5次。
8. 口头提示学生："举起杯子""喝"。
9. 表扬学生"喝饮料的动作做得好"。

■ 11.15 用一只手把杯子从桌子上拿起来喝液体，有一些液体洒出

活动主题：单手拿杯子

能力要求：视力、动手能力

兴趣水平：学前

材料：带把手的杯子或容器、沙盒、没有把手的杯子或容器

1. 收集带把手和不带把手的各种大小不同的杯子和容器。
2. 把杯子和容器放进沙盒里。
3. 示范怎样把沙子舀起来，然后从一个杯子倒进另一个杯子。
4. 鼓励学生们自己舀沙子、端起杯子、倒沙子。
5. 把杯子里装满沙子并放在平坦的表面上。
6. 增加难度，先是用两只手举起杯子，然后用一只手。
7. 把游戏中的沙子换成大米或有色水。

■ 11.16 用一只手把杯子从桌子上拿起来喝液体，没有液体洒出

活动主题：单手拿杯子

能力要求：动手能力

兴趣水平：学前

材料：椅子、小杯子、桌子

1. 在杯子里倒入学生喜欢的饮料。
2. 让学生舒服地坐在桌子旁边的椅子上。
3. 坐在学生旁边。
4. 说："喝。"
5. 为学生留出反应时间。
6. 教师用手指轻轻地碰触学生的肘部，从而帮助他把胳膊靠向杯子。
7. 帮助学生把杯子倾斜，喝饮料，把杯子放下。
8. 重复几次，直到杯子变空。

■ 11.17 用一只手把杯子拿到嘴边喝液体，没有液体洒出

活动主题：单手拿杯子

能力要求：视力、动手能力

兴趣水平：学前

材料：椅子、杯子、桌子、饮料

1. 准备杯子和学生喜欢的饮料。杯子上带有学生用起来比较舒适的把手。
2. 让学生坐在桌子旁边的椅子上。
3. 把半杯饮料放在学生面前。
4. 把杯子拿起来放在学生的惯用手上。
5. 让学生用惯用手的手指攥住杯子的把手，轻轻地握住学生的手让他把杯子抓牢。
6. 口头提示学生："举起杯子。"
7. 示范把杯子送到嘴边，然后说："喝。"
8. 表扬学生"喝饮料的动作做得好"。
9. 重复练习。

■ 11.18 用一只手把杯子从桌子上拿起来，倾斜着送到嘴边，喝液体，没有液体洒出

活动主题：单手拿杯子

能力要求：动手能力

兴趣水平：学前

材料：椅子、小杯子、桌子

1. 在杯子里倒入学生喜欢的半杯饮料。
2. 让学生舒服地坐在桌子旁边的椅子上。
3. 把杯子放在学生面前。
4. 说："喝"。
5. 当学生伸手去够杯子的时候，站在他身后。
6. 当学生喝完饮料后，教师把手放在学生的手上，帮助他把杯子放下。
7. 随着学生技能的提高，教师把手放在他的胳膊上，逐步减少帮助。

■ 11.19　用一只手把杯子从桌子上拿起来，倾斜着送到嘴边，喝液体，把杯子放回去，没有液体洒出

活动主题： 单手拿杯子

能力要求： 动手能力、行走能力

兴趣水平： 学前、小学

材料： 椅子、小杯子、桌子

1. 准备杯子和学生喜欢的饮料。杯子上带有学生用起来比较舒适的把手。
2. 让学生坐在桌子旁边的椅子上。
3. 把半杯饮料放在学生面前。
4. 口头提示学生："喝。"
5. 帮助学生把手放在杯子上、把杯子送到嘴边、把杯子放回到桌子上。
6. 重复口头提示，让学生自己把这个过程练习5次。
7. 表扬学生"喝饮料的动作做得好"。

■ 11.20　一次喝一小口饮料

活动主题： 喝饮料

能力要求： 动手能力、行走能力

兴趣水平： 学前、小学

材料： 杯子、饮料

1. 让学生尽可能舒服地在一把放有托盘的高椅子上坐直，或者坐在桌子旁边的高度适当的一把椅子上。胳膊肘成90度角放在桌子上、臀部和膝盖成90度角坐在椅子上、双脚放在地板或凳子上。坐姿平衡能力差的学生可以坐在支撑功能更好的嵌入式台桌上。
2. 酌情按照下列步骤指导和帮助学生，并随着学生能力的提高，教师减少帮助：伸手去够杯子并抓起杯子；把杯子送到嘴边并把杯口放在双唇之间的下唇上而不是放在上下牙齿之间；把杯子向上倾斜而无须身体后仰、伸展过度或头部后仰；喝水时可以通过控制液体，进行吞咽和呼吸；在小口喝水时，酌情控制水的流动和进行休息；双唇合拢进行吞咽；把杯子交给成年人或放在桌子上；在帮助下把杯子放回到桌子上而不让水洒出来。

3. 根据学生的需要或偏好选用学生杯：带有加重的塑料圆底的婴幼儿学饮杯；平底塑料杯；双柄杯子；单柄杯子；防止液体洒出的有盖的杯子；没有把手的塑料杯。杯子应该足够细，使学生可以很舒服地用一只手或两只手抓住它。杯子应该足够短，使学生无须把杯子倾斜太大角度就可以喝到水，让学生在喝水时头部无须伸展过度。
4. 杯子里每次只倒入一点儿水，直到学生很好地学会用杯子喝水。
5. 开始训练时用学生最喜欢的饮料。对于嘴唇闭不紧和吞咽方式不当的学生，用浓度较高的饮料，如：带果肉的饮料或奶昔。
6. 准备一个大的围嘴、一块海绵、一个拖把，或者在地板上铺几张报纸。洒水的情况将会经常发生。
7. 让训练变得令人愉快。表扬学生的成功。不要责骂学生造成的意外。

■ 11.21 用盛有不到一杯液体的容器重新向杯子里倒入液体，有些液体溢出

活动主题：倒饮料

能力要求：动手能力

兴趣水平：学前、小学

材料：茶杯、饮料、1个杯子、大水罐

1. 让学生们坐在桌子旁。
2. 告诉学生们他们将要举办一个茶会。
3. 让一个学生充当主人。
4. 摆出大水罐、茶杯和果汁。
5. 告诉主人招待客人们。
6. 让主人为客人们倒果汁。
7. 把半杯果汁放入大水罐里，让主人把果汁倒进每个客人的茶杯里。
8. 继续下去，直到主人在每个杯子里都倒入果汁。
9. 让主人和客人们一边喝饮料一边聊天。
10. 选择另一个学生充当主人并重复练习。

■ 11.22 用盛有不到一杯液体的容器重新向杯子里倒入液体，没有液体洒出

活动主题：倒饮料

能力要求：视力、动手能力

兴趣水平：学前、小学

材料：豆子、大米、玻璃杯

1. 把一些豆子放进一个玻璃杯，但不要放满（监管或提醒学生这只是练习，实际上只有安全、健康的饮料才可以放进玻璃杯里）。
2. 告诉学生，把玻璃杯里的豆子倒入一个空玻璃杯。
3. 把杯子交给学生，告诉他现在轮到他了。
4. 继续用其他材料练习，直到学生在练习过程中不会把这些材料洒出来。
5. 当学生会用较小的玻璃杯后，选用较大的玻璃杯，使用同样的材料和步骤练习把物品从较大的玻璃杯倒入较小的玻璃杯。
6. 重新使用较小的玻璃杯并使用有色水。
7. 把液体从小玻璃杯倒入大玻璃杯。

■ 11.23 用盛有多于一杯液体的容器重新向杯子里倒入液体，没有液体洒出

活动主题：倒饮料

能力要求：视力、动手能力

兴趣水平：学前、小学

材料：透明的容器、玻璃杯、胶带、纸巾

1. 为每个学生收集一个透明的容器和一个玻璃杯。
2. 向每个容器中倒入有色的液体。
3. 把玻璃杯放在纸巾上。
4. 把彩色胶带贴在靠近杯口的地方。
5. 示范怎样把容器拿到玻璃杯边缘的上方。
6. 把容器慢慢向着玻璃杯倾斜。
7. 让液体的细流流入玻璃杯，直至液体到达胶带的位置。
8. 让容器放平。
9. 一次练习一个步骤，让学生们模仿。

10. 如果学生有困难，在每个步骤中都手把手地教他。

■ 11.24 握着容器的把手，从容器里重新向杯子里倒入液体，没有液体洒出

活动主题： 倒饮料

能力要求： 视力、动手能力

兴趣水平： 学前、小学

材料： 大水壶、托盘、水、杯子

1. 把托盘、大水壶、水和两个杯子放在学生面前的桌子上。
2. 说："让我们开一个茶会。"
3. 向每个杯子里倒入少量的水。
4. 喝水。
5. 说："为我们倒一些水。"
6. 手把手地帮助学生握住大水壶的把手来倒水。
7. 逐步减少帮助，直到学生能够独立倒水，并且很少把水洒出来。
8. 让更多的学生轮流练习倒水。

■ 11.25 当成年人打开饮水器时，从饮水器上接水喝

活动主题： 接水喝

能力要求： 视力、动手能力

兴趣水平： 学前、小学

材料： 大水壶、托盘、水、杯子

1. 让学生准备好水杯。
2. 说："让我们排队自己打水喝。"
3. 成人站在饮水机边，引导学生到饮水器边排队。
4. 告诉学生："我要打开饮水器了，请把杯子拿来接水。"
5. 手把手地帮助学生拿住杯子接水。
6. 逐步减少帮助，直到学生能够独立接水，并且很少把水洒出来。
7. 让更多的学生轮流练习接水。

■ 11.26 拧开饮水器的水龙头

活动主题：打开盖子

能力要求：动手能力

兴趣水平：学前、小学

材料：旋转式水龙头、盖子上带有螺旋纹的水果罐、用来放进罐子的食物

1. 确保学生能够拧开直立着的罐子盖。
2. 把拧下盖子的罐子放在旁边。
3. 控制住罐子，示范怎样把盖子拧上。
4. 把食物放进罐子里。
5. 让学生把罐子盖拧开，取出食物，然后把盖子拧上。
6. 允许学生在完成任务后吃食物。
7. 酌情提供帮助并逐步减少提示。
8. 把学生带到旋转式水龙头跟前,向学生示范: 拧盖子和拧水龙头是同样的动作。

■ 11.27 拧开喷泉式饮水器的水龙头，同时喝水

活动主题：打水喝

能力要求：动手能力

兴趣水平：学前、小学

材料：喷泉式水龙头

1. 让学生准备好水杯。
2. 说："让我们排队自己打水喝。"
3. 成人站在饮水机边，引导学生到饮水器边排队。
4. 告诉学生："请你拧开水龙头，并接好水。"
5. 手把手地帮助学生开开水龙头，并关注学生是否接好水。
6. 逐步减少帮助，直到学生能够独立打开水龙头，同时接水喝。

■ 11.28 按下按钮操作喷泉式饮水器

活动主题：按下按钮

第十一章 喝

能力要求：动手能力

兴趣水平：学前

材料：30cm×50cm的盒盖、1英寸的塑料盘、纸杯、带按钮的饮水器

1. 把一个纸杯纵向一分为二，然后把半个纸杯粘在盒盖的左角上，把一个塑料盘粘在右下角上，以此来模仿喷泉式饮水器的顶部。
2. 让学生练习放置和按下塑料盘。
3. 如果学生模仿这个动作有困难，为学生示范或者手把手地教他做整个动作。
4. 当学生完全理解了整个任务后，把学生带到真正的饮水器跟前。
5. 如果饮水器的高度是个问题，为学生提供适当的方法。

■ 11.29　按下按钮操作喷泉式饮水器，同时喝水

活动主题：打水喝

能力要求：动手能力

兴趣水平：学前、小学

材料：按钮式水龙头

1. 让学生准备好水杯。
2. 说："让我们排队自己打水喝。"
3. 教师站在饮水机边，引导学生到饮水器边排队。
4. 告诉学生："请你按下水龙头开关，并接好水。"
5. 手把手地帮助学生开开水龙头，并关注学生是否接好水。
6. 逐步减少帮助，直到学生能够独立打开水龙头，同时打水喝。

■ 11.30　用茶壶倒水

活动主题：倒水喝

能力要求：视力、动手能力

兴趣水平：学前、小学、中学生

材料：小茶壶、茶杯、大米、饼干、牛奶或饮料、盒子

1. 把茶壶装满沙子。
2. 让几个学生围着一张小桌子坐下来。桌子上放着盘子、茶杯和茶壶。

3. 告诉学生们：如果他们能够把假茶水倒入茶杯而不洒，他们就可以赢得真正的茶会。
4. 让每个学生都有机会练习向2到3个杯子里倒沙子。
5. 用写着"请给我上茶"的徽章作为奖励。
6. 为有困难的学生减少沙子的数量。
7. 增大难度：用水来代替沙子。
8. 为那些赢得茶会奖励的学生提供饼干，并且向干净的茶壶中倒入牛奶或饮料。

■ 11.31 搬运装在水壶中的液体，液体不洒出来

活动主题：搬运液体
能力要求：走动、视力、动手能力
兴趣水平：小学、中学生
材料：2只大水壶、彩色胶带、饮料、2名助手、纸巾

1. 用彩色胶带在地板上标出起点线和终点线。
2. 把学生分成两组，让他们站在起点线上。
3. 让两个助手分别面向每一组学生站在指定的终点线上。
4. 发给每个助手一罐水。
5. 告诉学生们："开始的信号"一发出，他们就要冲向对面的助手，拿过盛水的大水壶并走回来。
6. 让学生把水罐拿到自己所在的小组并递给下一个学生。
7. 让下一个学生把水罐交还给助手，然后返回来并碰触小组中的另一个学生。
8. 惩罚犯规的学生：让他回到起点线，重新开始。
9. 让学生们把洒出的水擦掉，以防滑倒。

第十二章　上厕所

行为标识

能够感知尿意 / 便意

能够去厕所解决大小便

能够正确处理大小便

能够在如厕后整理衣物

■ 12.01　让尿布或裤子至少在两小时内保持干燥

活动主题：感知尿尿

能力要求：视力、听力

兴趣水平：学前

材料：嘘嘘语音提示器、马桶、水位报警器

注意：所有的厕所培训技能、活动和术语都必须进行调整，以便符合关于帮助学生上厕所的当地学校的要求。

1. 准备嘘嘘语音提示器或带有水位报警器的厕所设备。
2. 尽可能增加学生对于流食的摄取量。
3. 通过嘘嘘语音提示器记录下时间和频次，来了解学生小便的频率。
4. 确定对学生的奖品，并且使奖品和厕所相关。
5. 把水位报警器插入常规的坐便椅上，或者插入抽水马桶和马桶座圈之间，以便让学生尿在便盆里。
6. 根据图表数据所显示的时间间隔，定期带学生去厕所。
7. 让学生在厕所的时间不超过5分钟。
8. 告诉学生"尿尿""嘘嘘""嗯嗯"或其他术语。
9. 当学生尿湿了裤子，做出不悦和坚定的反应。
10. 继续定期上厕所并根据学生的能力延长间隔时间。
11. 当学生几次成功小便之后，把上厕所的时间缩短到少于5分钟。
12. 继续练习，直到学生保持裤子干燥，并且一坐到马桶上就立即小便。

■ 12.02　在大致相同的时间里一天大便一至二次

活动主题：感知便便

兴趣水平：学前

材料：图画纸、水彩笔

1. 准备用来记录基准信息的图表。
2. 在图表上用X代表小便，用D代表大便。
3. 在训练学生上厕所的过程中让学生熟悉相关术语。
4. 连续几周记录学生学生上厕所的基准信息。
5. 寻找学生的排泄时间模式。
6. 根据学生的排泄时间模式准备上厕所的规律性的时间表。
7. 当学生在一天中大致相同的时间里大便2到3次时，开始培训学生上厕所。

■ 12.03　用手势、行动或语言来表明裤子弄脏或弄湿了

活动主题：我要上厕所

能力要求：听力、动手能力

兴趣水平：学前

材料：系在手腕上的铃铛

1. 把铃铛系在学生的手腕上。
2. 摇一摇学生的胳膊，听一听铃铛的响声。
3. 告诉学生在弄脏或弄湿裤子时让铃铛响一响。
4. 当学生让铃铛响的时候立即做出反应。
5. 如果学生在弄脏或弄湿裤子时没有独立摇响铃铛，帮他摇一摇胳膊。

■ 12.04　在大人的帮助和监管下坐在马桶上

活动主题：我会上厕所

能力要求：听力

兴趣水平：学前

1. 确保学生所穿的内衣没有弄脏。
2. 牵着学生的手去厕所，说："上厕所咯。"
3. 一直陪着学生。
4. 在学生便后，对他的动作给予正强化。

5. 如果没什么结果，不带感情地把学生带走并回去工作。
6. 每隔20分钟把学生放在马桶上蹲5到10分钟，直到有结果。
7. 忽视意外情况：不进行目光接触，也不立即为学生换衣服。
8. 从学生第一次上厕所直到睡觉时间，重复每两个小时的时间间隔。
9. 记录学生每周的进步。
10. 每个月都对计划进行检查，试着减少初级强化。

■ 12.05　用手势、行动或语言来表明自己需要上厕所

活动主题：我会上厕所

能力要求：视力、动手能力

兴趣水平：学前

1. 把学生带到厕所。
2. 一边指着厕所，一边使用关于厕所的口头语言和符号语言。
3. 帮助学生做动作、说话和指向厕所。
4. 每次上厕所的时间都使用肢体语言和口头提示"上厕所"。
5. 等着学生做出反应并酌情重复第三个步骤。
6. 每次学生做动作的时候都带他去厕所并口头表扬他，即使这只是"假警报"。
7. 当学生打手势的时候一定要说出手势语的含义，以便把手势和口语联系起来。

■ 12.06　按照指示冲厕所

活动主题：我会冲厕所

能力要求：视力、听力、动手能力

兴趣水平：学前、小学

材料：肥皂泡

1. 让学生上厕所。
2. 示范如何冲马桶。
3. 把肥皂泡滴在马桶里。
4. 告诉学生冲马桶并观察里面的水。
5. 当学生准备冲马桶的时候允许他把肥皂泡滴入马桶。

第十二章　上厕所

■ 12.07　独立去厕所、蹲在马桶上或站在马桶旁

活动主题：我会上厕所

能力要求：走动

兴趣水平：学前、小学

材料：马桶

1. 把学生放在厕所附近并通过语言和肢体语言要求他"找到厕所"。
2. 酌情提供帮助。
3. 指导学生从同样的起始位置开始，找到固定的目的地。
4. 继续练习，直到学生总能够做出正确的反应。
5. 从厕所找到起始位置，然后重复练习。
6. 让学生从房间里的各个角落出发找到厕所。
7. 如果学生的反应不正确，进行短暂的休息并示范正确的反应。
8. 增加更多的目的地，让学生通过寻宝游戏来找到重要的目的地。

■ 12.08　每隔一定时间自觉上厕所

活动主题：我会上厕所

能力要求：动手能力

兴趣水平：学前、小学

材料：分数板、奖品

1. 准备彩色的有吸引力的分数板，上面留出写日期和得分的地方。
2. 向学生展示分数板。
3. 解释说：学生每次自己上厕所的时候都可以在分数板上得一分。
4. 告诉学生：当他在一天内得到5分时，他就可以赢得一份特殊奖品。
5. 和学生一起讨论奖品应该是什么。
6. 教师还可以设置每周分数制度而不是每天分数制度。

■ 12.09　上厕所时除了擦屁股之外无须帮助

活动主题：我会上厕所

能力要求：行走

兴趣水平：学前、小学

材料：卫生纸、奖品

1. 让学生穿舒适宽松的内裤，这样的内裤脱的时候容易又迅速。
2. 鼓励学生自己上厕所，开始时跟着他。
3. 让学生穿简单易脱的衣服：女生可以穿裙子或衬衫，以便让内裤容易脱下来；男生可以穿腰部有弹性的、不系腰带的宽松的裤子或短裤，这样就可以自己应付。在培训学生上厕所期间，这样的衣服更便于学生操作。
4. 使用一个踏脚凳帮助学生上下马桶。
5. 帮助学生用卫生纸擦屁股。从生殖器向外擦。这对于防止女孩子的阴道感染很重要。
6. 让学生自己擦屁股。如果他需要帮助，要平心静气地迅速提供帮助。注意他的坐姿平衡。
7. 如果学生对冲水没有恐惧，教学生冲马桶。
8. 让学生冲洗双手。

■ 12.10　按指示撕下卫生纸

活动主题：我会擦屁股

能力要求：视力、动手能力

兴趣水平：学前、小学

材料：贴花纸、卫生纸

1. 准备一卷卫生纸和贴花纸。
2. 在每5片卫生纸上贴上一张贴花纸。
3. 把学生带到卫生间。
4. 铺开5片卫生纸。
5. 给学生看一看贴花纸。
6. 告诉学生他每次撕下厕所纸都可以得到一张贴花纸。
7. 每当学生做出正确表现，就给他一张贴花纸。

■12.11 冲马桶，必要时使用卫生纸

活动主题： 我会冲马桶

能力要求： 动手能力

兴趣水平： 学前、小学

材料： 分数板、奖品

1. 带学生进入厕所。
2. 找到冲马桶的按钮。
3. 辅助学生一起按压冲马桶的按钮。
4. 逐步撤销辅助。
5. 让学生独立完成冲马桶的活动。
6. 对独立完成任务的学生给予积分奖励。

■12.12 必要时去洗手间，很少发生意外情况

活动主题： 我会上厕所

能力要求： 视力、动手能力、行走

兴趣水平： 学前、小学

材料： 贴花纸、卫生纸

1. 观察学生的动作，对所需的特定技能进行介入和指导。
2. 当学生有尿（便）意时，带领学生去厕所。
3. 当准确的在马桶上解决大（小）便后给予贴花纸奖励。
4. 不断重复，直到学生能够在必要时去洗手间。

■12.13 适当地自己去洗手间，没有意外情况

活动主题： 我会上厕所

能力要求： 视力、动手能力、行走

兴趣水平： 学前、小学

材料： 贴花纸、卫生纸

1. 观察学生的动作，对所需的特定技能进行介入和指导。
2. 当学生有尿（便）意时，引导学生独立去洗手间。

3. 当学生能够独立去洗手间，解决大（小）便后给予贴花纸奖励。
4. 不断重复，直到学生能够在必要时独立去洗手间。

■ 12.14 离开洗手间之前整理衣服

活动主题：整理衣裤
能力要求：动手能力
兴趣水平：学前、小学

材料：裤子、标签纸、水彩笔、剪刀

1. 用厚标签纸制作小丑。
2. 找到或制作一条适合小丑的裤子。
3. 选择有纽扣和拉链的裤子。
4. 把小丑挂在洗手间对面的墙上。
5. 把小丑展示给学生。
6. 让学生在去洗手间之前为小丑拉开拉链、解开扣子，或者让学生接下来解开自己的裤子。
7. 告诉学生：当他去了洗手间，他将要自己解开裤子上的扣子，拉开裤子上的拉链。
8. 让学生在离开洗手间的时候向你展示一下他的衣服。
9. 当学生整理好自己的衣服后，可以让学生为小丑拉上拉链、系上扣子。

■ 12.15 洗手和把手擦干。必要时摆放好毛巾

活动主题：便后卫生
能力要求：视力、听力、动手能力
兴趣水平：学前、小学

材料：水槽、香皂、毛巾

1. 让学生在洗完手后，面向毛巾。
2. 确保教师和学生单独待在水槽边，以便减少干扰。
3. 告诉学生："洗一洗你的手。"
4. 确保学生在洗手和擦手的过程中看着他的手。

5. 站在学生身后，教师把手放在他的手上。
6. 告诉学生："把手擦干。"
7. 手把手地教学生去拿毛巾。
8. 手把手地教学生擦手。
9. 手把手地教学生把毛巾放在正确的位置上。
10. 连续几次手把手地教学生洗手和擦手。
11. 当学生没能继续完成整个过程时，手把手地帮他完成。

■ 12.16　在新环境中询问洗手间的位置

活动主题： 我会上厕所
能力要求： 走动、视力、听力、语言
兴趣水平： 小学
材料： 水彩笔、海报

1. 制作几个男洗手间、女洗手间和公共洗手间的指示牌，其大小和洗手间门上的指示牌相近。
2. 告诉学生们这些指示牌的含义。
3. 用这些指示牌做为教学卡片对学生们进行全面测验，直到他们弄清楚哪个指示牌表明了他们该去的洗手间。
4. 讨论询问洗手间位置的方法并进行角色扮演。
5. 让每个学生都练习询问去洗手间的路怎么走。

■ 12.17　在厕所需要帮助时发出求助信号

活动主题： 我会上厕所
能力要求： 听力、动手能力
兴趣水平： 学前、小学
材料： 铃铛、细绳、胶带

1. 准备细绳和大铃铛。
2. 把细绳从厕所里引出来，固定在门外的天花板上。
3. 把铃铛拴在细绳上。

4. 在细绳上留出松弛的部分，以便在拉绳子的时候，铃铛会发出响声。
5. 向学生展示铃铛。
6. 示范铃铛的用法。
7. 解释说：当学生在洗手间遇到麻烦的时候可以把铃铛拉响。
8. 在学生上厕所的时候听着铃铛有没有响声。
9. 铃铛一响，马上对学生给予关注。

第十三章 洗 浴

行为标识

能够洗手，用毛巾擦手

能够洗脸，用毛巾擦脸

能够洗头、身体的各个不同部位

能够注意仪表

■ 13.01　在要求下去水槽或自己去水槽

活动主题：洗浴准备

能力要求：走动、听力、动手能力

兴趣水平：学前、小学

材料：水槽、毛巾

注意：所有的洗浴技能、活动和术语都必须进行调整，以便符合当地学校关于帮助学生洗浴的规定。

1. 向学生解释"我来说，你来做"的游戏。
2. 用"我来说，你来做"的形式来发出指令。
3. 从房间对面的水槽开始练习。
4. 用"我来说，你来做"的形式让学生在游戏中走向水槽。
5. 去掉"我来说，你来做"这几个字，让游戏变得真实。
6. 鼓励学生自己走向水槽赢得游戏。
7. 在水槽里为学生洗手。
8. 在游戏的基础上让学生们打开水龙头、把手弄湿、用香皂洗手。

■ 13.02　在要求下打开水龙头或自己打开水龙头

活动主题：洗浴准备

能力要求：视力、动手能力

兴趣水平：学前、成年人

材料：水槽（带有易操作的水龙头把手）

1. 确保所有的水都是温水或凉水（不烫）。提示热水的危险性，哪个水龙头里流出的是热水，哪个水龙头里流出的是凉水。
2. 把学生的一只手放在水龙头下方，一只手放在水龙头把手上。
3. 教师把手握在学生接触水龙头的那只手上。
4. 说："打开水龙头。"
5. 和学生一起打开水龙头，并重复："打开水龙头。"
6. 当学生在水龙头下冲着洗手的时候，说："水，水来了。"
7. 只要学生愿意，尽可能多重复。

第十三章 洗 浴

8. 当学生掌握了这项技能后，如果有可能，改变水龙头把手的类型。
9. 强化练习：创造其他活动，要求学生做出类似的动作。

■ 13.03　在要求下搓手或自己搓手

活动主题：*洗洗小手*
能力要求：*动手能力*
兴趣水平：*学前*
材料：*塑料洗碟盆、塑料容器、水、香皂*

1. 确保所有的水都是温水或凉水（不烫）。提示热水的危险性，哪个水龙头里流出的是热水，哪个水龙头里流出的是凉水。
2. 把几个小的塑料容器放进塑料盆里。
3. 在洗碟盆里加入少量的水。
4. 使用凉水给学生洗手。
5. 示范并帮助学生玩水。
6. 轮流和学生一起把容器装满并把水倒在他的双手上。
7. 让学生搓一搓双手，确保双手完全变湿。
8. 加大难度：增加适合学生使用的、大小适当的香皂。
9. 让学生把香皂拿起来放进容器里。

■ 13.04　在要求下拿起香皂或自己拿起香皂

活动主题：*洗洗小手*
能力要求：*走动、动手能力*
兴趣水平：*学前*
材料：*一块香皂*

1. 把香皂放进学生的手里。
2. 告诉学生摸一摸、抓一抓香皂。
3. 让学生把香皂放下。
4. 告诉学生每次上厕所后都要拿起香皂。
5. 经常练习和强化这些动作，以便形成习惯。

—223—

6. 当学生形成习惯后，减少对学生的口头提示。
7. 让学生在无须提示的情况下自己拿起香皂。只有在学生忘记拿香皂的时候才提醒他。

■ 13.05　在要求下向手上擦香皂或自己向手上擦香皂

活动主题：洗洗小手

能力要求：视力、动手能力

兴趣水平：学前、小学

材料：水槽、泡沫洗手液

1. 让学生们围在水槽前。
2. 告诉学生们：一会儿他们的手将变脏，他们必须让自己的手重新变干净。
3. 摇一摇装有泡沫洗手液，把一些泡沫洗手液挤在学生的每一只手上。
4. 告诉学生们假装这就是洗手泡沫，把手蹭一蹭，让两只手上都涂满泡沫洗手液。
5. 打开水龙头。
6. 告诉学生们冲掉所有的洗手液（让泡沫离眼睛远一点）。
7. 检查学生的双手，把毛巾交给洗净双手的学生。

■ 13.06　在要求下洗掉手上的香皂或自己洗掉手上的香皂

活动主题：洗洗小手

能力要求：视力、动手能力

兴趣水平：学前、小学

材料：水槽、泡沫洗手液

1. 确保所有的水都是温水或凉水（不烫）。提醒热水的危险性，哪个水龙头里流出的是热水，哪个水龙头里流出的是凉水。
2. 让学生们围在水槽前。
3. 告诉学生们：一会儿他们的手将变脏，他们必须让自己的手重新变干净。
4. 摇一摇装有泡沫洗手液的瓶子，把一些泡沫洗手液挤在学生的每一只手上。
5. 告诉学生们假装这就是洗手泡沫，把手蹭一蹭，让两只手上都涂满泡沫洗手液。

6. 打开水龙头。
7. 告诉学生们冲掉所有的洗手液（让泡沫离眼睛远一点）。
8. 检查学生的双手，把毛巾交给洗净双手的学生。

■ **13.07** 在要求下关掉水龙头或自己关掉水龙头

活动主题： 洗洗小手
能力要求： 动手能力
兴趣水平： 学前、小学
材料： 水龙头把手、水槽、水

1. 确保所有的水都是温水或凉水（不烫）。提醒热水的危险性，哪个水龙头里流出的是热水，哪个水龙头里流出的是凉水。
2. 选一个让学生可以很容易够到水龙头把手的水槽，然后和学生一起站在水槽前。
1. 告诉学生打开水龙头。
2. 把你的手放在学生的手上，和学生一起将手放在水龙头上。
3. 转动学生的手、打开水龙头，同时说："让水流出来。"
4. 转动学生的手、关掉水龙头，同时说："把水关掉。"
5. 只通过口头提示进行重复。
6. 当学生不在的时候打开水龙头。
7. 告诉学生走向水槽，要求他"把水关掉"。
8. 重复上述两个步骤而不用口头要求。
9. 等着学生把水龙头关掉，然后立即口头提示"把水关掉"。

■ **13.08** 在要求下用毛巾擦手或自己用毛巾擦手

活动主题： 擦手
能力要求： 动手能力
兴趣水平： 学前、小学
材料： 毛巾、毛巾架、夹子、凳子

1. 准备一个大毛巾。

2. 如果毛巾架对学生太高，让学生站在一个宽凳子上。
3. 用夹子把毛巾夹住，固定在毛巾架上。
4. 教师把手放在学生的手上。
5. 把学生的一只手放在毛巾后面。
6. 擦一擦学生的另一只手的手掌。
7. 把手反过来擦一擦手背。
8. 把干的手放在毛巾后面并重复上述动作。
9. 减少施加在学生手上的力量，从而逐步减少帮助。

■ 13.09　根据要求或主动在用后把湿纸巾扔掉或处理好

活动主题： 擦手

能力要求： 走动、动手能力

兴趣水平： 学前、小学

材料： 纸巾、垃圾桶

1. 让学生们坐在椅子上。
2. 把纸巾丢在室内的地板上。
3. 把垃圾桶放在附近。
4. 让学生们把纸巾捡起来丢进垃圾桶。
5. 告诉学生们洗手并擦手。
6. 让学生们把湿的纸巾放进垃圾桶。
7. 经常重复。
8. 提醒学生们在洗手和擦手后把湿巾放进垃圾桶。

■ 13.10　根据要求或主动撩水洗脸或用湿布擦脸

活动主题： 洗洗小脸蛋

能力要求： 走动、视力、动手能力

兴趣水平： 学前、小学

材料： 用于脸部彩绘的各种颜料、水盆、镜子、围裙或纸质围涎

1. 确保所有的水都是温水或凉水（不烫）。提示热水的危险性，哪个水龙头

第十三章 洗 浴

里流出的是热水，哪个水龙头里流出的是凉水。
2. 准备好铺着报纸的桌子上，放用于脸部彩绘的颜料、几面穿衣镜。
3. 把水盆装上水并放在旁边。
4. 让学生们坐下来。
5. 谈论颜色和脸部彩绘。
6. 示范把手指浸到颜料中并把颜料抹在脸上。
7. 每个学生都在脸上涂上颜料后，让他们围成一圈，一次派一个学生走向水盆。
8. 让辅教（生活老师）帮助学生撩水洗脸或用湿布擦去脸上的颜料。
9. 让学生在镜子中检查一下自己的脸，当脸上干净后就回到座位上。

■ 13.11　在要求下用香皂洗脸或自己用香皂洗脸

活动主题： 洗洗小脸蛋
能力要求： 视力、听力、动手能力
兴趣水平： 学前、小学
材料： 洋娃娃、洗脸巾、香皂、水槽

1. 确保所有的水都是温水或凉水（不烫）。提示热水的危险性，哪个水龙头里流出的是热水，哪个水龙头里流出的是凉水。
2. 准备大的塑料娃娃、香皂和洗脸巾。
3. 把学生和塑料娃娃带到水槽前。
4. 告诉学生娃娃的脸脏了，需要洗一洗。
5. 把香皂放在洗脸巾上。
6. 把洗脸巾交给学生。
7. 让学生为娃娃洗脸。
8. 让学生洗一洗自己的脸。
9. 告诉学生：大人们脸脏的时候洗脸，他也可以这样做。
10. 表扬学生做得好，长大了。

■ 13.12　在要求下洗掉脸上的香皂或自己洗掉脸上的香皂

活动主题：洗洗小脸蛋

能力要求：动手能力

兴趣水平：学前、小学

材料：儿童洗浴露、镜子

1. 确保所有的水都是温水或凉水（不烫）。提示热水的危险性，哪个水龙头里流出的是热水，哪个水龙头里流出的是凉水。
2. 让学生们围坐成一圈。
3. 把少量的洗浴泡沫打在学生们的鼻子和下巴上，假装这就是胡子。
4. 让学生们照一照镜子。
5. 告诉学生们，教师想让他们用水洗掉所有的泡沫。
6. 示范怎样洗鼻子。
7. 让每个学生都试一试（让洗浴泡沫避开眼睛）。
8. 为每个洗干净的学生拍照。

■ 13.13　在要求下用毛巾擦脸或自己用毛巾擦脸

活动主题：洗洗小脸蛋

能力要求：动手能力

兴趣水平：学前、小学

材料：毛巾、水

1. 把毛巾放在学生的头和脸上。
2. 告诉学生把毛巾往下拉。
3. 用手按着毛巾，帮助学生把毛巾从脸上而不是从侧面往下拉。
4. 重复练习。
5. 把学生的脸弄湿。
6. 告诉学生把脸擦干。
7. 反复用语言提示学生"把脸擦干"。

第十三章 洗 浴

■ 13.14 洗手、洗脸并把手和脸擦干，无须提示或检查

活动主题：洗干净咯
能力要求：走动、视力、听力、动手能力
兴趣水平：小学
材料：煮熟的土豆、标签、带盖的坛子

1. 煮两个土豆，把它们凉却，直到可以拿在手里。
2. 把一个煮熟的土豆放进干净的坛子里，盖上盖子。
3. 为这个坛子制作标签或者让学生制作标签，如："干净"。
4. 在休息或体育课之后，在学生中传递另一个土豆。
5. 把这个土豆放进另一个干净的坛子里，盖上盖子。
6. 为这个坛子制作"实验"的标签。
7. 立即检查这两个土豆，谈论他们的不同和学生对每个土豆的猜想。
8. 经常观察这两个土豆，注意细菌的生长。
9. 讨论细菌生长速度的差异。
10. 教师还可以让年龄较大的学生把这个实验写下来并得出结论。

■ 13.15 在手和脸脏的时候洗手、洗脸，或者每隔一定时间洗手、洗脸

活动主题：洗干净咯
能力要求：视力、听力、动手能力
兴趣水平：学前、小学
材料：安全水性红颜料、水槽、纸巾

1. 让学生们坐在桌子旁准备吃午饭或零食。
2. 用水性红颜料在每个学生的双手上画上一个红十字。
3. 说："我看到了一个红色的十字。"
4. 让学生们去洗手准备吃午饭。
5. 强调洗去颜料。
6. 选出把颜料完全洗掉的学生。
7. 把他的双手展示给大家看。
8. 建议手上留有红颜色的学生们再去洗一洗。

—229—

9. 检查学生的手并且在发现颜料的时候说："我看到了。"
10. 让学生们和教师一起检查。如果有残留的颜料，就指着颜料说："我看到了。"
11. 为所有把手上的颜料彻底洗净的学生提供午餐。

■ 13.16 洗澡或淋浴

活动主题：试试水温
能力要求：动手能力
兴趣水平：学前
材料：浴巾、水

1. 一定要强调洗澡或淋浴的安全规定。
2. 确保所有的水都是温水或凉水（不烫）。提示热水的危险性，哪个水龙头里流出的是热水，哪个水龙头里流出的是凉水。
3. 能够在辅助下完成洗浴。

■ 13.17 把香皂涂在布上

活动主题：抹香皂
能力要求：动手能力
兴趣水平：学前、小学
材料：洗脸巾、水槽或水盆、香皂

1. 让学生把洗脸巾浸湿并完全拧干。
2. 帮助学生把洗脸巾平放在水槽里或者工作台面上。
3. 让学生把一块香皂弄湿，然后把香皂涂在平铺着的布上。
4. 鼓励学生尽可能多完成任务，并逐渐减少帮助。
5. 当学生能够控制自己的动作并理解了这项任务时，把洗脸巾放在学生摊开的手掌上。

■ 13.18 用涂着香皂的布擦洗脖子

活动主题：抹香皂
能力要求：视力、动手能力

第十三章 洗 浴

兴趣水平：学前、小学

材料：关于脖子的图片卡、香皂水、脸盆、洗脸巾

1. 让学生围着带有洗脸巾和少量香皂水的脸盆站成一小圈。
2. 告诉学生拿起洗脸巾并且把里面的液体挤出来。
3. 指着脖子。
4. 让学生用洗脸巾擦洗脖子。
5. 向学生展示关于脖子的图片，重点了解脖子所在的部位。同时可以放相关视频。

■13.19 洗胸部、腹部和身体两侧

活动主题：抹香皂

能力要求：动手能力

兴趣水平：学前、小学

材料：水桶、洗脸巾、勺子、海绵

1. 在水流不成问题的地方（如淋浴房，水疗室，厕所等）开展这个活动。
2. 在水桶里放入洗脸巾、海绵和勺子。
3. 让每个学生坐在水桶前。
4. 让学生通过踢脚或拍手让很多水溅出来。
5. 让学生把水桶装满水，然后把水倒在各个身体部位上。
6. 一边示范一边口头强化胸部、腹部和身体两侧的位置，加强对学生的指令。
7. 继续使用洗脸巾、海绵和勺子来弄湿各个身体部位。

■13.20 清洗生殖器和胯部

活动主题：清洗身体部位

能力要求：动手能力

兴趣水平：学前、小学

材料：水桶、洗脸巾、勺子、海绵

1. 在水流不成问题的地方（如淋浴房、水疗室、厕所等）开展这个活动。
2. 在水桶里放入洗脸巾、海绵和勺子。

3. 让每个学生坐在水桶前。
4. 让学生通过踢脚或拍手让很多水溅出来。
5. 让学生把水桶装满水，然后把水倒在各个身体部位上。
6. 一边示范一边口头强化生殖器位置和胯部的位置，加强对学生的指令。
7. 继续使用洗脸巾、海绵和勺子来弄湿各个身体部位。

■13.21　清洗大腿和双脚

活动主题： 清洗身体部位

能力要求： 动手能力

兴趣水平： 学前、小学

材料： 手指画颜料、纸、水桶、洗脸巾、勺子、海绵

1. 用胶带把两张纸粘在地板上。
2. 把手指画所用的染料放在一张纸上。
3. 把学生的右脚放进染料里。
4. 把学生的右脚放在另一张纸上。
5. 把学生的名字写在脚印的上方。（拓印脚型）
6. 把一盘水放在学生面前。
7. 教师把右脚放进盆里，示范如何清洗腿和脚。
8. 让学生把他的右脚放进盆里，洗一洗腿和脚。
9. 如果学生不能独立清洗，为学生提供帮助。
10. 奖励完全洗净的学生：允许他用左脚制作脚印。
11. 重复练习清洗活动。

■13.22　在洗澡或淋浴时洗脸和耳朵

活动主题： 清洗身体部位

能力要求： 视力、动手能力

兴趣水平： 学前、小学

材料： 镜子、洋娃娃、洗脸巾

1. 用干的洗脸巾示范如何洗脸和耳朵。

第十三章　洗　浴

2. 把大的防水洋娃娃和洗脸巾交给学生。
3. 让学生洗一洗洋娃娃的鼻子，然后对着镜子在自己身上模仿同样的清洗动作。
4. 酌情提供帮助。
5. 继续说出洋娃娃的脸部器官并进行清洗，随后让学生清洗自己脸上的相同部位。
6. 增加趣味性：用可洗的水性水彩笔在洋娃娃和学生的脸上点上圆点，然后再让学生清洗有圆点的部位。

■13.23　独立完成洗手的活动

活动主题： 洗洗小手
能力要求： 动手能力
兴趣水平： 学前、小学
材料： 水、肥皂、擦手巾（毛巾）、红色胶布

1. 确保所有的水都是温水或凉水（不烫）。提示热水的危险性，哪个水龙头里流出的是热水，哪个水龙头里流出的是凉水。
2. 在一个大型脸盆里装上水，让学生在饭后或玩耍后练习自己洗手。
3. 提供一个踏凳，以便让学生可以自己够到水槽。
4. 打开凉水的水龙头或者让学生自己打开凉水的水龙头。警告他热水水龙头的危险性，提醒他要小心。
5. 和学生一起洗手，让他模仿教师的动作。酌情提供帮助和口头指导。
6. 让学生使用酒店所提供的那种小香皂，或者根据学生手部的大小，把平时所用的香皂进行切割。建议使用不同形状或图案的新颖小巧而廉价的香皂。
7. 学生洗完手后，把水龙头关掉或者让学生自己关掉水龙头。
8. 把毛巾放在学生够得着的地方，或者把毛巾递给学生擦手。酌情提供帮助。
9. 在一天中，根据清洁需要，让学会使用湿巾或者纸巾。
10. 把少量护手霜涂在学生的手上。让他把两只手放在一起搓一搓，好像在洗手一样。
11. 让学生帮助洗一洗他能看到的身体部位，如：胳膊、手、肚子、腿和脚。
12. 把一个踏凳放在水槽前，以便让学生可以踏着凳子去够水槽和水龙头。如

果学生能独立洗手,把凳子放在凉水的一侧,以便让学生打开凉水的水龙头而不是热水的水龙头。
13. 在热水水龙头上粘上红色胶带,从而提醒学生当心热水。
14. 把香皂放在学生够得着的地方。如果有可能,让学生通过手腕的转动洗一洗他的手心和手背。让学生冲洗双手,然后用放在近处的毛巾把手全部擦干。
15. 把少量洗手液涂在学生的手上,让学生练习手部和手腕的动作,包括洗手的动作。用毛巾擦干。
16. 对于年龄较大的、发展迟缓的学生:如果学生在站立时需要支撑,在他洗手的时候一直站在他的身后;让他身体向着水槽前倾,酌情提供支持和监管;一定要让坐在轮椅上的学生在身体前倾洗手之前先把轮椅固定住。

■ 13.24　洗完后用毛巾/纸巾把身体的一部分擦干

活动主题:擦干身体
能力要求:动手能力
兴趣水平:学前、小学
材料:水、肥皂、擦手巾(毛巾)

参见13.25

1. 把毛巾挂在学生容易够到的地方,便于学生擦手。
2. 把纸巾放在学生够得着的地方。把废纸篓放在附近,让学生可以把用过的纸巾扔进去。
3. 当用水不方便的时候,让学生用湿巾来擦拭双手。

■ 13.25　用毛巾把全身擦干

活动主题:擦干身体
能力要求:动手能力
兴趣水平:学前、小学
材料:毛巾、洋娃娃

1. 准备小型的毛巾和洋娃娃。
2. 为每个学生提供毛巾和洋娃娃。

3. 讲述洋娃娃在海边游泳的故事。
4. 讨论这些洋娃娃在出水后做了什么。
5. 让学生们用毛巾把洋娃娃擦干。
6. 指导学生们
7. 准备沙滩毛巾。
8. 让学生们用沙滩毛巾展示擦干全身的动作。
9. 让学生们轮流使用沙滩毛巾。

13.26 适应洗头

活动主题： 洗洗头

兴趣水平： 学前、小学、中级学生、青少年

材料： 无泪配方洗发液、椅子、浴帽、水槽

1. 确保所有的水都是温水或凉水（不烫）。提示热水的危险性，哪个水龙头里流出的是热水，哪个水龙头里流出的是凉水。
2. 为洋娃娃洗头。
3. 把洗头动作变成一个快乐的游戏。
4. 强调这个洋娃娃是一个多么听话的好女孩。
5. 让学生参与给洋娃娃洗头的动作。
6. 通过口头提示来强调洗头的舒服："感觉很好。"
7. 当学生在游戏中感到适应后，帮助学生把他自己的头发洗一洗。
8. 让他舒适地坐在水槽边，头部向后倾斜至水槽上方。
9. 开始的时候只是用软管把温水洒在头发上。
10. 逐步温柔地按摩头皮和使用无泪配方洗发液。
11. 培养学生的忍耐力并逐步延长时间。

13.27 在别人洗头时提供帮助

活动主题： 洗洗头

能力要求： 视力、听力、动手能力

兴趣水平： 学前、小学

材料：毛巾、洋娃娃、儿童洗发液

1. 确保所有的水都是温水或凉水（不烫）。提示热水的危险性，哪个水龙头里流出的是热水，哪个水龙头里流出的是凉水。
2. 准备毛巾和头发可洗的洋娃娃。
3. 准备儿童洗发液。
4. 带着洋娃娃和学生走到水槽前。
5. 告诉学生：教师和他将要一起给洋娃娃洗头。
6. 示范洗头的步骤。
7. 让学生帮助教师。
8. 询问学生是否愿意配合教师，洗他自己的头发。
9. 让学生配合教师。

■ 13.28　在给自己洗头时用手指摩擦或按摩头皮

活动主题：洗洗头

能力要求：视力、听力、动手能力

兴趣水平：学前、小学

材料：毛巾、儿童洗发液

1. 确保所有的水都是温水或凉水（不烫）。提示热水的危险性，哪个水龙头里流出的是热水，哪个水龙头里流出的是凉水。
2. 告诉学生们将要假装洗他们自己的头发。
3. 告诉学生们把手指放在太阳穴上。
4. 做示范动作。
5. 告诉学生们把手指在头部和头发上移动。
6. 当学生们的手指在头上移动的时候，吟唱"噜啦啦"。
7. 在吟唱的时候提供机会让学生们用水和洗发液

■ 13.29　用适量的洗发香波

活动主题：洗洗头

能力要求：视力、动手能力

兴趣水平： 学前、小学、中学生

材料： 无泪配方洗发液、记号笔、透明的塑料容器

1. 选择装在带有喷口的塑料挤瓶里的洗发液。
2. 在小而透明的塑料容器上画一条线来标出足量的洗发香波。
3. 帮助学生熟悉塑料挤瓶。
4. 开始的时候用有色水来练习。
5. 鼓励学生把洗发香波倒入小的容器里，在记号处停下。
6. 如果学生有困难，在整个过程中手把手地教他。
7. 强调小容器里的液体量如果换成洗发液就足够用了。
8. 当学生掌握了基本技能后，用真正的洗发香波来练习。

■ 13.30　在洗澡或淋浴时打开或关上水龙头

活动主题： 洗浴准备

能力要求： 视力、听力、动手能力

兴趣水平： 学前、小学、中学生

材料： 毛巾、浴池

1. 确保所有的水都是温水或凉水（不烫）。提示热水的危险性，哪个水龙头里流出的是热水，哪个水龙头里流出的是凉水。
2. 在适当的环境中示范和指导学生。
3. 观察学生的行为并酌情反复指导。

■ 13.31　必要时塞住下水道

活动主题： 洗浴准备

能力要求： 视力、听力、动手能力

兴趣水平： 学前、小学、中学生

材料： 毛巾、浴池

1. 确保所有的水都是温水或凉水（不烫）。提示热水的危险性，哪个水龙头里流出的是热水，哪个水龙头里流出的是凉水。
2. 引导学生把塞子塞住下水道。

3. 观察学生的行为并酌情反复指导。

■ 13.32　在别人的提醒下洗澡或淋浴

活动主题： 我会洗澡

能力要求： 视力、听力、动手能力

兴趣水平： 小学、中学生

材料： 毛巾、洗浴液

1. 确保水温
2. 观察学生的行为并酌情制订指导计划。

■ 13.33　调整水龙头得到想要的水温

活动主题： 洗浴准备

能力要求： 视力、听力、动手能力

兴趣水平： 小学、中学生

材料： 毛巾、水龙头

1. 在学生能够区分冷水水龙头和热水水龙头后开展这个活动。
2. 让学生把水龙头打开，并旋至冷水处，用手确认流出的是冷水。
3. 让学生把水龙头向热水处微调，继续确认水温。
4. 重复上述动作，直到获取所想要的水温。
5. 在开始做这个活动时需要教师或成人的监督，直到学生能够独立调节水温后再停止。

■ 13.34　把梳子或发刷插进头发里

活动主题： 我会梳头

能力要求： 视力、听力、动手能力

兴趣水平： 学前、小学

材料： 洋娃娃、单排梳子、梳子

1. 为学生们提供梳子和发刷。
2. 告诉学生们听教师的要求。

3. 说：“把梳子插进头发里。”
4. 示范把梳子插进头发。
5. 说：“把梳子拿出来。”
6. 说：“把梳子插进头发里。”
7. 说：“把梳子拿出来。”
8. 让学生示范并充当"领导"。

■ 13.35 用梳子梳头

活动主题：我会梳头

能力要求：视力、听力、动手能力

兴趣水平：学前、小学

材料：镜子、干净的梳子或发刷

1. 准备干净的梳子和一面大镜子。
2. 发给每个学生一把梳子。
3. 告诉学生们他们将要为自己梳头。
4. 示范对着镜子梳头发。
5. 为每个学生梳头发。
6. 手把手地教学生梳头发。
7. 一次让一个学生走到镜子前面梳头发。
8. 让每个学生在完成梳头发的动作之后，站在全班学生前面。
9. 让全班称赞这个学生。

■ 13.36 允许别人为自己理发

活动主题：美发

能力要求：视力、语言、动手能力

兴趣水平：学前、小学、中学生

材料：理发工具、镜子、椅子、杂志

1. 准备一个类似于理发店的活动区。
2. 收集各种发型的照片，特别是受欢迎的名人发型。

3. 把这些照片贴在镜子周围。
4. 准备顾客等候时所坐的椅子，摆放一些杂志。
5. 和自告奋勇的学生一起开门营业。
6. 微笑着为学生树立一个好榜样。
7. 奖励第一个自告奋勇的学生：为他拍照并展示照片。
8. 要求更多的学生自告奋勇，直到所有学生的发型照片都被展示出来。

■ 13.37 允许别人为自己的头发定型

活动主题：美发

能力要求：视力、语言、动手能力

兴趣水平：学前、小学、中学生

材料：理发工具、镜子、椅子、杂志、喷水壶

1. 准备一个类似于理发店的活动区。
2. 收集各种发型的照片，特别是受欢迎的名人发型。
3. 把这些照片贴在镜子周围。
4. 让学生选择喜欢的发型。
5. 让学生做到镜子前。
6. 尝试用装水的喷壶喷学生的头发。
7. 先使用少量的水，逐步增加水量。
8. 用手把打湿的头发定型。
9. 为学生拍照留念，并把照片贴到学生经常可以看见的地方。

■ 13.38 部分地为自己的头发定型

活动主题：美发

能力要求：视力、语言、动手能力

兴趣水平：学前、小学、中学生

材料：理发工具、镜子、椅子、杂志、喷水壶

1. 准备一个类似于理发店的活动区。
2. 收集各种发型的照片，特别是受欢迎的名人发型。

3. 把这些照片贴在镜子周围
4. 让学生选择喜欢的发型。
5. 让学生做到镜子前。
6. 尝试用装水的喷壶喷学生的头发。
7. 先使用少量的水，逐步增加水量。
8. 让学生自己尝试用手把打湿的头发定型。
9. 为学生拍照留念，并把照片贴到学生经常可以看见的地方。

■ 13.39 用指甲刷清理手指甲

活动主题：清理指甲
能力要求：视力、听力、动手能力
兴趣水平：学前、小学
材料：碗、毛巾、指甲刷

1. 准备一碗肥皂水和一个指甲刷。
2. 把一碗肥皂水和指甲刷放在便利的地方。
3. 把教师想让学生做的动作提前示范一下。
4. 选一个学生开始练习清理指甲，同时确保其他学生都有机会。
5. 把学生的手指浸在肥皂水中，让他们用指甲刷清理指甲。
6. 必要时提供帮助。
7. 鼓励那些看起来已经准备好的学生尝试着自己独立刷指甲。

■ 13.40 修剪或锉光手指甲和脚趾甲

活动主题：清理指甲
能力要求：视力、听力、动手能力
兴趣水平：学前、小学
材料：碗、毛巾、指甲钳、锉甲刀

1. 准备指甲钳和锉甲刀。
2. 把指甲钳和锉甲刀放在易拿取的地方。
3. 把教师想让学生做的动作提前示范一下。

4. 选一个学生开始剪指甲，让他尝试用锉甲刀修指甲。
5. 让学生自己尝试剪指甲并用锉甲刀修指甲。
6. 必要时提供帮助。
7. 鼓励那些看起来已经准备好的学生尝试着自己独立修指甲。

■ 13.41　用正确的方法使用除臭剂

活动主题：使用除臭剂
能力要求：视力、听力、动手能力
兴趣水平：小学、中学生、青少年
材料：除臭剂

1. 介绍除臭剂的标示。
2. 讲解除臭剂的使用方法。
3. 在适当的环境中示范和指导学生。
4. 观察学生的行为并酌情反复指导。

■ 13.42　必要时或定期洗澡或淋浴

活动主题：我会洗澡
能力要求：视力、语言、动手能力
兴趣水平：小学、中学生、青少年
材料：洗浴液、毛巾

1. 确保水温。
2. 根据天气情况和学生制订洗浴计划。
3. 要求学生按照洗浴计划开展洗浴活动。
4. 完成洗浴活动。

■ 13.43　必要时梳头。对着镜子检查仪表

活动主题：美发
能力要求：视力、语言、动手能力

兴趣水平：小学、中学生、青少年

材料：梳子、定型水等

1. 让学生站到镜子面前。
2. 引导学生用梳子梳理头发。
3. 必要时使用定型水喷头发。
4. 为头发定型。
5. 确定自己的仪表没有问题。

■13.44 保持指甲干净、整齐，并经常修剪指甲

活动主题：清理指甲

能力要求：视力、听力、动手能力

兴趣水平：学前、小学、中学生

材料：碗、毛巾、指甲钳、锉甲刀、指甲刷

1. 准备指甲钳、锉甲刀、指甲刷。
2. 把工具放在易拿取的地方。
3. 提醒学生使用指甲钳剪指甲。
4. 提醒学生使用锉甲刀修指甲。
5. 使用指甲刷清洗修剪好的指甲。
6. 洗手，并用毛巾擦拭干净。

■13.45 必要时或定期使用除臭剂

活动主题：使用除臭剂

能力要求：视力、听力、动手能力

兴趣水平：小学、中学生、青少年

材料：除臭剂

1. 提醒学生观察卫生间的环境。
2. 让学生选择正确的除臭剂。
3. 引导学生准确使用除臭剂。

■ 13.46　必要时清洗玻璃杯、梳子或发梳

活动主题：清洗工具

能力要求：视力、听力、动手能力

兴趣水平：小学、中学生、青少年

材料：清洗剂、清洗刷

1. 准备需要清洗的玻璃杯、梳子或发梳等。
2. 倒入清洗剂。
3. 用清洗刷刷需要清洗的工具。
4. 直到刷干净。
5. 用水冲洗干净，晾干。
6. 收好清洗刷。

■ 13.47　必要时或定期为自己修面

活动主题：整理面容

能力要求：视力、听力、动手能力

兴趣水平：中学生、青少年、成年人

材料：碗、毛巾、刮胡刀、刮胡泡沫

1. 准备刮胡刀。
2. 要求学生把刮胡泡沫涂在有胡子的地方。
3. 使用刮胡刀轻轻修理面容。
4. 用水清洗掉泡沫。
5. 用毛巾把脸擦干。
6. 清洗并放好刮胡刀。

第十四章 穿 衣

行为标识

能够穿不同的衣物

能够穿裤子

能够穿袜子

能够穿鞋子

能够选择衣物保持清洁

■ 14.01　别人为自己穿衣时，被动地配合

活动主题：配合穿衣

能力要求：听力

兴趣水平：学前、小学

材料：最喜欢的玩具

在物理治疗师的指导或帮助下使用或修改。

注意：所有的穿衣技能、活动和术语都必须进行调整，以便符合当地学校关于帮助学生穿衣的政策或规定。

1. 把学生放在一边，让他的头部下垂、膝盖蜷曲，避免出现痉挛状态或肢体僵硬。
2. 轻拍学生胳膊的下方，让他把胳膊伸开，同时口头提示："把胳膊递给我。"
3. 轻轻地把学生的胳膊伸展到高于头部的位置，把袖子放在胳膊上，然后拉动袖子。
4. 把袖子沿着胳膊向上拉动。
5. 换另一只胳膊，重复上述动作。
6. 当教师为学生穿裤子的时候，可以让学生玩一玩他最喜欢的玩具。
7. 让学生侧身躺着。
8. 翻个身，重复练习。
9. 如果学生有抵触情绪，不要猛拉学生的肢体。
10. 放轻松，慢慢来。
11. 让活动令人愉快。

■ 14.02　移动四肢帮助穿衣

活动主题：配合穿衣

能力要求：走动、视力、听力、动手能力

兴趣水平：学前、小学

材料：衣服

1. 把学生的鞋子、裤子、衬衫和袜子放在桌子或椅子上。

2. 告诉学生，教师将要选一件衣服，把这件衣服举起来让学生看一看。
3. 让学生说出或指出这件衣服应该从哪个肢体部位开始穿起，移动那个肢体准备穿衣。
4. 选择第一件衣服，说："告诉我这件衣服穿在哪里？"
5. 如果学生出了错，把衣服放回到桌子上，并说出正确的位置。
6. 继续下去，直到学生识别出所有的衣服并穿好衣服。

■14.03 通过传递衣服或拿着衣服来帮助穿衣

活动主题：配合穿衣
能力要求： 视力、动手能力
兴趣水平： 学前、小学
材料： 衣服

1. 帮学生脱掉鞋子、袜子和衬衫。
2. 让学生们坐成半圆形。
3. 把每个学生的衣服分别堆放在相应的学生面前。
4. 说："把你的袜子递给我"，同时指着你自己的袜子提示学生。
5. 如果学生的反应有误，指出正确的衣物并重复刚才的要求。
6. 如果第一个学生没有什么衣物可以递给你了，让下一个学生练习。

■14.04 识别自己的衣服

活动主题：找衣服
能力要求： 走动、视力、动手能力
兴趣水平： 学前、小学
材料： 衣服

1. 让学生们在走进房间后脱掉毛衣和外衣，并且把这些衣服堆放在房间中央的地板上。
2. 让学生们脱掉一只鞋子，把鞋子放在衣服旁。
3. 告诉学生们：当教师说"开始"的时候，他们就要找到自己的毛衣和鞋子，把它们穿上而无须扣扣子，并且在穿好后举手。

4. 教师还可以增加衣物的数量，或者让学生们把所有的衣服都扣上扣子。

■ 14.05　扣上大约三分之一的按扣

活动主题：扣按扣
能力要求：动手能力
兴趣水平：学前
材料：纸箱子、大按扣、碎布

1. 在纸箱子的左右两侧剪出弧形，在纸箱子的前侧剪出大的长方形。
2. 在后侧剪出投放按扣的狭槽。
3. 把大按扣的一部分缝在一块儿碎布上。
4. 把带扣眼的一部分缝在另一块儿碎布的边缘处。
5. 把带扣眼的碎布从箱子里面用胶带固定在长方形区域上。
6. 把带有按扣的碎布用胶带固定在边缘处，让按扣的表面可以对准扣眼。
7. 把狭槽周围的彩色胶带放进箱子里。
8. 让学生练习把按扣投进狭槽里。
9. 指导学生把一只手伸进箱子里找到按扣，用另一只手借助碎布来传递按扣。

■ 14.06　大人帮助把头部和胳膊伸进衣服后，把套衫拉到胸部以上

活动主题：穿套衫
能力要求：听力、动手能力
兴趣水平：学前
材料：大号无袖衬衫、对比面料、镜子

1. 准备大号无袖衬衫。
2. 用鲜艳的对比色画出头部和胳膊上的洞。
3. 把学生带到一个有镜子的安静的地方。
4. 提示说："把衬衫穿上。"
5. 把学生的手放在教师的手里、把衬衫放在学生上方，然后把衬衫从学生头部向下拉。
6. 展示胳膊处的洞，帮助学生把胳膊从洞里伸过去，一次让一只胳膊伸过去。

第十四章 穿 衣

7. 用手把衬衫向下拉，同时把另一只胳膊从从洞里伸过去。
8. 把学生的双手放在衬衫底部，说："拉"，同时慢慢地把衬衫向下拉。
9. 逐步减少帮助，直到学生独立把衬衫拉下来。
10. 慢慢来。
11. 如果学生没有时间尝试，他就学不会。

■ 14.07　把一只胳膊伸进T恤的袖子里，把T恤拉到胸部以上

活动主题：穿套衫

能力要求：视力、动手能力

兴趣水平：学前

材料：胶带、干净的塑料漂白剂瓶、硬纸管、绳子、纱线

1. 从干净的塑料漂白剂瓶上剪出一些环状塑料，从硬纸管上剪出几个直径为10cm、宽度为5cm的纸环。
2. 用胶带把绳子和纱线的两头连接起来，制作直径不同的环。
3. 让学生用一只手把这些环套在另一只胳膊上。
4. 鼓励学生把这些环拉到胳膊上方，然后从胳膊上取下来。
5. 酌情提供帮助。
6. 鼓励学生从大环改用小而硬的环，再到柔韧的环。

■ 14.08　把两只胳膊伸进T恤的袖子里，把T恤拉到胸部以上

活动主题：穿套衫

能力要求：动手能力

兴趣水平：学前、小学

材料：T恤、计时器

1. 告诉学生他将要参加比赛，看他能用多快的速度把两只胳膊伸进T恤并且把T恤拉下来。
2. 指导学生把每只胳膊伸进袖孔里，然后把T恤向下拉。
3. 向学生展示计时器。提示说：教师将要把计时器设定为1分钟。
4. 告诉这个学生：如果他在1分钟之内把T恤穿上，他就可以为下一个学生计时。

—249—

5. 重复下去，直到每个学生都有机会。
6. 随着学生能力的增强，减少穿衣时间。

■ 14.09　把T恤拉到头部上方，把双臂伸进袖子里，把T恤拉到胸部以上

活动主题：穿套衫
能力要求：动手能力
兴趣水平：学前、小学
材料：特大号T恤、计时器

1. 准备特大号T恤和时长可达3分钟的计时器。
2. 在计时器上大致标记出30秒时间。
3. 把T恤放在学生的头上。
4. 指导学生把T恤套在头上，把胳膊伸进T恤的袖子并且向下拉。
5. 让学生自己尝试穿衣。
6. 向学生展示计时器及其工作原理。
7. 告诉学生：他将要和计时器比赛时间。
8. 把T恤放在学生的头上。
9. 说："开始"，并打开计时器。
10. 让学生在设定的时间之前穿上衬衫。
11. 改用适合学生的T恤。

■ 14.10　把T恤完全穿上

活动主题：穿套衫
能力要求：视力、动手能力
兴趣水平：学前、小学
材料：T恤、乌龟

1. 准备小的、活着的乌龟。
2. 把学生带到盛着乌龟的容器前，摸一摸乌龟的头，让它的头缩进壳里。
3. 等着乌龟的头再次伸出来。
4. 帮助学生轻轻地触摸乌龟的头，以便让它的头缩进壳里。

5. 告诉学生他的头也可以成为乌龟的头。
6. 把T恤放在头上，蒙着脸部，然后把T恤拉下来露出脸部。
7. 笑着说："乌龟的头。"
8. 把T恤交给学生。
9. 帮助学生把头和双手放在T恤的适当位置上。
10. 指导学生穿上T恤。
11. 当学生的头露出来的时候，笑着说："乌龟的头。"
12. 把T恤脱下来，重复练习。逐步减少帮助，直到学生可以独自穿上它。

■ 14.11　扣上前面同学衣服三分之一的纽扣

活动主题： 扣纽扣
能力要求： 视力、听力、动手能力
兴趣水平： 学前、小学、中级学生、青少年
材料： 带有纽扣和扣眼的罩衫或衬衫

1. 为每个学生准备罩衫或衬衫。
2. 制作显而易见的彩色纽扣和扣眼。
3. 让学生穿上罩衫，把有纽扣一面放在背后。
4. 让学生前后站立并围成一圈。
5. 指导学生练习为自己前边的学生系纽扣和解纽扣。
6. 酌情提供帮助。

■ 14.12　把裤子从臀部拉到腰部

活动主题： 穿裤子
能力要求： 走动、视力、动手能力
兴趣水平： 学前
材料： 几条色彩鲜艳的大号裤子

1. 把2到3条色彩鲜艳的大号裤子装在一个箱子里，把箱子放在房间的中央。
2. 让2到3个学生站在箱子周围。
3. 一次拿出一条裤子，向所有的学生展示。

4. 把学生的双手放在裤腰或裤子的侧面上。
5. 教师把手放在学生的手上。
6. 帮助每个学生把裤子提到大腿上。
7. 开始时练习向上拉的动作。当学生模仿这个动作时，教师松开手。
8. 让学生享受自己穿裤子的喜悦。

■ 14.13　把裤子从膝盖处拉到腰部

活动主题：穿裤子

能力要求：听力、语言、动手能力

兴趣水平：学前

材料：口哨、洗手间或私密的地方

1. 把学生带到私密的地方或洗手间，帮助他把裤子退到膝盖处。
2. 一边说出身体部位的名字，一边触摸这些部位。
3. 用力拉裤子。
4. 说："这是你的裤子。"
5. 让学生的手摸一摸裤子。
6. 教师用手指沿着裤子的方向向上划过学生的腿外侧。
7. 当学生向上提裤子的时候，用口哨表示向上的刻度。
8. 可以让学生在教师吹口哨的时候玩一玩口哨。

■ 14.14　把裤子从脚踝处拉到腰部

活动主题：穿裤子

能力要求：走动、视力、听力、动手能力

兴趣水平：学前、小学

材料：腰部有弹性的裤子

1. 为每个学生穿上一条腰部有弹性的大裤子（套在学生自己的裤子外面）。
2. 让学生们站队。
3. 把学生们的裤子脱至脚踝。
4. 和其中的一个学生一起示范怎样提裤子。

5. 告诉学生们：他们将要比赛提裤子。当教师说"开始"的时候，学生们就要尽快地把裤子拉到腰部。

■14.15　把裤子从地板处一直拉到腰部

活动主题：穿裤子

能力要求：走动、视力、听力、动手能力

兴趣水平：学前、小学

材料：宽松的裤子

1. 为每个学生制作或准备宽松的裤子（套在学生自己的裤子外面）。
2. 说："看，我有一些滑稽的大裤子。我打算帮你们穿上这些裤子。"
3. 在给学生穿裤子的时候，鼓励学生的帮助动作。
4. 说："现在让我们玩一个游戏。"
5. 说："当我做动作的时候，你们就照做。"
6. 教师拍一拍手，然后说："现在你们拍手。"
7. 跳起来，然后说："现在你们跳。"
8. 继续让学生们模仿教师的动作。
9. 把宽松的裤子向上拉，然后说："现在你们把裤子向上拉。"
10. 鼓励把裤子向上拉的所有努力。
11. 反复几次命令学生"把裤子向上拉"。

■14.16　把手伸进敞开的衣服的袖孔里

活动主题：穿开衫

能力要求：视力、动手能力

兴趣水平：学前、小学

材料：纸袋、小玩具

1. 坐在放有大型纸袋的地板上。
2. 说："看着我的纸袋，看看我可以对纸袋做些什么。观察我把胳膊伸进去。"
3. 问："谁能把纸袋套在胳膊上？"
4. 在纸袋里放入让学生感到惊喜的玩具。

5. 把纸袋交给学生。
6. 让学生把纸袋套在胳膊上。
7. 如果学生把胳膊伸进纸袋里并够到了玩具，让他玩一玩这个玩具。
8. 如果学生有困难，再次做动作示范。
9. 如果有必要，把学生的手放进袋子里。
10. 问："还有谁能把纸袋套在胳膊上？"
11. 让每个学生都有机会练习。
12. 教师还可以把纸袋套在另一个身体部位上。

■ 14.17　找到另一个袖孔，把手和胳膊伸进去

活动主题：穿开衫

能力要求：视力、动手能力

兴趣水平：学前、小学

材料：背包、马甲、小玩具

1. 收集几个柔软的棉布背包和大号的前面系扣的马甲。
2. 拿起一个背包，示范如何先找到第一个袖孔，再找到第二个袖孔。
3. 把背包取下来，把背带拿到肩部，帮助学生背上它。
4. 当学生掌握了背背包的动作后，允许学生把最喜欢的玩具装进背包，背上背包，走到另一个房间。
5. 增大难度：引入大号男士马甲。
6. 示范正确的穿衣顺序并把马甲和背包联系起来。
7. 酌情提供帮助。
8. 允许学生在完成任务后打扮自己。

■ 14.18　把胳膊伸进另一个衣袖，把衣服向上拉到肩部

活动主题：穿开衫

能力要求：动手能力

兴趣水平：学前

材料：毛衣、纱线、针

第十四章 穿 衣

1. 把色彩鲜艳的纱线缝在大号毛衣的袖孔内测周围。
2. 把毛衣摆放在学生的大腿上，让毛衣的里面朝上、领子的边缘靠近学生。
3. 向学生展示袖孔轮廓，鼓励或帮助学生把胳膊伸进袖孔（不超过胳膊肘）。
4. 告诉学生把胳膊举过头顶，以便让毛衣落在身上。
5. 重复练习，直到学生能够在毛衣被放在大腿上的时候把毛衣穿上。

■14.19 把衣服敞开的两侧拉到一起

活动主题：穿开衫

能力要求：动手能力

兴趣水平：学前、小学

材料：毛衣、塑料搭扣、针、线

1. 准备2个5cm长的塑料搭扣和一个前边开襟的毛衣。
2. 把塑料搭扣缝在毛衣的两片前襟的内测。
3. 把毛衣穿在学生身上。
4. 站在学生身后。
5. 抓住毛衣的两片前襟。
6. 向学生示范怎样把毛衣的两片前襟拉在一起，以便让塑料搭扣粘住。
7. 让学生把毛衣的两片前襟拉在一起。

■14.20 为敞开的衣服系纽扣或试图系纽扣

活动主题：系纽扣

能力要求：视力、听力、动手能力

兴趣水平：学前、小学

材料：马甲、纽扣、针、线、标签纸、水彩笔

1. 为每个学生准备带有大型纽扣的马甲。
2. 讨论穿着系好纽扣的毛衣看起来怎么样。
3. 向学生们展示如果毛衣上的纽扣系错了，毛衣看起来会是什么样。
4. 让学生们穿上马甲。
5. 示范如何系好马甲的纽扣。

6. 指导每个学生完成任务。
7. 帮助有困难的学生。
8. 当学生掌握了在马甲上系大型纽扣之后，让学生们把毛衣的纽扣系上。

■ 14.21 把袜子从脚后跟拉到脚踝

活动主题： 穿袜子

能力要求： 视力、听力、动手能力

兴趣水平： 学前

材料： 大的洋娃娃、洋娃娃的袜子

1. 让学生坐在地板上，把一个大的洋娃娃放在他的双腿之间。
2. 把洋娃娃的鞋子脱下来，把洋娃娃的袜子脱下到脚后跟。
3. 让学生坐在教师的双腿之间，示范如何把袜子从脚后跟拉到脚踝。
4. 再次把袜子退到脚后跟。
5. 让学生把袜子拉到脚踝。
6. 教师还可以让学生把自己的袜子穿上。

■ 14.22 把袜子从脚底向上拉到脚踝

活动主题： 穿袜子

能力要求： 视力、动手能力

兴趣水平： 学前、小学

材料： 大号袜子

1. 把学生放在椅子上。
2. 坐在学生的侧前方，让学生可以用眼睛平视教师。
3. 双腿交叉，把一只脚和脚踝放在另一个膝盖上方。
4. 告诉学生照教师的样子把双腿交叉。
5. 使用一只特大号的有弹性的袜子，教师把这只袜子套在自己的脚上，直到脚底。
6. 把另一只袜子一直套到学生的脚底。
7. 示范如何把袜子向上拉：用一只手或双手抓住袜子的最上端，然后慢慢地

伸直自己的腿。
8. 让学生像教师这样把袜子向上拉。
9. 用另一脚重复练习。
10. 增大难度，用正常大小的袜子来练习。

■ 14.23　把袜子从脚趾向上拉到脚踝

活动主题：穿袜子

能力要求：视力、动手能力

兴趣水平：学前、小学

1. 把学生放在椅子上。
2. 坐在学生的侧前方，让学生可以用眼睛平视教师。
3. 双腿交叉，把一只脚和脚踝放在另一个膝盖上方。
4. 告诉学生照教师的样子把双腿交叉。
5. 使用一只特大号的有弹性的袜子，把这只袜子套在你的脚上，直到脚底。
6. 把另一只袜子一直套到学生的脚底，
7. 示范如何把袜子向上拉：用一只手或双手抓住袜子的最上端，然后慢慢地伸直自己的腿。
8. 让学生像教师这样把袜子向上拉。
9. 用另一脚重复练习。
10. 加大难度，用正常大小的袜子来练习。

■ 14.24　把袜子完全穿上

活动主题：穿袜子

能力要求：走动、视力、听力、动手能力

兴趣水平：学前、小学

材料：学生的短袜、代币

1. 让学生们坐在特定的位置上。
2. 告诉学生们脱下他们的鞋和袜。
3. 把所有袜子都成双地收集起来，放在中央。

4. 让学生们跑到这一堆袜子跟前，找出自己的袜子，等教师说"1、2、3，开始"的时候就开始穿袜子。

■ 14.25　穿上鞋子，把脚后跟登进鞋子里

活动主题： 穿上鞋子
能力要求： 走动、视力、听力、动手能力
兴趣水平： 学前、小学
材料： 学生的鞋子、代币

1. 让学生坐在地板上、凳子上或低矮的椅子上，以便让他的双脚放在地板上。
2. 让学生把他的一只脚放在另一个膝盖的上方，并且把鞋子拿到脚边。让他把脚趾伸进鞋里，把鞋子拉到脚后跟上。用另一只脚重复练习。酌情提供帮助。
3. 让学生用宽松的鞋子练习。
4. 开始时让学生穿露脚跟的凉鞋或休闲鞋。
5. 去掉或松开鞋带，或者把鞋舌拿出来，以便让学生可以容易地把脚伸进鞋子里。
6. 当学生坐着或扶着东西站立的时候，把鞋子放在地板上，让学生把脚伸进鞋子里。
7. 对于年龄较大的发育迟缓的学生：如果他的坐姿平衡力差，让他坐在低矮的椅子上，或者靠在墙上或墙角上。如果学生坐轮椅，让他把一只脚放在另一个膝盖上，以便把脚伸进鞋子里；或者也可以把鞋子放在轮椅的脚踏上，以便让学生把他的脚伸进鞋子里。如果学生无法自己穿鞋，让他看着教师穿鞋动作以及教师为他穿鞋的过程。让他在支撑下坐在教师的前边，为他穿上鞋子，就好像他将会自己穿鞋一样。

■ 14.26　踩着鞋底穿上鞋子

活动主题： 穿上鞋子
能力要求： 走动、视力、听力、动手能力
兴趣水平： 学前、小学
材料： 学生的鞋子、代币

1. 让学生坐在地板上、凳子上或低矮的椅子上，以便让他的双脚放在地板上。

2. 让学生把他的一只脚放在另一个膝盖的上方，并且把鞋子拿到脚边。帮他把脚趾伸进鞋里、踩着鞋底，把脚伸进去，然后自己把鞋子拉到脚后跟上。用另一只脚重复练习。酌情提供帮助。
3. 让学生用宽松的鞋子练习。
4. 开始时让学生穿露脚跟的凉鞋或休闲鞋。
5. 去掉或松开鞋带，或者把鞋舌拿出来，以便让学生可以容易地把脚伸进鞋子里。
6. 当学生坐着或扶着东西站立的时候，把鞋子放在地板上，让学生把脚伸进鞋子里。
7. 对于年龄较大的、发育迟缓的学生：如果他的坐姿平衡力差，让他坐在低矮的椅子上，或者靠在墙上或墙角上。如果学生坐轮椅，让他把一只脚放在另一个膝盖上，以便把脚伸进鞋子里；或者也可以把鞋子放在轮椅的脚踏上，以便让学生把他的脚伸进鞋子里。如果学生无法自己穿鞋，让他看着教师穿鞋动作以及教师为他穿鞋的过程。让他在支撑下坐在教师的前边，为他穿上鞋子，就好像他将会自己穿鞋一样。

■ 14.27 伸进脚趾穿上鞋子

活动主题：穿上鞋子
能力要求：走动、视力、听力、动手能力
兴趣水平：学前、小学
材料：学生的鞋子、代币

1. 让学生坐在地板上、凳子上或低矮的椅子上，以便让他的双脚放在地板上。
2. 让学生把他的一只脚放在另一个膝盖的上方，并且把鞋子拿到脚边。让他自己把脚趾逐渐伸进鞋里。用另一只脚重复练习。酌情提供帮助。
3. 让学生用宽松的鞋子练习。
4. 开始时让学生穿露脚跟的凉鞋或休闲鞋。
5. 去掉或松开鞋带，或者把鞋舌拿出来，以便让学生可以容易地把脚伸进鞋子里。

6. 当学生坐着或扶着东西站立的时候，把鞋子放在地板上，让学生把脚伸进鞋子里。
7. 对于年龄较大的发育迟缓的学生：如果他的坐姿平衡力差，让他坐在低矮的椅子上，或者靠在墙上或墙角上。如果学生坐轮椅，让他把一只脚放在另一个膝盖上，以便把脚伸进鞋子里；或者也可以把鞋子放在轮椅的脚踏上，以便让学生把他的脚伸进鞋子里。如果学生无法自己穿鞋，让他看着教师穿鞋动作以及教师为他穿鞋的过程。让他在支撑下坐在教师的前边，为他穿上鞋子，就好像他将会自己穿鞋一样。

■ 14.28　把鞋子完全穿上

活动主题：穿上鞋子
能力要求：走动、视力、听力、动手能力
兴趣水平：小学
材料：学生的鞋子

1. 让学生们坐在特定的位置上。
2. 告诉学生们脱下他们的鞋子。
3. 把所有的鞋子都成双地收集起来，放在中央。
4. 让学生们跑到这一堆鞋子跟前，找出自己的鞋子，等教师说"1、2、3，开始"的时候就开始穿鞋子。

■ 14.29　把拉链拉上

活动主题：拉上拉链
能力要求：视力、动手能力
兴趣水平：学前、小学
材料：大型彩色纸夹、带拉链的裤子或夹克

1. 把一个大型彩色纸夹固定在拉链垂片的孔上。
2. 用纸夹作为把手，让学生握住纸夹。
3. 让学生抓住裤子上的拉链下方，以便把拉链拉直。
4. 告诉学生使用惯用手抓住纸夹，把拉链向上拉。

5. 提示学生做好上述三个步骤，说："抓住纸夹，把裤子拉直，把拉链向上拉。"
6. 经常重复练习，直到学生学会把纸夹做为把手。
7. 用较小的纸夹来代替前边的纸夹，直到学生会用。
8. 随着学生能力的增强，去掉纸夹，让学生只使用拉链上的把手。

■ 14.30 获取特定的衣物

活动主题： 找衣服

能力要求： 走动、视力、听力、动手能力

兴趣水平： 学前、小学

材料： 袜子、鞋子、衬衫、夹克、裤子、胶带

1. 让学生坐在特定的地方。
2. 在地板上用胶带标出一条"行走线"。
3. 收集各种衣物，把他们放在"行走线"两边的地板上。
4. 让每个学生轮流沿着"行走线"走动并拿起教师所说出的衣物，如："拿起毛衣。"

■ 14.31 把鞋子穿在合适的脚上

活动主题： 我会穿鞋子

能力要求： 走动、视力、动手能力

兴趣水平： 学前、小学

材料： 彩色袜子、彩色鞋带

1. 把红色的鞋带放进学生右脚所要穿的鞋子里。
2. 把蓝色的鞋带放进学生左脚所要穿的鞋子里。
3. 把红色袜子放在学生的右脚上。
4. 把蓝色袜子放在学生的左脚上。
5. 说："现在你可以把你的鞋带和你的袜子相匹配。"
6. 指出左右脚和左右脚上的鞋子有哪些其他的区别。
7. 当学生熟练掌握之后，试着不再使用颜色提示。
8. 如果学生做得不成功，恢复使用彩色鞋带和袜子。

■ 14.32　把鞋带的一部分拉紧

活动主题：我会系鞋带

能力要求：视力、动手能力

兴趣水平：小学

材料：黑色和白色的鞋带

1. 把黑色和白色的鞋带系在一起，然后把它们系在鞋上。让黑色鞋带在一边，白色鞋带在另一边。
2. 为学生们示范怎样用水平拉力拉紧鞋带。
3. 用白色鞋带做出"X"形或蛇形。
4. 解释并示范用黑色蛇形鞋带盘绕着白色的鞋带，用黑色和白色的鞋带分别穿过黑色和白色的孔眼。
5. 把鞋带分别向反方向穿过去，并拉紧鞋带的两端。
6. 一次让学生练习一个步骤。
7. 如果学生有困难，动手提示学生，然后逐步减少提示。
8. 经常重复练习。

■ 14.33　获取特定的衣物并且主动把一些衣物穿在身上

活动主题：我会穿衣服

能力要求：视力、动手能力

兴趣水平：学前、小学

材料：干净的旧衣服

1. 准备几套干净的旧衣服。
2. 说："让我们把一些有趣的衣服穿在身上。"
3. 让学生们选择并穿上衣服。
4. 为需要帮助的学生挑选衣服。
5. 帮助在穿衣服时有困难的学生穿衣。
6. 让每个学生都站出来展示他们的衣服。
7. 让学生们为彼此鼓掌。
8. 提供试穿衣服的特定区域，学生们可以在这里为某一活动穿衣打扮。

9. 鼓励学生们把家里的旧衣服捐出来供其他学生打扮。

■ 14.34　把鞋带从竖直方向上拉紧

活动主题：我会系鞋带

能力要求：语言、动手能力

兴趣水平：学前、小学

材料：木马、马缰绳

1. 告诉学生你将要让他"骑马兜风"。
2. 把木马和马缰绳展示给学生。
3. 让学生骑在木马上。
4. 告诉学生：当教师说"停"的时候，他就要把马停下，一边把马缰绳拉向自己，一边大喊"吁"！
5. 当学生竖直拉住马缰的时候，允许他再骑一遍。
6. 让学生把鞋子上的鞋带竖直拉紧并大喊"吁"！

■ 14.35　把鞋带交叉

活动主题：我会系鞋带

能力要求：听力、动手能力

兴趣水平：学前、小学

材料：图画纸、胶带、水彩笔、带鞋带的鞋子

1. 准备一张用来蒙在鞋上的图画纸。
2. 把图画纸的开口处粘在一起做成圆柱状。
3. 画出两行"X"形状来代表鞋带。
4. 把图画纸蒙在鞋面上的圆孔眼上。
5. 让学生练习把鞋带放在这两条线上。
6. 简化任务：把两根不同颜色的鞋带剪成两半，穿在孔眼上，然后系在一起。
7. 用两种不同的颜色做成"X"形状。这样一来，学生只需要把红线和红色鞋带搭配，把蓝线和蓝色鞋带搭配。

■ 14.36　把鞋带从水平方向上拉紧

活动主题：我会系鞋带

能力要求：视力、听力、动手能力

兴趣水平：学前、小学

材料：干净的旧鞋、黑色和白色的鞋带

1. 把黑色和白色的鞋带系在一起，然后把它们系在鞋上。让黑色鞋带在一边，白色鞋带在另一边。
2. 为学生们示范怎样用水平拉力拉紧鞋带。
3. 用白色鞋带做出"X"形或蛇形。
4. 解释并示范用黑色蛇形鞋带盘绕着白色的鞋带，用黑色和白色的鞋带分别穿过黑色和白色的孔眼。把鞋带分别向反方向穿过去，并拉紧鞋带的两端。
5. 一次让学生练习一个步骤。
6. 如果学生有困难，动手提示学生，然后逐步减少提示。
7. 经常重复练习。

■ 14.37　把鞋带从竖直方向上拉紧

活动主题：我会系鞋带

能力要求：视力、语言、动手能力

兴趣水平：学前、小学

材料：皮鞋的鞋带或长约60cm的麻线

1. 让学生坐在椅子上。
2. 发给每个学生一根鞋带。
3. 告诉他们听教师的话、仔细观察教师的动作，然后模仿。
4. 一边示范一边解说。
5. 教师把鞋带放在褪下，然后把鞋带的两端向上拉，直到两端相等。
6. 拿起一端，把它横放在自己腿上。
7. 把另一端放在第一端的上面。
8. 拿起第一端，把它放在鞋带交叉的位置，然后从鞋带的下方穿过去、绕过来。

9. 拉起鞋带的两端。如果教师打了一个结，说："打结。"
10. 让学生们分成几大组反复练习上述步骤。
11. 根据学生的需要，把学生分成几个小组。
12. 鼓励学生在完成任务后说"打了一个结"。
13. 当学生掌握了在腿上打结后，过渡到在真正的鞋子上打结。

■ 14.38 打蝴蝶结

活动主题： 我会系鞋带

能力要求： 视力、动手能力

兴趣水平： 学前、小学

材料： 包装纸、盒子、绶带

1. 用彩色纸把大小不同的盒子包起来。
2. 准备与盒子相搭配的不同颜色的绶带。
3. 告诉学生选择盒子和用来系在盒子上的绶带。
4. 让学生把绶带缠绕在盒子上，然后在盒子上打结。
5. 必要时提供帮助。
6. 继续练习，直到所有的盒子都被包装起来。
7. 把大小不同的奖品放进盒子里。告诉学生谁打的蝴蝶结最好看，谁就可以留着这个盒子，从而更好地激励学生。

■ 14.39 把蝴蝶结系紧

活动主题： 我会系鞋带

能力要求： 走动、视力、动手能力

兴趣水平： 学前、小学

材料： 空的废纸篓

1. 告诉学生们如何确认鞋子上的蝴蝶结是系紧的。
2. 在开始做游戏之前，让每个学生都反复系紧蝴蝶结。
3. 把空的废纸篓放在地板上。
4. 让学生们脱下鞋子放进废纸篓。

5. 让学生们蒙上眼睛。
6. 把鞋子分散在房间里。
7. 让学生们找到鞋子并把鞋子穿在合适的脚上。
8. 提醒学生们鞋上的蝴蝶结可能是紧的。
9. 检查每一个蝴蝶结。

■ 14.40　纽扣、拉链和按扣

活动主题：灵活小小手
能力要求：走动、视力、动手能力
兴趣水平：学前、小学、中级学生
材料：纽扣板、扣眼、娃娃

根据需要改编：

1. 让学生把硬币放进储钱罐，或者把纸牌游戏的筹码放进用带盖的盒子或咖啡罐剪出的狭槽里。
2. 用一个鞋盒或其他盒子制作"纽扣盒子"。在盒子的顶端剪出一个狭槽，让学生把扁平的纽扣或纸牌戏的筹码放进竖直或水平的狭槽里。制作几个狭槽，以便让学生可以把纽扣从一个狭槽里投进去，用另一只手从相邻的另一个狭槽里把纽扣取出来。把纽扣留在盒子里。
3. 用布料和直径为2.5到5cm的大号纽扣制作"纽扣板"。让扣眼至少比纽扣大1/4。用结实的线把纽扣松松地缝在布料上。把一张吸引人的图片放在"纽扣板"上的布料下方。这样一来，学生在解开纽扣后就可以看到图片。用线圈代替扣眼。
4. 示范如何解开纽扣，然后让学生照做。酌情提供帮助。不要催促学生。
5. 让学生解开洋娃娃衣服上的大号纽扣。
6. 让学生穿前边带有大号纽扣的衣服，如：马甲或罩衫，让他解开纽扣。
7. 用粗线把纽扣固定在布料上，在纽扣和布料之间留出1cm的粗线。这样就在纽扣和布料之间留出足够的空间，以便让学生可以轻松地让纽扣穿过扣眼。
8. 把纽扣的一半穿过扣眼，让学生把纽扣完全从扣眼里拉出来。
9. 让学生练习为衣服上带有大号纽扣的洋娃娃穿衣。

第十四章 穿 衣

10. 让学生为前边开口的带有大号纽扣的衣服系纽扣。用带有大号纽扣的罩衫或无袖马甲来练习。
11. 用带有线圈而不是扣眼的纽扣来练习。

■ 14.41　按照吩咐穿上所有的衣服

活动主题： 我会穿衣服
能力要求： 走动、动手能力
兴趣水平： 小学、中学生
材料： 2个手提箱、大号T恤、几条宽松长裤、大号袜子或拖鞋

1. 准备学生能够打开和合上的2个手提箱、枕套或袋子。
2. 在每个手提箱里放入大号T恤、几条宽松长裤、大号袜子或拖鞋。
3. 解释说每个学生都要轮流跑向手提箱，打开它，取出衣服穿在身上，脱下衣服，把衣服放回去，合上手提箱，然后跑向队列里的下一个人。
4. 把全班分成两组。
5. 让每个小组排队。
6. 告诉他们：他们将要比赛穿衣和脱衣，队列里的下一个人在第一个人回来的时候一定要做好出发的准备。
7. 加大难度：用衣夹把衣服挂在晾衣绳上。

■ 14.42　拉上所有的拉链，即使位于衣服后面或侧面的拉链

活动主题： 我会穿衣服
能力要求： 视力、动手能力
兴趣水平： 学前、小学、中级学生
材料： 夹克

1. 为学生穿上带有大号拉链的夹克。
2. 向学生展示如何把拉链插进拉链夹里，把垂片留在拉链的外面，把拉链向上拉。
3. 站在学生身后来示范，从而让他看到教师的手部动作。
4. 让学生把这些步骤操作一遍。

5. 如果学生能够完成所有步骤，让他尝试练习带有中号拉链的马甲。
6. 尝试练习拉小号拉链。
7. 让每个学生练习所有步骤，注意看学生在哪个环节需要多练习。
8. 举办竞赛，看谁能用3套马甲完成所有步骤，并且在完成任务后说"拉链"。

■ 14.43　无须提醒，每天在指定的时间穿衣

活动主题： 我会穿衣服
能力要求： 视力、动手能力
兴趣水平： 小学
材料： 衣服、时间表

1. 告诉学生天气转凉，每天放学前需要自己穿好衣服。
2. 无需教师提醒的学生可以获得一个星星的奖励。
3. 每天放学排队前进行奖励，提醒不能够完成的学生记得穿衣服。
4. 直到所有学生都能在放学前穿上外套。

■ 14.44　根据天气、位置等选择和使用保护性的衣服

活动主题： 搭配衣服
能力要求： 视力、动手能力
兴趣水平： 学前、小学
材料： 10cm×15cm卡片、杂志图片（表明天气状况）

1. 剪出一些表明显著的天气状况的图片，如：下雨、下雪或炎热的天气。
2. 把这些图片裱糊在10cm×15cm的卡片上。
3. 收集雨衣、毛衣、派克大衣或厚重的夹克。
4. 讨论这些图片，确保学生理解每张图片上的天气状况。
5. 去掉那些对学生毫无意义的图片。
6. 把卡片正面朝下堆放在学生面前。
7. 把毛衣和外套放在桌子上或挂在学生容易看到和够到的钩子上。
8. 告诉学生抽出第一张卡片、看一看上面的景象，如果可能的话描述一下，然后指出、说出或穿上适当的保护性的衣服。

第十四章 穿 衣

9. 如果学生出了错，教师指出正确的选择并且把卡片放回原处。
10. 让学生充当老师，试着找出别人所犯的错。

■ **14.45 选择适合不同场合和地点的衣服**

活动主题： 搭配衣服
能力要求： 视力、动手能力
兴趣水平： 小学、中学生、青少年
材料： 便签纸、水彩笔、目录、剪刀

1. 制作2个或多个25cm×25cm的大型卡片。
2. 把卡片平均分成4份，在每一份上画出不同的活动。
3. 为每个活动剪出身穿适当服装的模特图片。
4. 把模特图片颠倒着放在桌子上。
5. 发给每个学生一张卡片。
6. 讨论卡片上的每个活动，确保学生没有疑惑。
7. 让第一个学生抽出一张模特图片，把这张图片同卡片上的适当活动相匹配。
8. 如果学生的卡片上没有适合的活动，让学生把模特图片放回到一堆模特图片的最下面。
9. 让学生轮流参与游戏。

■ **14.46 擦鞋**

活动主题： 擦鞋匠
能力要求： 视力、听力、动手能力
兴趣水平： 学前、小学、中学生
材料： 鞋油、布料、游戏币、擦皮鞋的盒子

1. 准备一个可以在上面放脚的盒子。
2. 告诉一个学生他将扮演擦鞋匠。
3. 示范如何擦鞋。
4. 询问谁愿意让别人擦一擦他的鞋子。
5. 让这个愿意接受擦鞋服务的学生坐在椅子上，同时把双脚放在盒子上。

6. 发给坐在椅子上的学生一枚游戏币，让他用游戏币支付给"擦鞋匠"。
7. 让"擦鞋匠"擦一擦学生的鞋子。
8. 告诉学生用游戏币付钱给"擦鞋匠"。

■ 14.47　在一整天，尝试保持干净、整洁的外表

活动主题：时装秀

能力要求：走动、视力、听力

兴趣水平：学前、小学、中学生

材料：音乐、表演台、胶带

1. 准备期末时装表演：用胶带在地板上标出一个舞台（如果条件允许的话，也可以用利用期末汇演）。
2. 播放"时装时间"音乐。
3. 宣布学生的名字，说："我们的下一位模特是……"
4. 指导学生在走向舞台时"扬起下巴""眼睛看着我"。
5. 对学生所穿的衣服给予积极评价，使用时装秀中的描述性语言。
6. 提醒学生表演结束：停止音乐播放并祝贺学生表演成功。

第十五章 脱 衣

行为标识

能脱下衣物
能脱下袜子
能脱下裤子
能脱下鞋子

■ 15.01　别人给自己脱衣时被动地配合

　　活动主题：脱衣准备
　　能力要求：听力
　　兴趣水平：学前、小学
　　材料：最喜欢的玩具
　　在物理治疗师的指导或帮助下使用或修改。
　　注意：所有的脱衣技能、活动和术语都必须进行调整，以便符合当地学校关于帮助学生脱衣的规定。

1. 让学生坐在旁边，像胎儿那样把头部前倾、膝盖弯曲，避免出现痉挛或肢体僵硬。
2. 轻拍学生小臂，让这只胳膊放松；然后口头提示学生"把胳膊伸向我"，以便让学生把胳膊伸展开。
3. 把学生的胳膊轻轻地伸到头部上方，然后拉起袖子。
4. 把袖子沿着胳膊向上拉。
5. 换另一只胳膊，重复刚才的动作。
6. 当教师为学生脱裤子的时候，可以让他玩一玩最喜欢的玩具。
7. 让学生侧躺、翻身，然后重复刚才的动作。
8. 如果学生有抵触情绪，不要猛拉学生的肢体。在考虑这一方法之前，要和物理治疗师一起检查。放松、慢慢来。让活动令人愉快。

■ 15.02　移动肢体配合别人给自己脱衣

　　活动主题：脱衣准备
　　能力要求：走动、听力
　　兴趣水平：学前

1. 告诉学生"把腿（或者其他肢体）伸向我"。
2. 充分使用动作提示。
3. 使用上述模式练习给学生脱衣。当学生把上述步骤重复几次后，改为对部分动作加以提示。
4. 每次都要记得使用前后一致的口头提示。

第十五章 脱　衣

5. 当学生总是能够成功地做出部分反应时，改为轻拍学生的肢体或轻触需要学生配合的肢体部位。
6. 逐步过渡到只用口头提示。

■ **15.03**　当成年人帮助把袜子脱到脚趾后，自己也能把袜子脱到这个位置

活动主题：脱袜子

能力要求： 视力、听力、动手能力

兴趣水平： 学前

材料： 袜子

1. 收集许多大小和颜色各异的袜子。
2. 让学生坐在地板上、左腿弯曲、左脚放在右腿的膝盖上方。
3. 把桶放在学生的脚边。
4. 脱掉学生的一只鞋子。
5. 把袜子脱到学生的足弓处。
6. 把袜子从学生的脚上脱下来：把伸开的右拇指放在袜子和脚之间，然后把袜子向着脚趾滑动。
7. 把袜子放进桶里。
8. 把另一只袜子脱到学生的足弓处。
9. 把学生的拇指放在袜子和脚之间。
10. 指导学生把那只袜子脱下来，放进桶里。
11. 每次都把不同的袜子穿在学生的脚上。
12. 如果学生不能按照要求脱掉袜子，再次示范上述过程。
13. 教师还可以让学生把袜子从教师的脚上脱下来。

■ **15.04**　当别人帮助把袜子脱到脚底后，自己也能把袜子脱到这个位置

活动主题：脱袜子

能力要求： 视力、听力、动手能力

兴趣水平： 学前

材料： 笔迹可洗的安全水彩笔、袜子

—273—

1. 让学生坐在地板上。
2. 和学生面对面坐在地板上。
3. 脱掉学生的鞋和袜。
4. 在学生的大脚趾、脚趾肚或脚面上画一张猫脸。
5. 把袜子穿在学生的脚上，一直提到脚后跟。
6. 说："把你的袜子脱下来，找到小猫。"
7. 把学生的手放在袜子的脚趾部位，根据需要帮助学生把袜子拉下来。
8. 逐步减少帮助。
9. 重复练习，直到学生无需帮助就能把袜子脱下来。

■ 15.05　把袜子脱到脚后跟

活动主题：脱袜子

能力要求：视力、听力、动手能力

兴趣水平：学前

材料：笔迹可洗的安全水彩笔、袜子

1. 让学生坐在地板上。
2. 和学生面对面坐在地板上。
3. 脱掉学生的鞋和袜。
4. 在学生的大脚趾、脚趾肚或脚面上画一张猫脸。
5. 把袜子穿在学生的脚上、一直提到脚后跟。
6. 说："把你的袜子脱下来，找到小猫。"
7. 把学生的手放在袜子的脚趾部位，根据需要帮助学生把袜子拉下来。
8. 逐步减少帮助。
9. 重复练习，直到学生无需帮助就能把袜子脱下来。

■ 15.06　把袜子完全脱下来

活动主题：脱袜子

能力要求：视力、听力

兴趣水平：学前、小学

材料：手指画的颜料、袜子、鞋、纸、胶带

1. 把两张纸用胶带固定在地板上。
2. 把手指画的颜料放在一张纸上。
3. 脱掉学生的袜子。
4. 让学生坐在纸旁边的地板上。
5. 示范怎样脱掉袜子。
6. 告诉学生：如果他能够把袜子正确地脱下来，他就可以把脚伸进颜料里，在第二张纸上留下脚印。
7. 让学生脱掉袜子。
8. 如果学生不能正确地脱掉袜子，拿着学生的手再次示范脱袜子的动作。
9. 奖励正确脱掉袜子的学生，可以让他留下脚印。
10. 把学生的名字写在脚印上方。
11. 教师还可以让学生把脚印描出来。

■15.07　当成年人帮助把鞋子脱到脚趾后，自己也能把鞋子脱到这个位置

活动主题：脱鞋子
能力要求：动手能力
兴趣水平：学前
材料：鞋、小玩具

1. 让学生坐在地板上。
2. 坐在学生对面。
3. 脱掉学生的鞋子。
4. 让学生看着教师把小玩具藏进每只鞋子的脚趾处。
5. 把鞋子松松地穿在学生的脚上，不要提上鞋子的后跟。
6. 说："把鞋子脱掉，找到玩具。"
7. 重复练习，直到学生可以迅速脱掉一只鞋子，然后再迅速脱掉两只鞋子。
8. 间断性地使用玩具激励。
9. 逐步让学生练习把完全穿在脚上的鞋子脱下来。

■ 15.08　当别人帮助把鞋子脱到脚底后，自己也能把鞋子脱到这个位置

活动主题：脱鞋子

能力要求：视力、动手能力

兴趣水平：学前、小学、中级学生

材料：笔迹可洗的安全水彩笔

1. 在学生的脚底画一张脸。
2. 不要让学生看到它。
3. 把鞋子穿上，只需遮住脚底即可。
4. 告诉学生脱掉鞋子，看一看这张"滑稽的脸"。
5. 必要时帮助学生把手放在鞋子上，把鞋子脱掉。
6. 用另一只脚进行同样的练习，然后重复练习。
7. 逐步减少帮助，直到学生可以独立地把鞋子从脚底脱下来。

■ 15.09　当别人帮助把鞋子脱到脚后跟后，自己也能把鞋子脱到这个位置

活动主题：脱鞋子

能力要求：听力、动手能力

兴趣水平：学前

材料：一只宽松的鞋子

1. 让学生坐在地板上，左腿弯曲，左脚放在右腿的膝盖上方。
2. 把洗碟盆直接放在鞋子下方。
3. 把鞋带解开并完全松开。
4. 让学生背靠着教师的胸部，坐在教师的两腿之间。
5. 手把手地把学生的右手放在左边那只鞋子的鞋跟处。
6. 推动鞋后跟，直到它从脚上滑落到洗碟盆里。
7. 把鞋子重新穿在学生的脚上。
8. 告诉学生，他每次让鞋子滑落到洗碟盆里都可以得到食物奖励。
9. 把学生的右手放在鞋后跟处。
10. 告诉学生"用力推"。
11. 如果学生没能按照吩咐把鞋子独立地脱下来，再次示范脱鞋的动作。

第十五章 脱 衣

■ 15.10 把鞋子完全脱下来

活动主题：脱鞋子

能力要求：听力、动手能力

兴趣水平：学前、小学

材料：歌曲

1. 把儿歌《王老先生有块地》的歌词改为：

（学生的名字）把你的鞋子脱掉，

（学生的名字）把你的鞋子脱掉，

（学生的名字）把你的鞋子脱掉，

（学生的名字）把你的鞋子脱掉，

午睡的时间到了。

2. 让学生们解开鞋带，围坐成一圈。

3. 告诉学生教师将要唱一首歌。当他们听到自己名字的时候，按照歌中所唱的那样去做。

4. 选一个学生，用他的名字来唱歌。

5. 允许他选一个学生来作为歌中的下一个"主角"。

6. 重复练习，直到所有的学生都有机会。

■ 15.11 当成年人帮助把前开襟的衣服脱到手腕的时候，自己也把衣服脱到这个位置

活动主题：脱衣服

能力要求：视力、听力、动手能力

兴趣水平：学前、小学

材料：直径为10到20cm的塑料环、黑板、分别、长袖衬衫

1. 准备直径为10到20cm的塑料环。

2. 让学生坐在教师对面的椅子上。

3. 教师用左手把塑料环固定在学生的右前臂上。

4. 教师用右手抓住学生的右手。

5. 告诉学生把教师的手从塑料环里拉过去。

6. 当学生成功的时候，说"套环者"，并且在黑板上为他计分。

—277—

7. 用另一只手重复练习。
8. 当学生拉着教师的胳膊通过塑料环的时候，反复地让学生拿着塑料环。
9. 准备一件长袖衬衫。
10. 把袖子套在学生的胳膊上，重复上述练习。

■ 15.12　当别人帮助把前开襟的衣服脱到前臂的时候，自己也把衣服脱到这个位置

活动主题：脱衣物

能力要求：动手能力

兴趣水平：学前、小学

材料：剪掉的衣袖、剪掉的裤腿

1. 把衬衫的袖子从肘部剪断。
2. 把剪下的衣袖穿在学生的胳膊上。
3. 把学生的手放在袖口处，帮助学生把衣袖脱下来。
4. 减少施加在学生的手上和衣袖上的力量，从而逐步减少帮助。
5. 用另一只胳膊重复上述练习。

■ 15.13　当别人帮助把前开襟的衣服脱到肘部的时候，自己也把衣服脱到这个位置

活动主题：脱衣物

能力要求：视力、听力、动手能力

兴趣水平：学前、小学

材料：前开襟的宽松衬衫

1. 把宽松的衬衫穿在学生身上。
2. 脱掉胳膊上的袖子。
3. 抓住袖子，允许学生移动肢体提供帮助。
4. 把衬衫退到肘部。
5. 指导学生把衬衫完全脱下来。
6. 连续三次让衬衫位于肘部以上进行练习；或者继续练习，直到学生在指导下给予配合。

第十五章 脱 衣

■ 15.14 当别人帮助把前开襟的衣服脱到肩膀的时候，自己也把衣服脱到这个位置

活动主题：脱衣物

能力要求：视力、听力

兴趣水平：学前、小学

材料：前开襟的宽松衬衫、胶带、印章、印记可洗的安全印盒

1. 把宽松的衬衫穿在学生身上。
2. 慢慢地脱掉一只袖子。
3. 抓住袖子，允许学生移动肢体提供帮助。
4. 把衬衫褪到肩部。
5. 指导学生把衬衫完全脱下来。
6. 当学生把衣服脱到胳膊肘的时候，用印章和印盒在学生的胳膊肘内侧印上图案。
7. 当学生把衣服脱到手腕的时候，在学生的手腕上印上图案。
8. 连续三次让衬衫位于肩部以上进行练习；或者继续练习，直到学生在指导下给予配合。

■ 15.15 当别人帮助把前开襟的衣服脱到后背的时候，自己也把衣服脱到这个位置

活动主题：脱衣物

能力要求：视力、听力、动手能力

兴趣水平：学前、小学

材料：前开襟的宽松衬衫、胶带、印章、印记可洗的安全印盒

1. 把宽松的衬衫穿在学生身上。
2. 慢慢地脱掉一只袖子。
3. 抓住袖子，允许学生移动肢体提供帮助。
4. 把衬衫退到肩部。
5. 指导学生把衬衫完全脱下来。
6. 当学生把衣服脱到胳膊肘的时候，用印章和印盒在学生的胳膊肘内侧印上图案。
7. 当学生把衣服脱到手腕的时候，在学生的手腕上印上图案。

8. 连续三次让衬衫位于肩部以上进行练习；或者继续练习，直到学生在指导下给予配合。

9. 用另一只肩膀或胳膊肘重复练习。

■ 15.16 当别人帮助把前开襟的衣服从另一只胳膊上脱下来的时候，自己也把衣服脱到这个位置

活动主题：脱衣物

能力要求：听力、动手能力

兴趣水平：学前、小学

材料：衣服

1. 把学生带到一个安静的工作场所。
2. 告诉学生：到了脱衣的时候了。
3. 说出衣服的名字。
4. 说："脱衣"。
5. 解开衬衫的扣子，手把手地教学生把衬衫从后背脱到肩部。
6. 把衣袖拽下来，让衬衫部分地滑落。
7. 帮助学生耸肩或扭动。
8. 增大困难：把衬衫打开，帮助学生把它穿回去，轻轻地扭动学生的前臂，提醒他怎样开始脱衬衫。
9. 轻轻地扭动每一只衣袖，以便提示脱衣顺序。
10. 随着学生脱衣技能的提高，取消帮助并允许学生用更多的时间脱衣。

■ 15.17 把前开襟的衣服完全脱下来

活动主题：解纽扣

能力要求：动手能力

兴趣水平：学前、小学

材料：外套、饼干、果汁

1. 告诉学生们被邀请参加一个派对，因此他们应该穿上外套，准备出发。
2. 创设情境，让学生们在教室周围走一圈，代表他们到达了派对场所。

3. 让学生们脱掉外套。
4. 告诉学生们：当他们把外套脱掉后，他们就可以坐下来吃饼干、喝果汁。

■ 15.18 解开前面的部分纽扣

活动主题：解纽扣
能力要求： 视力、动手能力
兴趣水平： 学前
材料： 大型咖啡罐、许多大小不同的纽扣

1. 收集几个纽扣。
2. 把咖啡罐放在中央，在咖啡罐的塑料盖上做一个狭槽，让狭槽比最大的纽扣还要大一点。
3. 为学生提供7种大小不同的纽扣。
4. 让学生们一听到信号就把纽扣放进咖啡罐顶部的狭槽里。
5. 示范并为每个学生提供几次机会。
6. 把所有的纽扣都取出来，让任何愿意竞争"最快纽扣投手"的学生开始竞赛。

■ 15.19 解开衣服上的三分之一的纽扣

活动主题：解纽扣
能力要求： 视力、动手能力
兴趣水平： 学前
材料： 有纽扣的衣服

1. 把一件有纽扣的衣服平铺在桌子上。
2. 把纽扣系好。
3. 引导学生把纽扣穿过洞洞。
4. 如果学生无法完成，手把手地来完成。
5. 帮助学生解开上面的三分之一的纽扣。
6. 如果学生能够解开所有的纽扣，给予学生鼓励。

■ 15.20 解开鞋带，把鞋子脱下来

活动主题：脱鞋子

能力要求：听力、动手能力

兴趣水平：学前、小学

材料：带有鞋带的鞋子

1. 让学生们穿有鞋带的鞋子。
2. 让学生们两两一组坐在地板上。
3. 让两两一组的学生们面对面坐着。
4. 坐在学生前边示范如何解开鞋带、脱掉鞋子。
5. 在房间里四处走动，指导没有掌握这项技能的学生。
6. 让学生们多次练习为彼此解鞋带、脱鞋子。
7. 把所有的鞋子都穿上。
8. 让学生们两两一组轮流为对方解鞋带、脱鞋子。
9. 允许完成任务的学生走进另一个房间去自由玩耍。

■ 15.21 解开鞋带上的蝴蝶结，把鞋子脱下来

活动主题：脱鞋子

能力要求：动手能力

兴趣水平：学前

材料：彩色胶带、彩色记号笔

1. 把彩色胶带缠绕在每根鞋带上，使之与小手指的大小相等：大约5cm宽、2cm厚。
2. 让学生拉着彩色胶带解开鞋带，然后脱掉鞋子。
3. 在几天中重复练习。
4. 把胶带的尺寸减小并重复练习。
5. 完全去掉胶带，用记号笔在鞋带的尾端做个标记（颜色与胶带相同）。
6. 告诉学生们解开鞋带并脱掉鞋子。
7. 用常规的带子代替鞋带，告诉学生解开带子并脱掉鞋子。

■ 15.22 当成年人帮助把裤子脱到脚上的时候，自己也把裤子脱到这个位置

活动主题： 脱裤子

能力要求： 视力、听力、动手能力

兴趣水平： 学前、小学

材料： 腰部有弹性的超大号的裤子、两把椅子、为教师准备的旧的袋形裤

1. 和学生面对面坐在椅子上，以便让学生观察教师的动作。
2. 为学生准备腰部有弹性的超大号的裤子，教师为自己准备袋形裤。
3. 教师为自己和学生穿上准备好的裤子。
4. 教师把裤子脱到脚部，并口头提示"看着我"。
5. 手把手地教学生把裤子脱到脚部，并口头提示"你来照做"。
6. 当教师把裤子从脚部脱下来的时候，口头提示"看着我"，并确保学生和教师保持目光接触。
7. 口头提示"你来照做"。
8. 根据需要提示学生。
9. 尽快减少提示。
10. 逐步减少供模仿的视觉提示，直到学生在裤子被脱到脚部的时候独自对口头提示做出反应。

■ 15.23 当别人帮助把裤子从脚踝脱到脚上的时候，自己也把裤子脱到这个位置

活动主题： 脱裤子

能力要求： 视力、听力、动手能力

兴趣水平： 学前、小学

材料： 腰部有弹性的超大号的裤子、两把椅子、为教师准备的旧的袋形裤

1. 和学生面对面坐在椅子上，以便让学生观察教师的动作。
2. 为学生准备腰部有弹性的超大号的裤子，教师为自己准备袋形裤。
3. 教师为自己和学生穿上准备好的裤子。
4. 教师把裤子从脚部脱到脚裸，并口头提示"看着我"。
5. 手把手地教学生把裤子从脚部脱到脚裸，并口头提示"你来照做"。
6. 当教师把裤子从脚裸脱下来的时候，口头提示"看着我"，并确保学生和

教师保持目光接触。

7. 口头提示"你来照做"。
8. 根据需要提示学生。
9. 尽快减少提示。
10. 逐步减少供模仿的视觉提示，直到学生在裤子被脱到脚部的时候独自对口头提示做出反应。

■ 15.24 当别人帮助把裤子从膝部脱到脚上的时候，自己也把裤子脱到这个位置

活动主题：脱裤子

能力要求：视力、听力、动手能力

兴趣水平：学前、小学

材料：腰部有弹性的超大号的裤子、两把椅子、为教师准备的旧的袋形裤

1. 和学生面对面坐在椅子上，以便让学生观察教师的动作。
2. 为学生准备腰部有弹性的超大号的裤子，教师为自己准备袋形裤。
3. 教师为自己和学生穿上准备好的裤子。
4. 教师把裤子从膝部脱到脚上，并口头提示"看着我"。
5. 手把手地教学生把裤子从膝部脱到脚上，并口头提示"你来照做"。
6. 当教师裤子从膝部脱到脚上的时候，口头提示"看着我"，并确保学生和教师保持目光接触。
7. 口头提示"你来照做"。
8. 根据需要提示学生。
9. 尽快减少提示。
10. 逐步减少供模仿的视觉提示，直到裤子从膝部脱到脚上的时候独自对口头提示做出反应。

■ 15.25 当别人帮助把裤子从髋部脱到脚上的时候，自己也把裤子脱到这个位置

活动主题：脱裤子

能力要求：视力、听力、动手能力

兴趣水平：学前、小学

材料：腰部有弹性的超大号的裤子、两把椅子、为教师准备的旧的袋形裤

1. 和学生面对面坐在椅子上，以便让学生观察教师的动作。
2. 为学生准备腰部有弹性的超大号的裤子，教师为自己准备袋形裤。
3. 教师为自己和学生穿上准备好的裤子。
4. 教师把裤子从髋部脱到脚上，并口头提示"看着我"。
5. 手把手地教学生把裤子从髋部脱到脚上，并口头提示"你来照做"。
6. 当教师把裤子从髋部脱到脚上的时候，口头提示"看着我"，并确保学生和教师保持目光接触。
7. 口头提示"你来照做"。
8. 根据需要提示学生。
9. 尽快减少提示。
10. 逐步减少供模仿的视觉提示，直到裤子把裤子从髋部脱到脚上的时候独自对口头提示做出反应。

■15.26　把裤子从腰部完全脱到脚部

活动主题：脱裤子
能力要求：视力、听力、动手能力
兴趣水平：学前、小学
材料：腰部有弹性的超大号的裤子、两把椅子、为教师准备的旧的袋形裤

1. 告诉学生，教师在做什么，在教师为学生穿衣服和脱衣服的时候，让他尽可能配合。根据需要帮助他穿衣。谈论在穿衣过程中涉及的身体部位、姿势和动作，如："向下推、抬腿"或"让我们把你的裤子脱掉"。
2. 鼓励学生。酌情提供帮助，但是给学生留出时间让他最大限度地自己动手。学习脱衣和穿衣技能需要重复和练习。
3. 开始的时候让学生配合教师，然后让他自己动手，教师根据需要为他提供帮助。练习的时候使用宽松的衬裤或短裤，以便脱起来更容易。在学生产生挫败感之前，酌情为学生提供足够的时间和帮助。
4. 让学生用双手抓住裤子的两侧并帮助把他的裤子向下拉。让学生把他的两个拇指放在有弹性的裤腰两边并且把裤子向下推。开始的时候教师可能需

要帮助他把裤子向下拉到髋部，但是随着学生能力的增强要减少帮助。如果他不能够用双手同时把裤子向下推，让他先向下推裤子的一侧，再向下推另一侧，并反复练习。

5. 让学生穿带有宽松的腰部松紧带的、没有纽扣的裤子，以便让学生可以很容易地把裤子脱下来。

6. 让学生把他的裤子拉下来，然后让他坐在凳子上或地板上脱裤子；或者让他倚着墙，先抬起一条腿然后再抬起另一条腿。

7. 对于年龄较大的发育迟缓的学生：如果学生不能够在没有支撑的情况下坐下来脱裤子，让他坐在教师的面前，在支撑下双腿伸开坐下来。把他的重心转移到一边，把他的裤子从没有承重的臀部的一侧脱下来。然后用同样的方法把裤子从另一侧脱下来。让学生配合教师，把他的裤子从腿上脱下来，让学生在仰卧时抬起他的臀部。让学生用双手把裤子脱到他的臀部，让学生把他的膝部抬高、把裤子拉下来，他可能需要滚到右侧，把他左边的裤子拉下来；滚到左侧、把右边的裤子拉下来。重复练习，直到他的裤子离臀部足够远。让他弯曲膝部、拉下或踢掉裤子；让学生在坐着的时候靠着墙作为支撑，并让他脱下裤子；让学生在站着脱裤子的时候靠着墙。如果学生在站立的时候可以抓着墙上的扶手保持平衡，那将会有所帮助；如果有可能，让偏瘫的学生使用双手把裤子向下拉。

■ 15.27 当成年人帮助把T恤脱到头部的时候，自己也把T恤脱到这个位置

活动主题：脱T恤

能力要求：听力、动手能力

兴趣水平：学前

材料：滑雪帽、镜子、大号T恤

1. 让学生坐在镜子前面。
2. 示范举臂练习并且让学生模仿，以便让他为接下来的任务"热身"。
3. 把有弹性的滑雪帽戴在学生的头上。
4. 让学生把胳膊向上举、把帽子摘掉。
5. 重复练习。

6. 把大号T恤套在学生的头上。
7. 说:"小明在哪里?让我看看你的眼睛"或者"躲猫猫,我看见你了",从而鼓励学生把T恤脱掉。
8. 如果学生有困难,手把手地教学生完成任务。
9. 增大难度:把T恤套在学生的脖子上,让他把T恤脱下来。

■ 15.28　把T恤从一只胳膊上脱下来并脱到头部以上

活动主题: 脱T恤
能力要求: 视力、动手能力
兴趣水平: 学前
材料: T恤、大镜子

1. 让学生坐在镜子前面。
2. 示范举臂练习并且让学生模仿,以便让他为接下来的任务"热身"。
3. 把T恤套在学生的头上和脖子上,把一只胳膊放进袖孔里,
4. 告诉学生"把你的T恤脱下来"。
5. 指导学生从胳膊下方开始把T恤向上拉,直到把T恤从身上脱下来。
6. 让学生通过袖孔把胳膊放低、然后抽出胳膊。
7. 继续练习把T恤向上拉,拉到头部并脱下来。

■ 15.29　把T恤从两只胳膊上脱下来并脱到头部以上

活动主题: 脱T恤
能力要求: 视力、动手能力
兴趣水平: 学前
材料: T恤、大镜子

1. 让学生坐在镜子前面。
2. 示范举臂练习并且让学生模仿,以便让他为接下来的任务"热身"。
3. 把T恤套在学生的头上和脖子上。
4. 告诉学生"把你的T恤脱下来"。
5. 指导学生从胳膊下方开始把T恤向上拉,直到把T恤从身上脱下来。

6. 让学生通过袖孔把胳膊放低、然后抽出胳膊。
7. 继续练习把T恤向上拉,拉到头部并脱下来。

■15.30　把T恤完全脱下来

活动主题：脱T恤
能力要求：动手能力
兴趣水平：学前、小学
材料：T恤

1. 让学生穿上稍大的T恤。
2. 把学生的左手放在右臂下方的T恤接缝的边缘处,把学生的右手放在左臂下方T恤接缝的边缘处。
3. 让学生抓住边缘向上移动双手,把双手伸过头顶、把T恤从身上和头上脱下来。
4. 教师还可以让几个学生穿上T恤,让他们进行脱T恤的比赛。

■15.31　解开2到3个前边的纽扣

活动主题：解纽扣
能力要求：动手能力
兴趣水平：学前、小学、中年级
材料：人体模特

1. 把带有2到3个前纽扣的衣服穿在无头和无臂的人体模特（或者中号或大号的洋娃娃）躯干上。
2. 让学生把他的手放在人体模特躯干上,用双手把模特衣服的纽扣解开。
3. 允许所有的学生轮流解扣。
4. 把带有纽扣的衣服穿在学生们身上。
5. 告诉他们解开纽扣。
6. 对第一个解开纽扣的学生给予奖励。

■15.32　解开鞋带

活动主题：脱鞋子

第十五章 脱 衣

能力要求：动手能力

兴趣水平：学前、小学

材料：2只系带的的鞋子

1. 穿上系带的的鞋子，一边在房间里走动一边抱怨脚痛。
2. 坐在学生旁边。
3. 告诉学生教师的脚疼，教师想让他解开鞋带，这样就可以把脚拿出来。
4. 再让学生穿上鞋子并选择某人把鞋带解开。

■ 15.33 解开纽扣、拉开拉链、解开按扣

活动主题：脱衣服

能力要求：动手能力

兴趣水平：学前、小学

材料：衣服上带有拉链、纽扣、按扣的洋娃娃

1. 使用中号或大号的洋娃娃。用拉链、纽扣和按扣来改造洋娃娃的衣服。
2. 向学生示范如何为洋娃娃穿衣和脱衣。
3. 在学生玩耍的过程中，指出洋娃娃的衣服和学生的衣服有哪些相似。
4. 允许学生在自由玩耍的时间玩洋娃娃。

■ 15.34 按要求脱掉所有的衣服

活动主题：脱衣服

能力要求：走动、动手能力

兴趣水平：小学、中学生

材料：两个手提箱、大号宽松长裤、大号T恤、大号袜子或拖鞋

1. 准备学生能够打开和合上的两个手提箱、枕套或袋子。
2. 在每个手提箱里放入大号T恤、大号宽松长裤、大号袜子或拖鞋。
3. 要求每个学生轮流跑向手提箱、打开它、取出衣服、把衣服穿上（套在自己的衣服外面）、脱掉衣服、把衣服放回原处、合上手提箱、跑向队列里的下一个人。
4. 把学生分成两组。

5. 让每组学生都排队。
6. 告诉他们：他们将要比赛穿衣和脱衣；队列里的下一个人必须在第一个人回来的时候做好出发的准备。
7. 增大难度：把衣服用衣夹挂在晾衣绳上。

■ 15.35　成功地解开或取下领带、腰带、手表和首饰

活动主题：脱下饰品

能力要求：视力、动手能力

兴趣水平：小学、中学生、青少年

材料：带有底座的假发支架、胶水、领带、围巾、项链、腰带

1. 在假发支架上画出脸部。
2. 在每个假发支架上放一条项链或一件衣服。
3. 鼓励学生尽可能独立地尝试着把项链摘下来或者把衣服脱下来。
4. 接下来增加一些对学生来说难度较大的物品。
5. 让学生选择物品。
6. 如果学生愿意，让他们在一天中穿戴着他们成功取下来的饰品或衣物。

■ 15.36　每天在指定的时间脱衣而无须提醒

活动主题：换衣服

能力要求：走动、动手能力

兴趣水平：小学、中学生

材料：衣服收纳盒、标签

1. 和学生确认每日活动安排。
2. 确认需要换衣服的课时（如体育课等）。
3. 在需要换衣服的课前观察学生是否能够主动脱衣服。
4. 对能够主动脱衣服并把衣服放入收纳箱的学生给予鼓励。
5. 提示不能主动脱衣服的学生，逐步减少提示，直到学生能够独立完成。

■ 15.37　让衣服上正确的一面朝外

　　活动主题：整理衣物

　　能力要求：走动、动手能力

　　兴趣水平：小学、中学生

　　材料：不同穿法的衣服

1. 把夹克衣袖的内侧翻出来。
2. 帮助学生把他的手伸进衣袖，直到露出手指。
3. 让学生抓住衣袖的边缘。
4. 指导学生抓紧衣袖的边缘并把衣袖向里拉。
5. 如果学生成功地把衣袖翻过来，对学生给予奖励。
6. 如果学生有困难，手把手地教他并让他再试一次。

■ 15.38　把衣服挂在钩子或衣架上

　　活动主题：整理衣物

　　能力要求：动手能力

　　兴趣水平：学前、小学

　　材料：彩色标签、衣服

1. 把不同的彩色标签贴在学生的校服外套衣领里侧，就像衣服的商标一样。
2. 示范把带有彩色标签的外套挂在彩色钩子上。
3. 发给每个学生一件衣服。一次让一个学生找到和衣服上的颜色相匹配的彩色钩子。
4. 说："把你的外套挂在和外套上的标签颜色相同的钩子上。"
5. 重复练习，直到所有的学生都把外套挂上去。
6. 制作一个带有学生的姓名和一个月中的上课日期的图表。
7. 如果学生无须提醒就挂上了外套，在图表上学生的姓名旁边贴上一个星星。

■ 15.39　把弄脏的衣服放在指定的地方

　　活动主题：整理衣物

能力要求：动手能力

兴趣水平：学前、小学

材料：彩色标签、衣服

1. 为脏衣物收纳袋贴上彩色标签。
2. 引导学生把脏衣服放入贴有标签的收纳袋内。
3. 提供标签来强化成功的体验。
4. 观察学生的行为并制订指导计划。

■15.40　把衣服从中间开始折叠

活动主题：折叠衣服

能力要求：视力、动手能力

兴趣水平：学前、小学、中学生

材料：衣服

1. 把衣服放在平坦的表面上。
2. 把褶皱处舒展开。
3. 让学生玩一个游戏。在游戏中，他们必须把衣服一侧的每一样东西同另一侧相匹配。
4. 让学生用一只手抓住衣服的最上边，用另一只手抓住衣服的最下边。
5. 拉着衣服的边缘处，把衣服稍稍抬起来。
6. 让边缘处对齐，把衣服对折。
7. 弄平整。
8. 教师还可以在折叠衣服之前玩一个"这是什么"的游戏。
9. 说出衣服上相互匹配的部位，让学生找出这两个相应的部位。

■15.41　不止一次地折叠衣服

活动主题：折叠衣服

能力要求：动手能力

兴趣水平：学前、小学、中学生

材料：衣服

1. 告诉学生们将要清理一些抽屉。
2. 提示说：教师需要有人帮忙叠衣服。
3. 示范如何叠衣服：把衣服摆放在平坦的表面上、把褶皱处抚平、抓住衣服的边缘并对折、抓住衣服的最下面并把它折叠到最上面。
4. 在活动中对学生进行指导。
5. 重复练习，直到每个人都有机会。

■15.42 把干净的衣服放在指定的地方

活动主题：收纳衣服
能力要求：动手能力
兴趣水平：学前、小学
材料：彩色标签、衣服

1. 为不同类型的衣服贴上特定标签。
2. 引导学生按衣服类型对照标签进行收纳袋。
3. 提供标签来强化成功的体验。
4. 观察学生的行为并制订指导计划。

第十六章　鼻腔卫生

行为标识

能够表现出对鼻涕的厌恶

能够用正确的方式擤鼻涕

第十六章 鼻腔卫生

■ 16.01 对流鼻涕表现出厌恶

活动主题：擦鼻涕意识
兴趣水平：学前、小学
材料：凡士林

1. 把少量凡士林涂在学生的鼻子下方和上嘴唇上方。
2. 观察学生的行为，如：皱鼻子。
3. 在一天中重复3次。
4. 开始让学生熟悉教师在教授鼻腔卫生时将要用到的术语。

■ 16.02 通过用手或胳膊擦鼻涕来承认自己在流鼻涕

活动主题：擦鼻涕意识
能力要求：动手能力
兴趣水平：学前、小学
材料：凡士林

1. 把少量凡士林涂在学生的鼻子下方和上嘴唇上方。
2. 观察学生的行为，如：皱鼻子。
3. 在一天中重复3次。

■ 16.03 试图擦净所有留出的鼻涕

活动主题：擦鼻涕意识
能力要求：动手能力
兴趣水平：学前、小学
材料：卫生纸、凡士林

1. 把少量凡士林涂在学生的鼻子下方和上嘴唇上方。
2. 把卫生纸发给学生并示范擦鼻子。
3. 示范两次。
4. 在一天中重复数次。

■ 16.04　用胳膊或手擦掉鼻子周围所有的鼻涕

　　活动主题：擦鼻涕意识

　　能力要求：动手能力

　　兴趣水平：学前、小学

　　材料：凡士林

　1. 准备凡士林。
　2. 把少量凡士林涂在学生的鼻子下方和上嘴唇上方。
　3. 观察学生是否用手和胳膊擦鼻子。
　4. 说："请把你的鼻子擦干净。"如果学生没能用胳膊或手把鼻子擦干净，给他一些卫生纸。
　5. 在一天中重复3次。

■ 16.05　在提醒下用卫生纸或手绢擦鼻子

　　活动主题：擦鼻涕

　　能力要求：视力、听力、动手能力

　　兴趣水平：学前、小学

　　材料：5个手绢、有口袋的衬衫

　1. 准备5个色彩鲜艳的大号手绢。
　2. 让学生穿前边有口袋的衬衫。
　3. 把5个手绢展示给学生。
　4. 告诉学生他可以每天用一个不同的手绢。
　5. 让学生选出他今天想要使用的一个手绢。
　6. 把手绢放进学生的口袋。
　7. 告诉学生当他流鼻涕的时候，他就要用手绢擦鼻子。
　8. 提醒学生他每天都可以选一个干净的手绢。
　9. 观察并提醒学生擦鼻子。

■ 16.06　用卫生纸或手绢独立擦鼻子

　　活动主题：擦鼻涕

第十六章 鼻腔卫生

能力要求：视力、听力、手势语、动手能力

兴趣水平：学前、小学

材料：卫生纸、图片、镜子

1. 向学生展示没有鼻子的脸部图片。
2. 询问："这张脸上缺少什么？"
3. 展示几张有鼻子的脸。
4. 谈论感冒和喷嚏。
5. 在示范擦鼻子之后，让学生用卫生纸触摸图片中的鼻子。
6. 把镜子举到每个学生面前，让他们找出他们的鼻子。
7. 让每个学生对着镜子演示擦鼻子。
8. 把镜子留给第一个学生做练习，然后走向下一个学生。
9. 教师还可以让学生练习为洋娃娃、布偶甚至为对方擦鼻子。

■ 16.07 把卫生纸放在鼻梁上并堵住一个鼻孔

活动主题：擦鼻涕

能力要求：听力、动手能力

兴趣水平：学前、小学

材料：卫生纸

1. 把卫生纸发给每个学生。
2. 说："让我们把鼻子蒙上。"
3. 指导每个学生只用拇指压住鼻子。
4. 说："闭上嘴唇。"
5. 让学生通过没有堵上的鼻孔擤鼻涕。
6. 如果学生没有成功，把他的拇指压在他的鼻子上来提供帮助。

■ 16.08 把鼻涕擤在卫生纸上

活动主题：擦鼻涕

能力要求：动手能力

兴趣水平：学前、小学

材料：干净的或新的3cm×5cm卡片、棉球、卫生纸

1. 把一张3cm×5cm卡片放在教师的双唇之间，把另一张卡片放在学生的双唇之间。
2. 向学生示范如何用嘴唇夹住卡片。
3. 把棉球放在嘴唇之间的卡片上，向学生示范如何通过从鼻腔里呼出气体把棉球从卡片上吹掉。
4. 帮助学生做同样的动作。
5. 当学生反复证明他有能力用鼻孔吹气时，把卫生纸发给他。
6. 说："现在擤鼻涕。"
7. 如果学生只是擦鼻子，让他重复练习擤鼻涕。

■ 16.09 用卫生纸捏住鼻子的下端

活动主题：擤鼻涕

能力要求：视力、动手能力

兴趣水平：学前、小学

材料：卫生纸、夹子

1. 教师示范用拇指和食指把卫生纸拿起。
2. 学生模仿用拇指和食指把卫生纸拿起。
3. 在桌上放一颗直径3cm的小球。
4. 把卫生纸盖在小球上。
5. 让学生用拇指和食指把卫生纸和小球拿起。
6. 把润肤乳涂在学生的鼻子两端和鼻孔前侧，让学生用卫生纸擦掉润肤乳。
7. 让学生重复练习使用餐巾纸擦鼻涕。

■ 16.10 用干净的卫生纸把鼻子擦干

活动主题：擤鼻涕

能力要求：视力、动手能力

兴趣水平：学前、小学

材料：卫生纸、夹子

第十六章 鼻腔卫生

1. 准备一盒干净的卫生纸。
2. 把润肤乳涂在学生的鼻子两端和鼻孔前侧，让学生抽出干净的卫生纸擦掉润肤乳，并把擦过的卫生纸扔掉。
3. 让学生重复练习使用餐巾纸擦鼻涕。

■ 16.11 用一个鼻孔重复擤鼻涕的过程

活动主题：擦鼻涕
能力要求：动手能力
兴趣水平：学前
材料：干净的或新的3cm×5cm卡片、棉球、卫生纸

1. 把一张3cm×5cm卡片放在教师的双唇之间，把另一张卡片放在学生的双唇之间。
2. 向学生示范如何用嘴唇夹住卡片。
3. 把棉球放在嘴唇之间的卡片上，向学生示范如何通过从鼻腔里呼出气体把棉球从卡片上吹掉。
4. 帮助学生做同样的动作。
5. 向学生示范用手按住一侧的鼻翼，用鼻孔呼气把棉球吹掉。
6. 帮助学生用手按住一侧的鼻孔，让学生练习用鼻腔呼气把棉球吹掉。
7. 帮助学生用手按住另一侧的鼻孔，让学生练习用鼻腔呼气把棉球吹掉。
8. 当学生反复证明他有能力用一侧鼻孔吹气时，把卫生纸发给他。
9. 说："现在擤单侧鼻涕。"
10. 如果学生只是擦鼻子，让他重复练习擤鼻涕。

■ 16.12 把卫生纸处理掉，或者把手绢折叠并放回口袋里

活动主题：擦鼻子
能力要求：动手能力
兴趣水平：学前、小学
材料：纸袋、卫生纸

1. 提供装有褶皱卫生纸图片的袋子。

2. 示范擤鼻涕和扔卫生纸。
3. 为每个学生提供一个小袋子。
4. 告诉学生们：当你说"擤鼻涕和扔卫生纸"的时候，他们就要照做。

■ 16.13　按要求擤鼻涕

活动主题：擦鼻子

能力要求：动手能力

兴趣水平：学前、小学

材料：纸袋、卫生纸

1. 为学生们提供卫生纸。
2. 告诉学生们听《划船歌》的歌词和曲调："划呀划，划你的船。"
3. 让学生们唱歌。
4. "擤呀擤，擤你的鼻涕。"
5. "如果你愿意，就用卫生纸。"
6. "擤呀擤，擤呀擤。"
7. "让你的鼻子这样干净。"
8. 告诉学生们当你再次唱这首歌的时候，他们就要在适当的时间擤鼻涕。
9. 唱歌。
10. 让学生唱歌并示范动作。

■ 16.14　在提醒下用卫生纸擤鼻涕

活动主题：擦鼻涕

能力要求：动手能力

兴趣水平：学前、小学

材料：纸袋、卫生纸、镜子

1. 当学生流鼻涕的时候，拿出镜子提示学生。
2. 让学生通过镜子发现自己流鼻涕。
3. 提供卫生纸，让学生自己拿卫生纸。
4. 提示学生拿卫生纸擦鼻涕。

5. 提示学生拿新的卫生纸按住鼻子，擤鼻涕。
6. 把卫生纸扔到垃圾桶。

■ 16.15　必要时独立擤鼻涕

活动主题：擦鼻涕
能力要求：动手能力
兴趣水平：学前、小学
材料：纸袋、卫生纸、镜子

1. 当学生流鼻涕的时候，能够自己拿卫生纸。
2. 能够拿卫生纸按住鼻子，擤鼻涕。
3. 把卫生纸扔到垃圾桶。

■ 16.16　打喷嚏时用卫生纸或手掩住嘴巴

能力要求：听力、动手能力
兴趣水平：学前、小学
材料：卫生纸、音乐、儿童图表

1. 让学生们围成紧密的一圈。
2. 为学生们示范如何从抽取式卫生纸盒里找到、抓住并拉出卫生纸。
3. 为那些不会使用卫生纸的学生提供布质手绢。
4. 和着《如果感到幸福》的调子唱歌。
5. 编一些适当的歌词或者使用下列歌词。
6. "如果感到幸福，你就抽出一张卫生纸。"
7. 让每个学生抽一张卫生纸。
8. "如果感到幸福，你就像我一样打喷嚏。"
9. 示范如何使用卫生纸。
10. "如果感到幸福，你就说声对不起。"
11. "如果感到幸福，你就说声祝福你。"
12. 当学生学会上述歌词和动作后，你还可以改用其他适当的歌词或手势。

第十七章　口腔卫生

行为标识

能够正确地刷牙

能够清洗牙具

能够保护牙齿

第十七章 口腔卫生

■ 17.01　自己不动手，容忍别人为自己刷牙

活动主题：刷牙准备

兴趣水平：学前

材料：冰棒棍、调味品、牙刷

注意：所有的口腔卫生技能、活动和术语都必须进行调整，以便符合当地牙医和学校的政策或规定。应该定期去看牙医。联系当地牙医来说明正确的刷牙动作。

1. 向冰棒棍中加入香草或胡椒薄荷等调味品。
2. 把冰棒棍放入学生的嘴里。
3. 在一分钟内每隔15到20秒钟把冰棒棍在嘴里转动到另一个位置。
4. 当学生习惯于冰棒棍的时候，用牙刷代替冰棒棍。
5. 当学生能够容忍的时候，开始在学生的嘴里移动牙刷。

■ 17.02　找到自己的牙刷和牙膏并把它们拿到洗澡间的水槽处

活动主题：刷牙准备

能力要求：视力、听力、动手能力

兴趣水平：学前、小学

材料：牙刷、牙膏

1. 为学生准备牙刷，并且在牙刷上贴上彩色胶带。
2. 把每个学生的牙刷和牙膏都放在水槽附近的桌子上。
3. 向学生们展示他们自己的牙刷。
4. 提示：第一个学生先找到他的牙刷。
5. 让这个学生找到他的牙刷并走向水槽。
6. 继续下去，直到每个学生都找到了自己的牙刷并刷了牙。

■ 17.03　拿掉牙膏管的盖子

活动主题：刷牙准备

能力要求：动手能力

兴趣水平：学前、小学

材料：有螺旋盖的罐子、盖子

1. 准备一些带有螺旋盖的罐子。
2. 把他们放在学生面前。
3. 示范打开第一个罐子。
4. 告诉学生他可以打开每一个罐子。
5. 当学生在活动中变得更熟练的时候，为他提供牙膏管练习。

■ 17.04　把牙膏挤在牙刷上（也许不适量）

活动主题：刷牙准备

能力要求：视力、听力、动手能力

兴趣水平：学前、小学

材料：牙膏、带有放大的牙刷头轮廓的标签纸

1. 在标签纸上画几个放大的牙刷头轮廓。
2. 示范把牙膏挤在第一个轮廓上。
3. 使用提示语"挤"和"抬起"。
4. 手把手地教学生向下一个轮廓里挤牙膏。
5. 让学生试着独自把牙膏挤在下一个轮廓里。
6. 允许学生在做好准备后使用真正的牙刷来练习。

■ 17.05　打开水龙头

活动主题：刷牙准备

能力要求：视力、听力、动手能力

兴趣水平：学前、小学

材料：布袋手偶

注意：确保学生知道热水龙头和冷水龙头的区别，知道刷牙时只能用冷水。

1. 准备一个布袋手偶。
2. 把学生带到水槽前。
3. 把手偶套在手上。
4. 把手偶介绍给学生。

5. 让布袋手偶告诉学生他将要打开冷水的水龙头。
6. 打开水龙头。
7. 关掉水龙头。
8. 询问学生是否愿意使用手偶。
9. 把手偶套在学生的手上。
10. 让手偶告诉学生他想再次打开水龙头。
11. 握着学生的手和木偶并打开水龙头。
12. 让学生自己打开水龙头。
13. 允许学生玩一玩手偶。

■17.06　把牙刷和牙膏弄湿

活动主题：刷牙准备
能力要求：动手能力
兴趣水平：学前
材料：牙刷、杯子、牙膏、水

1. 把牙膏挤在学生的牙刷上。
2. 让学生把牙刷抓在手上。
3. 拿着学生的手，帮助他拧开水龙头（确保这是冷水）。
4. 让学生把牙刷放在缓慢流动的水下。
5. 抓着学生的手并帮助他把牙刷放在水龙头下面。
6. 重复练习但不再手把手地帮助学生。

■17.07　用正确的动作刷臼齿

活动主题：我会刷牙
能力要求：视力、动手能力
兴趣水平：学前、小学
材料：15cm立方的木块、牙刷、液体肥皂、镜子
注意：参见17.10并酌情修改。

1. 联系当地的牙医，让他解释一下正确的刷牙动作。

2. 准备一张桌子，桌子上放有报纸、牙刷、湿木块儿和立式镜子。
3. 谈论刷牙和把藏在臼齿里的食物残渣清除掉。
4. 把镜子放在桌子旁的每个学生面前。
5. 让每个学生对着镜子指出自己的臼齿。
6. 把液体肥皂倒在牙刷上、用正确的姿势示范怎样通过刷湿木块儿而产生肥皂泡。
7. 让学生对着镜子观察并刷一刷木块儿的后面，就好像他在刷牙一样。

■ 17.08　用正确的动作刷门牙

活动主题：我会刷牙
能力要求：视力、动手能力
兴趣水平：学前、小学
材料：牙刷、牙龈按摩棒
注意：参见17.10并酌情修改。

1. 联系当地的牙医，让他解释一下正确的刷牙动作。
2. 把学生带到洗手间，让他站在水槽前。
3. 确保学生可以容易地够到水龙头。
4. 说："刷牙。"
5. 手把手地教学生打开冷水的水龙头。
6. 拿起学生的食指在水里浸一下，然后用食指按摩他的牙龈和牙齿。
7. 不要把手指伸进学生的嘴里。
8. 对着镜子，教师把食指伸进自己的嘴里，示范刷门牙的正确技巧。
9. 说："完成了。"
10. 手把手地教学生关掉水龙头。

■ 17.09　刷牙时嘴里留有牙膏和唾液

活动主题：我会刷牙
能力要求：视力、动手能力
兴趣水平：学前、小学

材料：牙刷、牙膏、香粉

1. 参见17.10并酌情修改。
2. 准备柔软的鬃毛牙刷。
3. 帮助学生准备水和牙刷。
4. 让学生的头部微微后仰。
5. 确保学生开始时使用了少量牙膏或没有使用牙膏。
6. 鼓励学生用他所了解的方法来刷牙。
7. 还可以在学生的嘴巴周围扑上粉末，挑战他在刷牙期间让粉末保持干燥。

■ 17.10 把牙膏吐出来

活动主题：我会刷牙
能力要求：视力、动手能力
兴趣水平：学前、小学
材料：干净的毛巾、牙刷、牙膏、香粉

1. 教师用一块干净的湿网垫或干净的毛巾缠绕在食指上来擦一擦学生的牙齿。从学生长出第一颗牙齿就可以这样做，直到他的牙齿可以用柔软的牙刷来刷。
2. 引入适用于2岁到2岁半孩子的牙刷。开始的时候让学生玩一玩这把牙刷并且在教师刷牙的时候模仿教师的动作。在这期间，学生喜欢模仿成年人的行为。继续用湿网垫为学生擦牙齿。
3. 从根部刮掉鬃毛牙刷上的部分鬃毛，以便让牙刷在学生的嘴巴里用起来更容易更舒适（或者买一个儿童牙刷）。
4. 开始的时候让刷牙动作简短和随意，以便让学生逐步习惯于刷牙。
5. 如果有可能，在学生2岁到2岁半的时候就开始每天饭后给学生刷牙。逐步使用含氟牙膏。
6. 站在学生身后。让学生背对着教师，站在教师前面。用一只手放在他的下巴上稳定他的头部，同时用另一只手给他刷牙。教师也可以面对面地给学生刷牙。轻轻地刷。
7. 如果学生想要自己动手，一开始先让他自己刷牙，然后教师再帮他完成刷牙动作。

8. 让学生模仿教师的漱口动作。
9. 用牙线清洁学生的牙齿，防止食物残渣积累在牙缝里。
10. 对于年龄较大的发育迟缓的学生：对于高度敏感的学生，教师用缠绕在食指上的湿网垫、压舌板或棉签擦拭学生的牙龈和牙齿。如果有必要，采用喂食时所用的下颌控制法让学生张开和合上嘴巴；每次饭后用柔软的牙刷为学生刷牙。如果有必要，从根部刮掉鬃毛牙刷上的部分鬃毛，以便让牙刷在学生的嘴巴里用起来更容易；让学生头部保持微曲以防窒息；如果有可能，使用电动牙刷；如果有必要，使用下颌控制法帮学生漱口。使用杯子或喷水瓶来漱口。让学生的头部在水槽上方微微弯曲，以便把水吐在水槽里。如果学生不会吐水，让他张开嘴巴使水流出来。他可能会吞掉大部分的水。不用担心，这是无害的。如果有可能，用牙线清洁学生的牙齿。如果学生不能经常刷牙，避免吃甜食或粘性食物，因为这类食物容易导致龋齿。

■ 17.11　把杯子里装满水

活动主题：我会刷牙

能力要求：动手能力

兴趣水平：学前

材料：2只小桶、1个杯子、水槽、水

1. 发给学生2只小桶。
2. 在一只桶里装入半桶水。
3. 让学生把一只桶里的水倒入另一只桶里。
4. 给学生一个杯子，告诉他用桶向杯子里倒水。
5. 把学生带到水槽前，帮助他把水从桶内倒入杯子。
6. 不再动手帮助学生，让学生自己把水倒入杯子。

■ 17.12　漱口时不把水咽下去

活动主题：我会刷牙

能力要求：听力、语言、动手能力

兴趣水平：学前、小学

材料：杯子、水、牙刷、牙膏、水槽

1. 参见17.10并酌情修改。
2. 用正确的方法刷牙。
3. 准备一杯水用来漱口。
4. 刷完牙并端起这杯水。
5. 告诉学生观察或倾听。
6. 把一些水含到嘴里。
7. 让水在嘴里发出哗哗声。
8. 教师在漱口的时候点一点头并且说："吐。"
9. 当教师说"吐"的时候，自动地把水吐出来。
10. 让学生和教师一起刷牙并模仿教师的动作。

■ 17.13　把水吐到水槽里

活动主题：我会刷牙

能力要求：视力、动手能力

兴趣水平：学前、小学

材料：杯子、水、牙刷、牙膏、水槽、纸

1. 参见17.10并酌情修改。
2. 在纸上画一个大型的"X"，并把这张纸放在水槽的中央。
3. 指导学生刷牙。
4. 让学生用水漱口。
5. 示范把嘴里的水对准"X"吐出来。
6. 强调吐水的时候力度要适当。
7. 让学生对着水槽里的"X"吐水。

■ 17.14　涮牙刷

活动主题：刷牙整理

能力要求：动手能力

兴趣水平：学前、小学生

材料：水、牙刷、牙膏、水槽

1. 用牙膏刷牙。
2. 让学生看一看或者闻一闻留在牙刷上的牙膏。
3. 让学生把牙刷放在水下。
4. 指导学生用一只手握住牙刷，用另一手的拇指在水中来回蹭一蹭牙刷。
5. 检查牙刷，确保上面的牙膏不见了。

■ 17.15　关掉水龙头

活动主题：刷牙整理

能力要求：动手能力

兴趣水平：学前、小学生

材料：水龙头的把手、水槽

1. 当学生不在的时候打开水龙头。
2. 让学生走向水槽并关掉水龙头。
3. 手把手教学生把水龙头拧上（冷水的水龙头）。
4. 口头提示学生"把水龙头关掉"。

■ 17.16　把嘴和手擦干

活动主题：刷牙整理

能力要求：动手能力

兴趣水平：学前、小学

材料：冰块、手巾

1. 用干净的冰轻轻地弄湿嘴和手。
2. 把手巾递给学生。
3. 告诉学生把嘴和手擦干。
4. 帮助学生拉着手巾在嘴上和手上擦一擦。
5. 再次用冰弄湿嘴和手。
6. 不再帮助学生做动作，而是口头提示学生重复擦嘴的步骤。

17.17 把牙膏帽放回到牙膏管上

活动主题：刷牙整理
能力要求：动手能力
兴趣水平：学前、小学
材料：盒子、牙膏管、有螺纹口的罐子和盖子

1. 根据盖盖子的难度把罐子分类放入不同的盒子里。
2. 指导学生选择盒子，以便让学生按照由易到难的顺序来练习盖盖子。
3. 让学生练习把盖子放回原处。
4. 如果有必要，可以用不同颜色的胶带来标出比较容易盖上的盖子。
5. 指导学生把半管牙膏上的牙膏帽盖上，并逐步取消帮助。

17.18 把杯子放回去或处理掉

活动主题：刷牙整理
能力要求：走动、动手能力
兴趣水平：学前、小学
材料：纸杯、垃圾桶、果汁

1. 让学生围坐成一圈。
2. 把空的纸杯子放在教室周围。
3. 把垃圾桶放在教师的旁边。
4. 告诉学生们把杯子拿起来放进垃圾桶。
5. 经常重复。
6. 发给学生盛满果汁的杯子。
7. 告诉学生喝果汁。
8. 提醒学生把杯子扔掉。

17.19 用适量的牙膏

活动主题：刷牙习惯
能力要求：视力、动手能力

兴趣水平：学前、小学

材料：牙刷、彩色纸带、牙膏、10cm×15cm卡片

1. 把彩色纸带剪成牙刷毛的大小。
2. 把纸带分3组粘在10cm×15cm的卡片上。
3. 让学生把卡片放在平坦的表面上，让10cm的一侧靠近学生。
4. 让学生把牙膏管拿到纸带的上方并轻轻地把牙膏沿着纸带挤出来，让牙膏刚好遮住纸带。
5. 让学生在每次刷牙之前完成一张卡片。
6. 完成卡片上的练习后，让学生尝试使用一次真正的牙刷，直到学生能准确地把药膏挤在牙刷上。
7. 鼓励学生用一只手拿着牙膏。

■17.20　使用正确的刷牙动作

活动主题：刷牙习惯

能力要求：动手能力

兴趣水平：学前、小学

材料：牙刷、牙膏、牙杯

1. 拿起牙膏拧开压盖。
2. 用手挤出适量的牙膏。
3. 拿起牙刷。
4. 把牙膏挤在牙刷上。
5. 拿起牙刷放入口中。
6. 上下来回刷牙。
7. 以门牙为中心从中间按照上下的顺序朝两边刷。
8. 保持每颗牙齿都能刷到。
9. 刷完外侧刷内侧。
10. 吐掉嘴里的牙膏沫。
11. 喝口水。
12. 漱口。

14. 洗牙刷。

15. 归放刷牙工具。

■ 17.21　饭后刷牙或在指定的时间刷牙

活动主题：刷牙习惯

能力要求：视力、动手能力

兴趣水平：学前、小学

材料：标签纸、记号笔、牙刷、牙刷盒

1. 为每个学生准备一个干净的牙刷盒和写有学生名字的标签。
2. 制作一个大型图表，图表的最上面写出一周中的每一天，左边写出每个学生的名字。
3. 告诉学生他们的牙刷在哪里。
4. 告诉学生他们每天午饭后都要刷牙，那些记得刷牙而无须提醒的学生将会在图表上得到一张笑脸。
5. 在一周结束的时候数一数学生所得的笑脸。

■ 17.22　在牙疼、有可疑的牙洞、需要用牙线清洁牙齿时获取帮助

活动主题：刷牙习惯

能力要求：视力、动手能力

兴趣水平：学前、小学

材料：手偶、电话

1. 准备2个布袋手偶。
2. 用手偶对牙疼的情境进行角色扮演。
3. 用玩具电话假装打电话给医生。
4. 用学生代替手偶来对牙疼的情境进行角色扮演。
5. 鼓励学生们把牙医的电话号码写下来。

第十八章　自我认同

行为标识

能够有自我认识

能够识别自己的各个身体部位

能够有方位意识

能够知道自己的家庭关系

能够知道自己所处的社会关系

第十八章 自我认同

■ **18.01 听到有人叫自己名字的时候做出反应**

活动主题： 回应呼叫
能力要求： 视力、听力
兴趣水平： 学前、小学

材料： 奖励物

1. 让学生坐在椅子上，教师坐在他的前面。
2. 叫学生的名字，等着他看向教师。
3. 立即奖励学生。
4. 如果学生第一次没有反应，再次叫他的名字并把他的头转向教师。
5. 这样做的时候动作要迅速，并尽量减少与学生的身体接触。
6. 微笑并给予口头表扬。
7. 继续练习，直到学生主动看向教师。

■ **18.02 指出自己的嘴巴和眼睛**

活动主题： 找五官
能力要求： 视力、动手能力
兴趣水平： 学前、小学

材料： 镜子、纸

1. 制作纸质的大个的椭圆形来表示人的脸，并剪出纸质的眼睛和嘴巴。
2. 把毡板和脸上的部件放在镜子旁边。
3. 把纸质的脸、眼睛和嘴巴放在桌子上，指出哪个是眼睛、哪个是嘴巴。
4. 把脸上的各个部位拆开，并把这些部位发给学生。
5. 让学生把眼睛和嘴巴放在脸上。
6. 说："把你的手指放在眼睛上，把你的手指放在嘴巴上。"
7. 在开始的几次里，引导学生的手指指向眼睛或嘴巴，以确保学生的成功。
8. 继续练习，直到学生总是能指出眼睛和嘴巴。
9. 把学生带到镜子前并且说："把你的手指放在你的眼睛上，把你的手指放在你的嘴巴上。"

■ 18.03　指出自己的鼻子和脚

活动主题：找部位

能力要求：视力、语言、手势语、动手能力

兴趣水平：学前、小学

材料：硬纸板、涂料、小沙袋

1. 在大型硬纸板上画出小丑的速写并涂色。
2. 把小丑放在地板或桌子上。

3. 让学生把小沙袋投掷在小丑上。
4. 讨论豆袋每次落在小丑的哪个身体部位上。
5. 让学生们在自己身上找出相同的身体部位。
6. 奖励每一个正确的反应：允许学生再投掷一次豆袋。
7. 要求学生说出这些身体部位的名字。

■ 18.04　知道自己的名字

活动主题：唱出名字来

能力要求：视力、听力、语言

兴趣水平：学前、小学

材料：大镜子

1. 准备便携式的大镜子，最好是穿衣镜。
2. 让学生们坐成半圆形。
3. 把镜子放在一个学生的前面，让所有的学生用这个学生的名字唱歌（用《玛丽有只小羊羔》的曲调），如："今天谁来到了学校。小王，小王。

今天谁来到了学校。小明，小明。"
4. 一边说出学生的名字，一边指向镜子里的学生。
5. 当教师再次指向镜子里的这个学生时，询问他："这是谁？"
6. 把镜子移到下一个学生面前并重复上述练习。
7. 只对说出自己名字的学生给予奖励。

■ 18.05　指出自己的头发、手、耳朵、腿和胳膊

活动主题：指出身体部位

能力要求：视力、听力、动手能力

兴趣水平：学前、小学

材料：音乐、身体部位歌曲

1. 教师确定想要教学生认识哪些身体部位；选一首关于活动的歌曲，歌曲中要涉及这些身体部位中的一部分或全部。
2. 让学生们围坐成一圈。
3. 一开始上课就说出这些身体部位的名字。
4. 说："指出你的……"或"把你的手指放在你的……"，然后重复刚刚提到并识别出的身体部位。
5. 为每个学生留出反应时间。
6. 重复这个过程，以便让学生认识所学到的每个身体部位。
7. 不定期地回顾一下已经学过的身体部位，以便强化所学内容。
8. 拓展学生的识别技能：一边指向或展示某个身体部位，一边问"这是什么？"

■ 18.06　指出自己的手指、脚趾、肚子、后背和膝盖

活动主题：找出身体部位

能力要求：语言、动手能力

兴趣水平：学前、小学

材料：椅子

1. 让学生们坐成半圆形。
2. 坐在圆的开口处。

3. 告诉学生们，教师将要让他们做一些动作，学生听到命令马上行动。
4. 说："摸一摸你的脚趾。"
5. 告诉学生们在触摸脚趾的时候说"脚趾"，而且大家同时说。
6. 询问："你触摸了什么？"
7. 等待学生的回答。
8. 用同样的步骤让学生们练习识别每个身体部位。
9. 让正确听从指令的学生成为下一个"发号施令"的人。

■ 18.07　指出自己在镜子中的影像

活动主题：找到自己
能力要求：视力、语言
兴趣水平：学前、小学

材料：镜子

1. 和学生一起坐在一面大镜子或手镜前面。
2. 教师指着镜子里的自己，说："那是我。"
3. 问："你在镜子里看到了谁？"
4. 如果学生说"你"，告诉学生他答对了，并且询问他镜子里还有谁。
5. 如果学生答错了，指着学生在镜子中的影像再问一遍。
6. 如果学生仍然没有答对，告诉学生"镜子里的人是你"，让他指着他自己并且说"镜子里的人是我"或"是我"。
7. 奖励学生。
8. 重复上述练习，直到学生说："镜子里的人是我。"

■ 18.08　指出自己的牙齿、脚后跟、指甲和下巴

活动主题：找出身体部位
能力要求：视力、听力、语言
兴趣水平：学前、小学

材料：椅子

1. 让学生们围坐成一圈。

2. 教师指着下巴，说："这是我的下巴。"然后问学生"它是什么？"
3. 等待学生的回答。如果有必要，进行重复。
4. 继续练习，直到学生能够立即做出回答。
5. 教师指着脚后跟说："这是什么？"
6. 用同样的方法教学生熟悉牙齿和手指甲。
7. 重复练习，直到学生回答问题时不再犹豫。然后选一个学生，让他指出他的下巴、脚后跟、牙齿或指甲。

■ 18.09　在照片或集体合影中认出自己

活动主题：找到自己
能力要求：视力、动手能力
兴趣水平：学前、小学
材料：照相机、学生的照片、镜子、标签纸

1. 使用每个学生的照片或者把全班合影分割开。
2. 把学生的照片拿给他看，同时说："看，这是你"，并说出他的名字。
3. 把每张照片放在比照片稍大的标签纸上。
4. 把学生的名字写在他的照片下方。
5. 把纱线穿在便签纸上制作项链。
6. 把照片图表挂在房间里。
7. 一次把一个学生叫到图表前。
8. 说："看一看你的照片，那就是你"，并说出学生的名字。
9. 举起镜子让学生照一照。
10. 说："你能在照片图表中找到你自己的照片吗？小明的照片在哪里？"
11. 把一些照片盖上，只留2到4张照片让每个学生从中选择。
12. 逐步露出更多的照片。
13. 把照片图表挂在房间里，允许学生在闲暇时间看、摸和欣赏这些照片。
14. 尽可能经常地把每个学生自己的照片指给学生本人。

■ 18.10　指出自己的后面、前面和两侧

活动主题：方位辨识

能力要求： 视力、语言、动手能力

兴趣水平： 学前、小学

材料： 厚纸、订书机、报纸、蜡笔、剪刀

1. 把厚纸剪成150cm长并对折。
2. 告诉学生们他们将要轮流在纸上留下自己的轮廓。
3. 让学生躺在对折的厚纸上并且用蜡笔在他的身体周围描出轮廓。
4. 当教师把学生的身体轮廓从对着的厚纸上剪下来的时候，每个学生将得到两个身体形状。
5. 当教师描画学生的身体轮廓时，让学生说出每个身体部位的名称。
6. 发给每个学生一把剪刀，让他剪下自己的身体形状。
7. 告诉学生分别为前后两个身体形状涂色，并且一边涂色一边说出身体部位的名称。
8. 用订书机在头部和肩部周围把两个身体形状订在一起。
9. 告诉学生把报纸做成纸团并填在纸质的"身体"里。
10. 装订并填充，直到把"身体"填满。
11. 把"身体"放在学生课桌旁的椅子上，并说出填充后的"身体"上的各个部位名称。

■ 18.11　指出别人的嘴巴、眼睛、鼻子和脚

活动主题：他人的身体部位

能力要求： 视力、听力、语言、动手能力

兴趣水平： 学前、小学

材料： 奖励物

注意： 所有的活动，包括触摸别人在内，都要符合当地学校的政策和规定。

1. 让两个学生面对面坐下。
2. 让一个学生触摸另一个学生指定的身体部位并说出这个身体部位是什么。
3. 如果学生触摸了正确的身体部位，对他给予奖励；如果做得不对，帮助他

触摸正确的身体部位。

4. 询问："你在触摸什么？"
5. 如果学生答对了，对他给予奖励；如果学生答错了，告诉他正确的部位名称。
6. 用同样的方法让对面的学生进行练习。
7. 告诉学生们将要玩一个游戏：教师可能故意说错，如果学生上当了，就让他们踮着脚站立一会儿。
8. 让一个学生触摸另一个学生的鼻子。
9. 询问第一个学生他是否触摸了另一个学生的眼睛。
10. 如果他回答正确，为他计分。
11. 如果学生上当，回答错了，告诉他正确答案并且接受处罚。

■ 18.12 指出别人的身体部位

活动主题： 他人的身体部位

能力要求： 视力、动手能力

兴趣水平： 学前、小学

1. 让学生和教师一起围坐成一圈。
2. 告诉学生们他们将要玩"拷贝不走样"。
3. 告诉学生们，教师将要触摸1处、2处或3处身体部位，然后教师将要选择某个学生充进行"拷贝不走样"。
4. 触摸2处身体部位，如：下巴和鼻子。
5. 说出一个学生的名字，并且说："触摸你的下巴和鼻子。"
6. 如果学生的反应正确，告诉他，他是优秀的"拷贝不走样"，并且让大家为他鼓掌。
7. 让他成为下一个"领导"。
8. 如果他的反应不正确，选择另一个学生并重复刚才的指令。如果另一个学生做对了，让他成为下一个"领导"。
9. 继续下去，直到每个学生都有机会。然后再给那些在第一次练习中出错的学生提供第二次机会。
10. 增大难度：在练习中使用更多的身体部位并且不再示范。

■ 18.13　指出自己的所有物

　　活动主题：我的所有物

　　能力要求：视力、听力、动手能力

　　兴趣水平：学前、小学

　　材料：胶带、学生的照片、课桌

1. 把学生的照片用胶带固定在课桌上。
2. 把另一个学生的照片用胶带固定在另一张课桌上。
3. 把学生本人的另一张同样的照片发给第一个学生。
4. 告诉他把照片放在他自己的课桌上。
5. 如果学生放得对，对他给予奖励；如果学生放错了，指着课桌上的照片、告诉他哪个课桌是他的。
6. 重复练习，直到学生总是能够自己把照片放在正确的课桌上。
7. 把课桌上的照片拿走。
8. 让学生把另一张同样的照片放在他或她自己的课桌上。
9. 如果学生有困难，重复前面的步骤。
10. 随着学生能力的提高，让学生在无须提示的情况下指出他或她自己的课桌。

■ 18.14　说出自己的性别

　　活动主题：我是谁

　　能力要求：走动、视力、听力

　　兴趣水平：学前、小学

　　材料：纸、水彩笔、音乐

1. 剪出20cm长、50cm宽的一张纸，用它来制作游戏板。
2. 把宽处对折，把长处分成6份，从而得到12个长方形。
3. 画出或剪出12个男孩和女孩的图片，这些图片的大小不超过前边的长方形。
4. 把图片随意地粘在每个长方形上。
5. 把游戏板放在地板上。
6. 播放音乐。
7. 让学生们在游戏板外围走动，并且在音乐停下来的时候站在图片上。

8. 让每个学生说出自己脚下的图片是男孩还是女孩。

9. 鼓励学生每次都站在不同的图片上。

■ 18.15　画出自己的脸或整个身体，把成比例的身体部位画在正确的位置上

活动主题：画出自己的身体

能力要求： 视力、动手能力

兴趣水平： 学前、小学

材料： 学生的照片、浆糊、蜡笔、纸

1. 为每个学生准备一张照片。
2. 用照片制作拼图：把每张照片剪成几个身体部位。
3. 让学生把他自己的照片拼起来并说出每个身体部位的名称。
4. 如果他把每一部分都正确地拼在一起，让他把拼图粘起来。
5. 发给学生蜡笔和纸，让他把自己的照片画下来。

■ 18.16　说出自己的名和姓

活动主题：我的名字

能力要求： 听力、语言、动手能力

兴趣水平： 学前、小学

材料： 打击乐器

1. 让学生在地板上或椅子上围坐成一圈。
2. 拿着有吸引力的打击乐器吸引学生的注意。
3. 反复歌唱"我有一个名字，它是这样的；我有一个名字，它是这样的……"并说出自己的名字。
4. 每次把自己的名字重复4次，用乐器击打出名字的节奏。
5. 转向教师旁边学生，问他："你叫什么名字？"
6. 当学生做出回应的时候，对他给予奖励：把乐器放在他的手中，让他有节奏地击打乐器，同时让全体学生和他一起把他的名字重复4次。
7. 询问另一个学生："你叫什么名字？"
8. 如果这个学生说出或试着说出他的名字，对他给予同样的奖励。

■ 18.17 说出自己的年龄

活动主题：我的年龄

能力要求：听力

兴趣水平：学前、小学

1. 收集每个学生的信息，如：名字、年龄、爱好、地址或兄弟姐妹的名字。
2. 让学生们围坐在一起。
3. 告诉学生们：教师将要描述某个学生。当这个学生知道教师描述的是他时，他就要站起来。
4. 说："我在想一个人，他……岁；他有一个妹妹名叫……；他喜欢……"（根据每个学生的具体信息进行调整）。
5. 继续描述，直到这个学生站起来。
6. 如果站起来的学生就是教师所描述的学生，为这个学生鼓掌。
7. 如果站起来的是另一个学生，告诉他坐下去，仔细听。
8. 继续下去，直到每个学生都有机会。
9. 教师还可以让自己所描述的那个学生保持安静，让其他学生猜一猜这个学生是谁。

■ 18.18 指出兄弟姐妹的名字

活动主题：我的亲人

能力要求：视力、听力、语言、动手能力

兴趣水平：学前、小学

材料：纸筒、图画纸、浆糊、剪刀、蜡笔

1. 为每个学生收集一个纸巾卷的筒芯。
2. 根据筒芯的大小，从图画纸上剪出几个大小不同的圆。
3. 告诉学生们将要制作不同类型的家庭照片。
4. 讨论每个学生的家庭成员，如：他们的名字、谁是年龄最大的、谁是年龄最小的。
5. 告诉学生们用较大的圆代表年龄较大的家庭成员，用较小的圆代表年龄较小的家庭成员。

第十八章　自我认同

6. 发给每个学生筒芯、圆、蜡笔和糨糊。
7. 告诉他们在圆上画出每个家庭成员的脸。
8. 让他们把这些圆粘贴在筒芯上，把最大的家庭成员放在顶部，把最小的家庭成员放在底部，或者反过来放置。
9. 让学生一边把脸部图片粘在纸筒上，一边说出每张脸所代表的人名。
10. 如果学生不会画画，帮他在圆的下方写出他的家庭成员的名字。

■ 18.19　把家庭成员按照性别正确分类

活动主题：我的亲人
能力要求：视力、动手能力
兴趣水平：学前、小学
材料：大纸、剪刀、杂志、浆糊

1. 准备每个学生的家庭成员的照片。
2. 把照片上的脸部剪下来。
3. 从杂志上剪出没有脸部的男性、女性、大人、孩子和婴儿的身体图片。
4. 在纸上标出"女孩""男孩"等区域。
5. 把女性身体粘在"女孩"区域，把男性身体粘在"男孩"区域。
6. 把脸部照片放在学生旁边。
7. 让学生选择脸部照片放在适当的男性或女性身体图片的旁边。
8. 询问学生这个成员是男孩还是女孩。

■ 18.20　说出朋友、同学、姑姑、叔叔、表兄弟等的名字

活动主题：我的亲人
能力要求：视力、语言
兴趣水平：学前、小学

1. 让学生们围坐成一圈。
2. 让一个学生背对着其他学生。
3. 让另一个学生藏起来。
4. 告诉第一个学生转过身来，说出这个藏起来的学生叫什么名字。

5. 告诉第一个学生：如果他正确地说出了这个藏起来的学生的名字，他就可以选择接下来让哪个学生背过身去。

■ 18.21　指出自己的出生月份

活动主题：我是谁
能力要求：听力、语言
兴趣水平：学前、小学
材料：生日清单

1. 准备一个单子，上面列出每个学生的名字和生日以备参考。
2. 告诉学生们围坐成一圈、准备玩"生日游戏"。
3. 选择一个学生站起来说出他的生日。
4. 让学生们说："苹果、梨、桃子、李子，告诉我你的生日什么时候来到……"，紧接着说出站着的学生名字。
5. 如果这个站着的学生说错了，告诉他他的生日是哪一天，然后选择下一个学生。
6. 稍后在游戏中再选择这个学生重试一次。
7. 继续下去，直到所有的学生都有机会。

■ 18.22　说出地址中街道和城镇的名字

活动主题：城镇社区
能力要求：视力、语言
兴趣水平：学前、小学
材料：标签纸、图画纸、订书机、水彩笔、蜡笔、信封

1. 发给每个学生一张20cm×50cm的图画纸。
2. 让学生们画出他们的房子或公寓。
3. 把画完的房子贴在布告栏上。
4. 把信封大小的袋子固定在每个房子图片上，并标出学生的地址。
5. 在一些信封上写出学生们的地址。
6. 把简单问候的便条放进信封里。

7. 让1到2个学生充当邮递员，让他们穿戴上特殊的帽子或徽章。
8. 指导邮递员把信件递送到正确的地址。
9. 允许学生走向他们的地址，把地址重复给教师听，收取他们的信件。
10. 重复练习并更换邮递员，在纸条上写一些给学生父母关于学生的好消息。

■ 18.23　说出父母的名和姓

活动主题： 我的亲人

能力要求： 视力、听力、语言、动手能力

兴趣水平： 学前、小学

材料： 纸筒、图画纸、浆糊、剪刀、蜡笔

1. 为每个学生收集一个纸巾卷的筒芯。
2. 根据筒芯的大小，从图画纸上剪出几个大小不同的圆。
3. 告诉学生们他们将要制作不同类型的家庭照片。
4. 讨论每个学生的家庭成员，如：他们的名字、谁是年龄最大的、谁是年龄最小的。
5. 告诉学生们用较大的圆代表年龄较大的家庭成员，用较小的圆代表年龄较小的家庭成员。
6. 发给每个学生筒芯、圆、蜡笔和糨糊。
7. 告诉他们在圆上画出每个家庭成员的脸。
8. 让他们把这些圆粘贴在筒芯上，把最大的家庭成员放在顶部，把最小的家庭成员放在底部，或者反过来放置。
9. 让学生一边把脸部图片粘在纸筒上，一边说出每张脸的所代表的人名。
10. 如果学生不会画画，帮他在圆的下方写出他的家庭成员的名字。

■ 18.24　指出20多处身体部位（脚踝、小腿、手腕、太阳穴等）

活动主题： 我的身体

能力要求： 视力、听力、语言、动手能力

兴趣水平： 学前、小学

材料： 活动场地

1. 告诉学生们站成一条直线并准备听领导的话。
2. 告诉学生们：教师将要在开始的时候充当领导；哪个学生按照领导所说的去做了，哪个学生就可以成为下一个领导。
3. 在教室或学校周围走动，同时在游戏中使用各种身体部位，如：一边把一条腿膝盖抬高，一边轻拍膝盖，一次轻拍一个膝盖；轻拍头部或拍拍双手。
4. 一边走动一边说出相关的身体部位名称并说出教师打算用这些身体部位做什么。
5. 选一个学生充当下一个领导。
6. 告诉这个学生他必须在活动身体部位的时候说出这些身体部位的名称。
7. 让每个学生都有机会充当领导。

■ 18.25　说出父母的雇主、工作地点和职业

活动主题：我的家人

能力要求：视力、语言

兴趣水平：学前、小学

材料：图画纸、杂志、剪刀、胶水、水彩笔

1. 弄清楚学生父母的职业。
2. 从杂志上剪下一些相关的图片并粘贴在图画纸上，从而制作这些职业的小册子。
3. 让学生们围着桌子坐下来并且一起浏览小册子。
4. 询问学生他的父母是做什么工作的。
5. 再次向学生展示这本小册子，让学生找出父母的职业并向其他学生讲述这些职业。
6. 当学生辨认出正确的职业时，让他选择下一个学生。
7. 继续下去，直到每个学生都有机会。

■ 18.26　说出门牌号、街道和城镇

活动主题：城镇、社区

能力要求：视力、听力、动手能力

兴趣水平：小学、中学生

材料：纸质信封、图片

1. 发给每个学生一张21cm×30cm的纸。
2. 告诉每个学生把他家的房子画在上面。
3. 在他们的房子上方写出他们的门牌号。
4. 发给每个学生一个信封。
5. 把他们的门牌号写在信封的上面。
6. 帮助每个学生把他的信封用胶带固定在他的课桌上，并且让信封垂下来，以便让学生坐在课桌前的时候不会看到上面的地址。
7. 把所有的图片收集起来并打乱顺序。
8. 选一个学生充当邮递员。
9. 把所有的图片都交给他。
10. 告诉学生们：邮递员将要读出图片上的地址，如果这是他们的地址就举手示意。
11. 告诉邮递员查看信封上的地址是否和图片上的地址一致，如果是一致的，把图片放入信封。
12. 如果学生出了错，把正确地址告诉学生并继续下去。
13. 所有的地址只读一遍。

18.27 背诵电话号码

活动主题：记忆游戏

能力要求：视力、语言、动手能力

兴趣水平：小学

材料：电话号码、标签纸

1. 准备玩具电话。
2. 把每个学生的电话号码分别写在一张标签纸上。
3. 把号码展示给学生。
4. 如果有可能，让学生重复或说出电话号码。
5. 示范怎样一边看着电话号码一边拨打电话（拨号并按键）。
6. 让学生一边读出电话号码一边拨打电话。

7. 告诉学生在拨打电话的时候大声说出号码。
8. 当学生学会拨号和说出电话号码的时候,让学生给家里打电话和父母交谈。

■ 18.28 说出出生月份和日期

活动主题:记忆游戏
能力要求:视力、语言、动手能力
兴趣水平:小学
材料:标签纸、水彩笔

1. 用标签纸为每个学生制作生日蛋糕和蜡烛,在"生日蛋糕"上写出学生的出生日期和名字。
2. 在"生日蛋糕"和"蜡烛"的顶端打孔并用一个环状物固定在一起。
3. 让每个学生说出自己的生日。
4. 向学生展示写有日期的标签纸蛋糕,以便核对他说得是否正确。
5. 让说对了的学生把蜡烛粘贴在"生日蛋糕"上。
6. 让学生在生日当天把"生日蛋糕"带回家。

■ 18.29 指出自己的左右手和别人的左右手

活动主题:方位辨识
能力要求:语言、动手能力
兴趣水平:小学

1. 让学生们围成一圈,让一个学生待在圈子中央。
2. 告诉中央的学生向圈子上的某个学生招手。
3. 让受到召唤的学生走进圈子里,并且让这两个学生用右手握手。
4. 让第一个学生加入到圈子里,并且让第二个学生招手。
5. 让学生们在握手时从右手换成左手,并说出他们在和对方的哪只手握手。
6. 继续下去,直到每个学生都有机会。

■ 18.30 在具体情境中用"左"和"右"来指挥别人

活动主题:方位辨识

能力要求：听力、语言

兴趣水平：小学、中学生、青少年

材料：眼罩

1. 告诉学生们安静地坐下来，准备玩一个"飞行员和导航员"的游戏。
2. 设定游戏区的边界。
3. 选一个学生充当"飞行员"，一个学生充当"导航员"。
4. 给"飞行员"戴上眼罩。
5. 让"导航员"运用左边和右边的方向来告诉"飞行员"怎样通过这个区域。
6. 让学生们轮流充当"飞行员"和"导航员"。

■ 18.31　说出 25 个以上的身体部位名称

活动主题：身体部位

能力要求：走动、视力、动手能力

兴趣水平：学前、小学、中学生、青少年

1. 用细绳把一个球从天花板上悬垂下来。
2. 在球的一端拴个套儿，以便让绳子可以调节。
3. 说出下列某个身体部位并让学生试图用这个身体部位击球：前额、下巴、右肩、左肩、右肘、左肘、手腕、手掌、后背、指尖、拳头、紧握着的双手、胸部、右侧和左侧的臀部、后背、膝盖、胫骨、脚踝、脚。
4. 如果学生做出了错误的反应，告诉他正确的身体部位并让他再试一次。
5. 如果学生能够说出各个身体部位的名称，允许他用任何一个身体部位击球。

■ 18.32　说出爱好和兴趣

活动主题：我是谁

能力要求：走动、视力、动手能力

兴趣水平：小学、中学生、青少年

材料：布告栏、剪刀、图画纸、水彩笔

1. 根据学生人数，用粗的纱线或宽的纸带把布告栏分成相应数量的方格。
2. 分配给每个学生一个方格。

—331—

3. 告诉学生们他们可以把和自己有关的任何东西放在方格里。
4. 鼓励学生们看一看其他学生的内容、发现共同的兴趣。
5. 还可以每周安排一个学生来设计整个布告栏，让其中的内容都和他自己有关。
6. 在星期五的时候把布告栏清空，以便让学生把个人物品带回家，并且安排下一个学生来布置布告栏。

■ 18.33　说出地址中的门牌号、街道、城市、省和邮政编码

活动主题： 地理方位

能力要求： 听力、语言

兴趣水平： 小学、中学生

材料： 索引卡、剪刀、信封、笔

1. 为每个学生准备一个信封。
2. 把索引卡分成四份。
3. 把学生的名字写在每一张索引卡的背面。
4. 为每个学生制作6张卡片，上面分别写出名字、门牌号、街道名、城市、省份和邮政编码。
5. 把地址中的所有数据都写在信封上。
6. 告诉学生："你的名字是……"（说出学生的名字），然后问："你叫什么名字？"
7. 等着学生的反应。
8. 把写有学生姓名的卡片发给学生。
9. 把学生手中的卡片收集起来，并且把卡片正面朝上放在桌子上。
10. 告诉学生找出自己的名字和地址。
11. 继续玩游戏，直到学生们熟悉了关于自己的"人口统计"信息。
12. 说："我这里有一封没有姓名的信，谁住在……"，并且说出地址。

■ 18.34　说出 25 个身体部位的相互关系

活动主题： 身体部位

能力要求： 听力、语言

兴趣水平：小学、中学生

材料：木偶娃娃

1. 向学生展示有接缝的纸娃娃。
2. 移动纸娃娃的各种身体部位。
3. 让学生动一动自己相同的身体部位。
4. 谈论身体部位是怎样合作的。
5. 让学生示范一个身体动作，如：挥手。
6. 识别在这个动作中所用到的身体部位。

■ 18.35　说出学校地点（省、市）

活动主题：地理方位

能力要求：听力、语言

兴趣水平：小学、中学生

材料：中国地图或是省、市地图

1. 告诉学生："我的学校在……"，说出教师的工作地点并且在地图上指出来。
2. 指着一个学生对他说："你的学校在……"，并说出这个学生的学校地点。
3. 告诉学生重复教师的话。
4. 继续下去，直到每个学生都重复了一个关于学校地点的句子。
5. 加大难度，询问学生"你以前的学校在哪里？"

■ 18.36　说出出生的年月日

活动主题：记忆游戏

能力要求：视力、听力、语言

兴趣水平：学前、小学

材料：标签纸、剪刀、水彩笔

1. 用标签纸为每个学生制作生日蛋糕和蜡烛，在"生日蛋糕"上写出学生的出生日期和名字。
2. 在"生日蛋糕"和"蜡烛"的顶端打孔并用一个环状物固定在一起。
3. 让每个学生说出自己的生日。

4. 向学生展示写有日期的标签纸蛋糕，以便核对他说得是否正确。
5. 让说对了的学生把蜡烛粘贴在"生日蛋糕"上。
6. 让学生在生日当天把"生日蛋糕"带回家。

■ 18.37　说出出生的城市或城镇

活动主题： 地理方位

能力要求： 听力、语言

兴趣水平： 小学、中学生

材料： 中国地图或是省、市地图

1. 确认每个学生的出生地的名字。
2. 告诉学生："我出生在……"，说出教师的出生地点并且在地图上指出来。
3. 指着一个学生对他说："你出生在……"，并说出这个学生的出生地点。
4. 告诉学生重复教师的话。
5. 继续下去，直到每个学生都重复了一个关于出生地点的句子。
6. 加大难度，询问学生"你出生在哪里？"

■ 18.38　指出自己前边、后边和旁边的物体

活动主题： 方位辨识

能力要求： 听力、语言

兴趣水平： 学前、小学

材料： 积木

1. 为每个学生提供积木。
2. 告诉学生们把积木放在他们的前边。
3. 酌情提供帮助，说："积木在你的前边。"
4. 继续让学生们把积木放在后边和旁边。
5. 酌情提供帮助。
6. 加大难度：为每个学生提供两块不同颜色的积木。
7. 告诉学生们把红色积木放在前边、把蓝色积木放在旁边。

第十八章 自我认同

■ 18.39 指出自己左边和右边的物体

活动主题：方位辨识

能力要求： 视力、听力、动手能力

兴趣水平： 小学

材料： 作业纸、磁带录音机、蜡笔

1. 准备画有左手和右手轮廓的作业纸。
2. 为每个学生复印一份这样的作业纸。
3. 准备涉及方向的录音磁带，如：把作业纸上的左手的小手指涂成绿色。
4. 为录音机配备头戴式耳机。
5. 发给每个学生纸和蜡笔，并让他们戴上耳机。
6. 告诉学生们仔细听并完全按照录音上所说的去做。

■ 18.40 说出自己与其他物体的相对位置

活动主题：方位辨识

能力要求： 走动、视力、听力、动手能力

兴趣水平： 学前、小学

材料： 厚纸、剪刀、蜡笔

1. 准备大型的厚纸。
2. 让每个学生躺在纸上。
3. 用蜡笔画出学生的身体轮廓。
4. 允许学生为身体轮廓涂色。
5. 鼓励学生准确地表示出他自己的身体和衣服。
6. 把肖像挂在房间周围。
7. 让学生们围坐成一圈。
8. 唱："（学生的名字）在哪里？"
9. 歌中唱到了谁的名字，谁就要迅速走过去站到自己的肖像旁边。
10. 换一个名字再次开始。

■ 18.41　说出 35 个身体部位的功能（如：胳膊肘弯曲、心脏跳动）

活动主题：身体部位

能力要求：听力、语言

兴趣水平：小学、中级学生

材料：木偶娃娃、

1. 向学生展示有关节的木偶娃娃。
2. 移动木偶的各种身体部位。
3. 让学生动一动自己的相同的身体部位。
4. 谈论身体部位是怎样合作的。
5. 让学生示范一个身体动作，如：挥手。
6. 识别在这个动作中所用到的身体部位。

■ 18.42　在抽象的情境中使用"左"或"右"来指挥别人

活动主题：方位辨识

能力要求：视力、听力、语言

兴趣水平：学前、小学

材料：纸、铅笔

1. 画一张学校地图，上面标出每个教室的位置。
2. 发给每个学生一张这样的地图。
3. 讨论地图和学生们相对于其他地点的位置。
4. 告诉学生们，教师将要走向某个教室，让他们用左边和右边这样的方向名词说出教师怎样才能到达那里。
5. 当学生们告诉教师的时候，写下这些方向名词。
6. 告诉学生们和教师一起沿着他们所说的方向走下去。
7. 讨论不得不做出的任何改变，然后重新开始，以确保这些改变是正确的。
8. 确定不同的位置，然后再次尝试。
9. 如果学生在整个的学校范围内有困难，仅仅画出教室的地图并重复练习。

第十八章　自我认同

■ **18.43　说出高度和重量**

活动主题：我是谁

能力要求：视力、听力、语言

兴趣水平：学前、小学

材料：体重计和身高尺、卡片

1. 在不同的卡片上分别写出每个学生的名字。
2. 为每个学生测量一下体重和身高。
3. 分别用两种颜色记录学生的体重和身高。
4. 告诉学生们卡片上的哪一种颜色代表重量、哪一种颜色代表身高。
5. 让每个学生在教师提问到他的时候，说出他的身高和体重。
6. 提示学生读出彩色数字。
7. 逐步取消颜色提示。

■ **18.44　说出父母的出生地**

活动主题：地理方位

能力要求：听力、语言

兴趣水平：小学、中学生

材料：中国地图或是省、市地图

1. 确认每个学生父母的出生地的名字。
2. 告诉学生："我父母出生在……"，说出你父母的出生地点并且在地图上指出来。
3. 指着一个学生对他说："你父母出生在……"，并说出这个学生父母的出生地点。
4. 告诉学生重复教师的话。
5. 继续下去，直到每个学生都重复了一个关于出生地点的句子。
6. 加大难度，询问学生"你父母出生在哪里？"

■ 18.45　说出或找出身份证号码

活动主题：我是谁

能力要求：听力、语言、视力

兴趣水平：中学生、青少年

材料：身份证、户口本、社保卡

1. 把每个学生的身份证放在他的面前。
2. 让学生指出身份证。
3. 讨论卡上的信息。
4. 让学生指出证件上的标识号。
5. 告诉学生们指出并说出卡上的号码。
6. 告诉学生们把证件放回皮夹子里。
7. 让学生单独回应教师的要求，如"给我看一看你身份证上的号码"。

■ 18.46　讨论自己的优缺点

活动主题：我是谁

能力要求：听力、语言、视力

兴趣水平：中学生、青少年

材料：作业纸

1. 把作业纸取名为"赞美俱乐部"。
2. 把作业纸展示给学生，并分别讨论他们本周做过哪些让他们感觉良好的事情。
3. 让学生列举3件积极的事情。
4. 把学生所提到的事情写在"赞美表"上。
5. 询问学生他下周想要做什么，把他所说的事情列在作业纸的后面。
6. 让学生把作业纸带回家。
7. 在接下来的一周重复这一活动，查看学生是否达到了这一周的目标。

后　记

在书稿即将付梓出版之际，作为编撰者，我们感到了一点由衷的欣慰之意。

本书的完成首先得益于伙伴之间的精诚合作。一个是在一线有着极其丰富的教育教学及其管理经验的校长，一个是在教学一线乐于思考把理论与实践相对接的研究型教师。

基于对教育教学有效性追求的共识，基于为家长和教师提供有科学理论依据而又可操作的经验指南，同时也基于改变传统的以单向说教为主的学习方式，共同的感受与思考，促成了本书的编撰。

儿童的发展是家长、教师共同的责任。然而，盘亘在老师、家长心头最大的问题似乎是教什么？怎么教？

很多家长希望能有一本类似育儿宝典的工具书帮助他们更好地进行家庭教育。譬如，一些家长用蒙学读物"三百千"让孩子诵读，时间长了，发现孩子牙牙学语背诵的诗句，长大后都不记得了，这些死记硬背的成人语言并没有内化成孩子的语言，没有融进孩子的血脉中。

很多老师也希望能有一本好一些的教材或教辅，让他们更轻松一点，也希望工具书能帮助他们更好提升教学能力。然而，许多老师只是机械地基于教材或教辅的教学，而非基于儿童需要的教学。重教轻学、重讲授灌输轻互动体验仍然普遍存在。

随着融合教育的推进，障碍学生类型的增多及程度的加重，面对有特殊教育需要的学生，无论是普通学校随班就读，还是特殊教育学校，针对学生技能的教学，必须在评估的基础上找到发展的起点，实施满足其独特的发展需要的教学。如果沿袭单调、枯燥、乏味、重复的训练方式，更忽视了特殊儿童的身心特点，制约了教育教学的有效性。

　　作为一本实用的工具指南用书，《儿童社会生活适应能力发展：评估与教学》的设计编撰有着坚实的理论支撑。首先，遵循社会生活适应发展规律，通过观察评估615个行为特征，描述、记录儿童社会生活适应能力由简单到复杂的顺序发展。行为特征活动的设计既可以作为技能评估的手段，又可以作为教学训练的指南，这种非正式的活动评估，便于家长与教师的实际操作。这样，在评估的基础上进行有效的训练，教学起点清楚，教学过程有监控，教学质量就会有保障。这是本书有别于其他儿童学习用书的一大特色。

　　其次，采取游戏化的活动设计，以活动为平台、以游戏为载体激发儿童的学习兴趣、提高学习的专注度，将知识、技能的学习融于轻松、愉快、积极、互动而有意义的参与情境与过程，进而提高教学的效率。本书编写中，我们安排包含了角色游戏、结构游戏、表演游戏等创造性游戏设计，也安排了包含体育游戏、智力游戏、音乐游戏等规则性游戏的设计，通过游戏活动，培养学生好奇心，想象力，引发主动性的学习品质。我们相信如维果茨基所说："在游戏中，一个孩子的行为总是超越于他的实际年龄、他的日常行为；在游戏中，他比他本身的实际水平要高出一点。"在生活适应和认知能力发展中，应强调人的躯体、感情、意志和精神的参与，通过游戏活动让身心灵结合。

　　因此，这是一本好玩的书。它提倡的是任务单式的活动学习、游戏化的学习！这里充满了游戏、戏剧、阅读、写信、作画、猜谜、下棋……各种情境活动。每一次活动，都会要求准备丰富的活动材料：扑克牌、字谜卡、手电筒、剪刀、骰子、计时器、木偶、木块、面团、食物、锅碗瓢盆、量杯、温度计、布告牌、胶带、地毯、窗户、豆子、细绳、音乐、图书、隐形墨水……

　　要玩好这本书，需要家长、教师创造性地把很多生活中的材料拿来做教具、学具、玩具，这种学习活动是动态开放的，让儿童的认知、身体、环境相互联结，"通过操作玩具，孩子在游戏中会比在运用语言的环境下表现出更好的适应性，他可以用玩具表达出他对自己以及生活中重要的人和事的感受。"所以，当读者翻开书时会发现，这不仅仅是在教学，而是带着儿童在体验生活、探索世界。

　　呵护儿童的天性，开发儿童的潜能！书中的活动是一个个案例，可以根据自己身边的资源进行调整，进行创新，我们需要做的，就是在本书所倡导的做中学，玩

后 记

中练的理念中，重新设计教育的物理情境、语言情境、人际互动与文化情境，增强儿童对多元智能的体验，更多地引发儿童的成长性思维。

为了帮助读者更好地理解学习和利用这本书，我们将有选择地把一些经典的活动案例拍摄为视频材料供读者参考，同时也将提供其他的相应电子资源（包括在线咨询、解答等），读者可根据下方的二维码，有针对性地扫描接入，同时，也可进入"新特教线上教育（http：//xuetang.ra.sipedu.org）"获得更多的资源。

最后，感谢中国国际广播出版社的编辑、校对老师对本书的校阅，感谢参与修订、插图绘制与活动案例拍摄的仁爱学校的老师们。此外，编撰过程中参考了众多国内外作者的文献资料，作为活动案例的编写，很难一一列出，在此，谨表以诚挚的谢意！

2021年7月